マネジメント・コントロールの理論

マネジメント・コントロールの理論

伊丹敬之著

岩波書店

To M.

はしがき

　組織の経営には面白い現象が多い．経営すること，管理することにともなって実にさまざまな現象が発生し，その多くが知的な興味をかき立てる．なぜそんな現象が起き，それに人々はなぜある一定のパターンで対応するのか，そんなことを知的に，論理的に説明してみたいと思わせることが多いのである．少なくとも，私はそう思う．

　しかも経営という現象は世の中で無数に起きている．組織のある所には必ず存在する．そして，さまざまな経営がある．説明すべき現象は，多様にしかも無数に広がっている．しかし，その目もくらむような多様性は，少数の普遍的な説明を難しくしている原因の一つでもある．一つの説明をすれば，必ずといってよいほど，反例になるような現実の例を探すことができる．理論的説明を試みようとする人間にとっては，決してエンカレッジングな状況ではない．「経営に理論などありうるのか」，そんなことばが経営の現場から聞こえてきそうである．

　そのせいか，経営現象については理論構築の試みがそれほど大規模には行われてこなかったように思う．しかし，それでいいのだろうか．それで当り前なのだろうか．

　私はそう思わない．経営現象は，その理論構築を放棄するにはあまりに重要すぎる．たとえば，企業は経済の主役である．その企業の経済活動が成果の大きいものになるかどうかは，企業の経営の巧拙が一つの大きな鍵（おそらくは最大の鍵）をにぎっている．公的な組織でもそうである．なぜ経営がうまく行く組織があり，別な組織ではそれができないのか．その理論的説明ができるようになることは，社会全体にとっても大きな価値のあることである．また，理論構築が難しいということは認めるにしても，だからといって理論ができないのは当り前と思ってしまうのは敗北主義というべきであろう．

経営現象は知的に面白い．しかもきわめて重要である．理論構築は難しいが，だからこそ「挑戦」という意味が研究者に生まれる．

そんなことを考えながら，私はこの十数年の間，経営現象についての理論作りの作業をさまざまな形で行ってきた．この本は，その一部を，マネジメント・コントロールの理論作りの中間報告という意味でまとめたものである．「一部」という意味は，この本で扱われている経営現象がマネジメント・コントロールであって，経営現象の全体ではない，ということである．第1章が明らかにするように，経営現象全体のなかでもマネジメント・コントロールは中核的な重要性をもっている．しかし，それで経営がすべて扱えるというものではない．たとえば，経営戦略という重要な経営現象があるが，それはこの本の守備範囲をこえている．（経営戦略については，私は別に本を書いている．）

マネジメント・コントロールとは，「人に任せて，任せ放しにせず」という他人に委任した意思決定のコントロールのことである．そのために，組織はあるいは経営者はさまざまな制度を作り，あるいはその運営プロセス上の工夫をする．そういったマネジメント・コントロールの制度やプロセスの「なぜ」を説明しようとするのがマネジメント・コントロールの理論である．

この本は，その理論作りのための私のさまざまな試みを報告するものである．試みの中間報告というべきである．完成された理論はまだない．完成への道もまだまだ遠い．その意味では，この本は「序説」という性格の強い本である．

おおよそ理論はつねに未完成であろうが，私があえてこの未完成品を読者に提示する一つの理由は，経営現象の理論作りへもっと多くの人々が参加するきっかけを提供したかったからである．ここにこんなに面白い重要な現象がある．その本質はこんなところにあると思う．その理論作りと分析の一つの方向としてこんな道がありうる．そういったメッセージを読者に伝えたい．

この本の背後にある私自身の分析の歴史はそう短くない．第8章に報告されている分析の一つは，私がアメリカの大学院の学生だった頃のものである．

もう，十数年も前のことである．その後，三十代の頃を中心に，マネジメント・コントロールについての論文を時々書いてきた．七つほどの論文がこの本の背後にあるだろうか．もちろん，それらは本としての流れや統一性を作るために大幅に書き直されているし，本の半分近くはまったくの書き下ろしである．

しかし，その書き下ろしも私が三十代の十年間に折にふれて考えてきたことをあらためて書いた，という面が強い．そういった意味で，この本は私にとって，三十代にしてきた仕事の一つの流れをここでまとめてみた，という意味をもっている．四十代になった今，三十代の仕事にひと区切りをつけ，新しい出発をしたい．そんな，個人史的な理由であえてこの段階でまとめてみる気になったという面もある．読者には無関係な理由で申し訳ない気もする．

そうした区切りの一まとめをしてみて，マネジメント・コントロールとその分析の方法論についてあらためて考え直して見て，つくづく感じるのは私の育ったカーネギー・メロンという大学の学問の伝統に負うことの大きさである．経営にたいする理論的分析的なアプローチの重視，数理分析と現実的な概念分析の両にらみ的な重視，経済学と経営学の境界領域の重視，個人の意思決定とそこでの限定合理性に焦点をあてた分析，さらに細かくいえばきりがないほどにカーネギー学派とでもいうべきものの伝統を自分に感じる．

二人の先生がただちに脳裏に浮かぶ．お一人はカーネギー学派の中心人物としてのハーバート・サイモン教授，もうお一人は私の恩師井尻雄士教授．サイモン教授の『経営行動』が，そして私がとった先生の講義がこの本の分析の基本的枠組みに与えている影響はきわめて大きいし，またカーネギーの伝統の多くは教授の個人的な貢献によってでき上がったものであろう．その伝統を私にいわば個人伝授的に伝え，それのみならず経営を見るものの見方の基本と研究の仕方の基本を教えて頂いたのは，カーネギーでの私の指導教授であった井尻先生である．お二人の先生に心から感謝したい．

三十代の私が自由に研究をするのを導き見守って下さったのは，一橋大学

での宮川公男，今井賢一の両先生である．アメリカと日本の二つの国に，理解のある指導者を得ることができる幸運は，滅多にあることではない．

　この本の草稿を読んでくわしいそしてきわめて有益なコメントをしてくれたのは，吉原英樹，伊藤邦雄のお二人であった．その他に野中郁次郎，加護野忠男，広本敏郎の三氏からもコメントを頂いた．そして助手の森田真理子さんには原稿の整理などで大きな助けとなって頂き，岩波書店の杉田忠史氏には，編集者として，怠惰になりがちな著者の「面倒」をさまざまな形でみて頂いた．皆さんに深く感謝する．

　本は著者にとって子供のようなもの，というがこの本はとくにその感が深い．この本の背後の歴史は，私の家庭の歴史でもある．この本の分析の第一歩が記された頃，私は妻道子と結婚し，そして長男健一郎が生まれたのは最初の論文を書いている頃である．分析の大きなターニングポイントになるエイジェンシーの理論に手を染めはじめたのは，次男雄二郎が生まれた時期であった．この本が生まれてきた長い時間の中の家族のさまざまな貢献が，今更ながらのようによみがえる．ありがとう．

　1986年3月

　　　　　　　　　　　　　　　　　　　　　　　　　　　　　伊丹敬之

目　次

　　はしがき

第Ⅰ部　概念的枠組みと基礎理論 ……………………… 1

　第1章　経営行動の構図 ………………………………… 3

　　1.1　経営の本質 …………………………………………… 3

　　1.2　経営行動の全体像 …………………………………… 6

　　　　経営の設計要素の決定　組織に命を吹
　　　　き込む：経営基盤の提供　全体の構
　　　　図：媒介変数としての心理的エネルギー

　　1.3　メタ経営行動 ………………………………………… 15

　　1.4　マネジメント・コントロールの位置づけ ………… 17

　第2章　マネジメント・コントロール
　　　　　の概念枠組み ………………………………… 23

　　2.1　はじめに ……………………………………………… 23

　　2.2　マネジメント・コントロールとは ………………… 24

　　2.3　概念枠組み …………………………………………… 28

　　2.4　マネジメント・コントロール活動 ………………… 34

　　　　三つのマネジメント・コントロール活動
　　　　影響活動の対象　影響活動の方法
　　　　直接介入と選別　マネジメント・コン
　　　　トロール活動の目的

　　2.5　マネジメント・コントロール・システム ………… 49

　　　　サブシステムの分類　マネジメント・
　　　　コントロール活動との関連

2.6 マネジメント・コントロール・システム
と経営管理制度 …………………………………… 61
　　マネジメント・コントロール・システム
　　の二面性，相互依存性　　経営管理制度
　　について

2.7 結　　び ………………………………………………… 66

第3章 エイジェンシーの理論：マネジ
　　　　　メント・コントロールの基礎理論 ……………… 69

3.1 はじめに ……………………………………………… 69
3.2 エイジェンシーとは ………………………………… 70
3.3 エイジェンシー関係の基本問題 …………………… 72
3.4 インセンティブ・システムの分析 ………………… 75
　　エイジェントの行動　　モチベーション
　　効果　　危険分担効果　　情報収集効果
3.5 モニタリング・システムの分析 …………………… 82
3.6 エイジェンシーの重合関係 ………………………… 84
3.7 エイジェンシーの理論の分析
　　の特徴と方向 ………………………………………… 86
　　分析の特徴　　典型的な分析の方向と結
　　果　　研究の課題
3.8 エイジェンシー・アプローチのメリット ………… 91

第Ⅱ部 経営管理制度の概念的分析 …………… 97

第4章 経営計画制度 ………………………………… 99

4.1 はじめに ……………………………………………… 99
4.2 経営計画制度と下位者の行動 ………………………100
　　戦略計画制度と業務計画制度　　計画編
　　成プロセス　　下位者に任せられた行動

4.3 GEの戦略計画システム …………………………107
4.4 経営計画制度のマネジメント・コントロール機能 …………………………112
経営計画制度によるマネジメント・コントロール活動　マネジメント・コントロールのサブシステム
4.5 経営計画制度に要求されるもの …………………………123
個々のサブシステム機能のための配慮　サブシステムの機能の間のバランス　他の管理制度との関連　経営計画制度内部の連動性　経営計画制度のあり方についての基本的考え方

第5章　業績評価制度 …………………………137
5.1 はじめに …………………………137
5.2 何が業績を決めるのか …………………………138
5.3 業績評価制度のマネジメント・コントロール機能 …………………………141
業績評価の典型的ステップ　マネジメント・コントロール活動　マネジメント・コントロールのサブシステム
5.4 評価基準のあり方 …………………………147
評価の対象と難しさ　事後基準　事前目標水準の意味　事後基準のその他のメリット　事後基準の難しさとその代用評価基準，管理者の役割
5.5 業績評価制度に要求されるもの …………………………157
業績評価への不満　業績評価制度の設計と運用の基本的考え方
5.6 結び …………………………163

第III部 インセンティブ・システムのモデル分析 ……………………167

第6章 インセンティブ・システム分析の基礎モデル ……………………169

6.1 はじめに ……………………169
6.2 インセンティブ・システムとは ……………………170
6.3 エイジェントの行動とプリンシパルの行動 ……………173
　記号の定義と仮定　四つの決定問題の定式化
6.4 インセンティブ・システムの選択プロセス ……………………180
　三つの選択プロセス　協力的パレート最適性
6.5 インセンティブ・システムの効果 ……………………185
6.6 結　び ……………………187

第7章 線型インセンティブ・システムの最適分析 ……………………191

7.1 分析の目的 ……………………191
7.2 基本モデル ……………………191
7.3 リスク決定効果と努力決定効果 ……………………194
7.4 最適なインセンティブ・システム ……………………202
　最適分配パラメターの決定　最適分配パラメターの意味
7.5 結　び ……………………212
第7章の数学的付録 ……………………214

第8章 目標乖離を含む非線型インセンティブ・システムの分析 ……………………217

　　　　　　　　　　目　　次　　　　　　　　xv

　8.1　はじめに …………………………………………217
　8.2　状況設定とモデル …………………………………219
　　　　インセンティブとエイジェントの選択基
　　　　準　　分析のスタンス
　8.3　陰伏的危険選択関数 ………………………………223
　8.4　パラメトリック分析と経営的含意 ………………226
　8.5　固定目標の場合 ……………………………………231
　8.6　結　　び ……………………………………………234
　第8章の数学的付録 ……………………………………236

第IV部　結　　　び …………………………………245
　第9章　新しい理論への道 ……………………………247
　9.1　本書の流れと特徴 …………………………………247
　　　　議論のあら筋　　本書の特徴
　9.2　二つの方法論の間で ………………………………253
　9.3　自由と規律の間で …………………………………259
　9.4　新しい理論への道 …………………………………263
　　　　めざすべき理論　　分析対象の本質的側
　　　　面　　方法論　　基本的視点

参 考 文 献 ………………………………………………269
索　　　引 ………………………………………………273

第 I 部　概念的枠組みと基礎理論

第1章 経営行動の構図

1.1 経営の本質

　経営という営みは，複雑で，多くの人間，物財，資金の働きを組み合わせて行われる．その結果，企業と環境との間に資源のやり取りのプロセスがおき，また組織の中で資源の技術的な変換がおき，インプットがアウトプットに変換されて社会に提供されていく．その変換プロセスは基本的に人々の協働作業として行われていく．そこでは，多くの人々による大小さまざまな意思決定がなされ，それにもとづいてさまざまな作業が組織のあちこちで行われていく．経営という全体は実に多くのお互いに依存し合った活動から成り立っているのである．

　その全体がいかなるメカニズムで動いているのか．どんな原理で活動が律されているのか．それを理解しようとするのが，経営学の基本的な目的であろう．

　その理解のためには，経営という全体が複雑だといっているだけでは一歩も話は進まない．その複雑な全体をときほぐす糸口がいる．その全体がどのような大きな活動あるいは部分からなり，それらは互いにどう関係しあっているのか，それを大づかみに眺めるための，概念がいり眼がいる．部分を正しく位置づけるためにも，全容を欠落なくつかむためにも，全体を考える眼がいる．

　この本は，その経営の全体の中で重要な位置を占めると私が考えるマネジメント・コントロールについて考察しようとするものである．その考察を，経営の全体像についての議論から始めたい．マネジメント・コントロールが経営全体の中でおおよそどのような位置にあるのか，その見取図をまずもってみたい．したがってこの章の第一の目的は，経営の全体像を大づかみに叙

述し考えるための，私なりの経営をみる眼を提示することである．それが経営行動の構図である．そして第二の目的は，その全体的構図という地図の上でこの本の主題たるマネジメント・コントロールがどのような部分を占めるかを明らかにすることである．

経営行動とは，この経営という複雑な活動の集合体をある目的達成のために律し，方向づけていくために経営者がとる基本的な行動のことである．

経営の本質を理解するために鍵となる言葉が，三つあると私は思う．それは，

(1) 意思決定
(2) 階層関係
(3) 人間の集団

である．

まず第一に，経営の場でおこることはすべてだれかの意思決定の結果の行動である．工場の現場での生産活動も，新入社員の採用も，セールスマンの販売活動もすべて意思決定の結果である．工場の作業者の，工場長の，人事部員の，営業本部長の，セールスマンの，さまざまな人々の意思決定の結果である．したがって，経営の場でおこることを律し，方向づけていくということはそういったさまざまな意思決定を律し，方向づけることによってのみ可能となる．意思決定という概念は，近代組織論が組織というものを考える際のもっとも基本的な概念である[1]．

組織はその多くの意思決定の集合体が，ネットワークとしてつながりあったものである．そのネットワークは，階層的にでき上がっている．それぞれの意思決定を担当する人々の間には，権限と役割の階層関係がある．それが，第二のキイワードである．階層の上位の人間の権限を下位の人間が受容するかぎり，下位の人間の意思決定には完全な自由はない．と同時に，自由裁量の余地が下の人間にまったく与えられていないわけでもない．ある程度の裁量の余地は必ずあり，その意味では，上の人間は下の人間に意思決定をある

範囲内で任せている.

　たとえば,工場長は現場の機械にいつ油をさすべきかの意思決定などは自分ではしない.作業者に任されている.一方,その機械でどんな製品をいくつ作るかについては,作業者は上からの権限による命令にしたがうであろう.権限の受容と意思決定の委譲の二つが同時にこの階層的な意思決定のネットワークではおきている.

　この点は,経済学が典型的に扱う市場取引の関係での意思決定が,上下関係のない,原理的に平等な二人の行動主体の自由な意思決定であるのと,好対照をなす.市場関係では,取引の参加者はたがいの意思決定を強制的に左右する力をもたず,自由に自分の取引条件を決める自由をもち,お互いの条件が折り合わなければ取引に参加しない自由ももっている.

　比喩的にいえば,市場関係では意思決定者の間の関係はどちらが上でもない水平なヨコの関係であるのに対して,組織内関係ではタテの関係が基本である[2].

市場関係　　　組織内関係

　さらに比喩をつづければ,経営学はタテの関係の分析を中心課題とし,経済学はヨコの関係の分析を主たる任務とする,ともいえるだろう.

　経営の第三のキイワードは,組織が人間の集団だということである.その一人一人が,自分の判断をもち,利害をもち,意欲をもち,感情をもち,心理的なエネルギーをもち,人間的な強さ弱さをもち,思想をもっている.あるいは,こういったものをもっている程度がさまざまに違う人間たちの集団として組織はある.

　そういう生身の人間の集まりが協働して,組織の活動を担っている.彼ら自身の行動が,組織活動の基本にある.組織の活動のもっとも物理的な具体的な仕事はすべて彼らが実際に行動してはじめて現実のものとなり,それが

行われてはじめて売上が上がり，利益が生じる．経営者が頭の中で考えることからは直接的に売上や利益が上がってくるわけではない．こういった人間集団の特性が，どんな経営行動が要求されるかを基本的なレベルで決めている．

組織はもともと，一人一人の個人がバラバラに行動していたのでは実現できないことを複数の人間の協働体として行えるようにしようとして，生まれてくるものである．つまり，組織の経営者の立場からいえば，自分一人ではとてもできない数多くの意思決定と行動を，人間臭い集団に階層的に任せることによって可能にしようとするわけである．とすると，経営の本質の一つは Doing things through others にあることが知られる．自分だけでするのではない．他人を通して自分が望ましいと思うことを実現していく．そのためには人間臭いことを考える必要があり，階層的な仕組みを考える必要がある．そういう Doing through others なのである．Doing by oneself では，自分一人の意思決定だけを考えればよい．しかしそれは，個人事業ではあっても，本質的に経営ではない．

1.2 経営行動の全体像

私は，経営行動は二つの性格を異にする部分からなっている，と考えられると思う．一つは，経営者による分析的，客観的な設計の対象となる色彩の強い基本的意思決定の部分．これを経営の設計要素の決定とよぼう．

もう一つは，こうして設計された組織および組織活動に命を吹き込み，人間の集団を引っ張っていくこと．そのために経営者がどういう行動を具体的にとるかは，彼の主観的個人的な思想や価値観により大きく左右され，きわめて属人的な色彩が強い部分．これを経営基盤の提供とよんでいいかもしれない．

経営の設計要素の決定

経営の設計要素の決定とは，

(1) 何を組織の活動内容とするか

(2) だれにどのようにさせるか

(3) いかに望ましい方向に導くか

を，決めることである．

第一の決定は，戦略の決定である．戦略とは，組織の活動の基本的方向を環境とのかかわりで示した，基本方針である．どのような製品分野で事業活動を行うか，どのような市場を対象とするか，企業の競争上の特徴を何にしていくか，どのような資源をもつ企業にしていくか，などが戦略の内容の例である[3]．

そうして決まる組織活動の実行は，経営者が一人で行うのではない．皆で分担して行われる．その分担関係の基本的な決定が上記の第二の決定である．この決定には二つの部分がある．一つは，組織内の役割と権限の体系の決定である．組織構造の決定とよばれるものがそれである．だれがどのような役割をもち，どの程度の権限をもつようにするか，である．組織構造の決定は，いわば組織内の無数の意思決定のネットワークの設計の問題である．事業部制にすべきか職能別組織がいいか，などという問題は典型的な組織構造の問題である．

第二の決定のもう一つの部分は，そうして決められた役割と権限を具体的にだれに担当させるかという，人事の問題である．たんに人員配置の決定だけでなく，どのような人材に組織に参加してもらうようにするか，あるいは人材を組織内でどのように育成していくか，などという「ヒト」に関するもっとも基本的な決定のことである．

組織の人々の役割の分担と権限が(2)で定まれば，それに沿ってあとは自動的に全員が組織目的に向かって動き出す，というものでもない．すでに上で述べたように，彼らには自己の考え方，利害，感情など，もろもろの個人

的な事情や特性がある．また，サイモンのいうように彼らの合理的な意思決定能力には本質的に限界がある（限定合理性）．したがって，そういった個人的な要因が彼らの組織内での行動に色濃く反映する．その結果出てくる彼らによる「組織のための行動」が，つねに組織にとって最善の行動になっているという保証はどこにもない．善意，悪意の問題をこえて，この保証はない．

したがって，彼らの動機づけを行い，しかも彼らの行動が究極的に組織目的に合致するようにまとめ上げ引っ張って行くための仕組みやプロセスがどうしても必要になる．それの全体をどのようにして作っていくかの決定が(3)の決定である．この仕組みとプロセスをマネジメント・コントロール・システムとよぶ[4]．

前節で，経営の第二のキイワードとして階層関係，つまり権限の委譲と受容から生まれる階層関係をあげた．組織で事業活動をするということは，経営者からすれば，自分以外の人々に意思決定を任せることである．しかし任せ放しでは組織活動全体がまとまりを欠く危険があり，またルーズになる危険もある．それは防ぎたい．時には，経営者が自ら乗り出す必要もあるだろう．しかし，基本的には任せる必要がある．このパラドックスをとくために，経営行動として何をする必要があるか．マネジメント・コントロール・システムである．他人に任せた意思決定を導くのがこのシステムの基本的な役割である．「任せて，任せ放しにせず，任せた事柄をよい方向へ導いて行く」，それがマネジメント・コントロールの本質である．

その例を一つあげよう．業績評価システムである．どのような業績をあげたとき，どの程度の評価を与えるのか，その評価をどう具体化するのか（金銭的報酬か，地位の上昇か，努力にたいする社会的認知か，など）．その仕組みの作り方によって，組織に働く人々の努力の程度，注意の方向，あるいはモチベーションに大きな影響がでる．たとえば，短期的業績を大きく評価すれば人々の意思決定の志向は短期的になり，組織の長期的将来を考えた意思決定が犠牲にされがちになる危険がある．逆のやり方をすれば，短期的な業績が軽視されすぎて，組織の安定的な存続に危険信号がつきかねない．

役割と権限の体系としての組織構造は，人体にたとえれば骨格にあたる．この骨格を企業目的にそうようにいかに機能させるか，がマネジメント・コントロール・システムの問題である．骨格にいかに肉づけし，血や神経をかよわせるか，という問題にたとえてもよい．

組織構造とマネジメント・コントロール・システムの両方を合わせて，経営システムということもある．この言葉を使えば，経営の設計要素の決定とは，

- 戦略
- 経営システム
- 人事

という三つの決定ということになる．

こうしたものの決定をいったん行ってしまえば，それで経営行動はすみ，というわけではない．その運営プロセスに実際にたずさわるのも，もちろん経営行動のより具体的な，中核的な部分である．

組織に命を吹き込む：経営基盤の提供

前節でいったように，組織は実に人間臭い人間の集団である．その集団を本当に動かして行くためには，たんに分析的な経営の設計要素を決定するだけでは不十分である．人々をコミットさせ，やる気を起こさせ，心理的なエネルギーを生みださせることがどうしても必要である．経営の設計要素はいわば経営の駆体である．それに命を吹き込んでこそ，組織は真に動き始める．「仏つくって，魂いれず」と昔からいう．その魂である．

バーナードはいう[5]．

「組織の本質的要素は，人々が自分の努力をその協働システムに提供しようとする，その意欲(willingness)にある．」

それが，組織の魂なのである．そして，彼はさらにつづける．

「組織のエネルギーの源は人々の個人的な努力であり，人が自分の努力を組織に提供するのはインセンティブのゆえである．……したがってどんな

種類の組織でも，十分なインセンティブを与えられるかどうかが，その組織の存続をかけたもっとも強調される仕事となるのである．」

私もこの意見にまったく賛成する．インセンティブとは，達成意欲を惹き起こす源泉となるもの，というほどに考えればよいだろう．では，組織に命を吹き込むために必要となるインセンティブにはどのようなものがあるのか．

バーナードのインセンティブの分類とはかなり違うが，私は組織に働く人々に与えられうるインセンティブには，次の四種類のものがあると思う．

(1) 物質的インセンティブ
(2) 自己実現的インセンティブ
(3) 理念的インセンティブ
(4) 人間的インセンティブ

物質的インセンティブとは，金銭的報酬をその典型例とする，人間の物質的な欲求に中心をおいたインセンティブである．このインセンティブはふつう，マネジメント・コントロール・システムの一部としてのインセンティブ・システムがその供給の中心的手段となる．

自己実現的インセンティブとは，仕事の達成にたいする自分自身での満足感を得るというインセンティブ，あるいは自分の仕事や地位にたいして周囲から与えられる尊敬や承認を欲する欲求を満たすようなインセンティブである．マズローのいう自己実現欲求と尊敬や承認への欲求に中心をおいたインセンティブである[6]．このインセンティブを供給するよう経営行動として操作できるのは，戦略や役割と権限の体系を工夫して，自己実現的な仕事を作ること，あるいは組織内の地位を工夫すること，などである．つまり，仕事そのものが面白い，役割に満足を覚える，といったタイプのインセンティブである．したがって，経営行動としては，おもに戦略や組織構造の工夫がこのインセンティブの供給の中心的手段となる．

以上二つのインセンティブは，その提供のための操作変数は，前節で扱った経営の設計要素であった．いわば，経営の駆体の作り方がインセンティブをある程度決め，その駆体にどの程度の命が吹き込まれるかを決めている．

第1章 経営行動の構図

それにたいして，残る二つのインセンティブ（理念的と人間的）は経営基盤とでもよぶべきものがその供給源となっている．

　理念的インセンティブとは，いわば思想を達成意欲の源泉とするようなインセンティブのことである．人々が組織があるいは経営者がかかげる思想に共鳴をして，それが人々の組織へのコミットメントをつくりだし，人々をして組織に努力を注入させる．人はパンのみにて生くるにあらず，である．その源泉を経営理念とよぶことにしよう．第一の経営基盤である．理念は人を動かす．「正しいことをしている」という感覚を組織の人々がもつとき，組織に命が吹き込まれる，といってもいいだろう．

　経営理念の重要性を繰り返し説いている著名な経営者の一人に，松下幸之助氏がいる．彼自身のことばから引用しよう[7]．

　「私は六十年にわたって事業経営にたずさわってきた．そして，その体験を通じて感じるのは経営理念というものの大切さである．いいかえれば"この会社は何のために存在しているのか．この経営をどういう目的で，またどのようなやり方で行っていくのか"という点について，しっかりとした基本の考え方をもつということである．事業経営においては，……一番根本になるのは正しい経営理念である．それが根底にあってこそ，人も技術も資金もはじめて真に生かされてくるし，また一面それらはそうした正しい経営理念のあるところから生まれてきやすいともいえる．」

　彼が産業人の使命という経営理念を打ちだしたのは，昭和七年のことであった．この年を，松下電器では使命を知ったという意味で創業命知第一年としている．経営理念の確立がどのような意味をもったのか，ふたたび彼自身のことばを引いてみる．

　「そのように一つの経営理念というものを明確にもった結果，私自身それ以前にくらべて非常に信念的に強固なものができてきた．そして従業員に対しても，また得意先に対しても，言うべきことを言い，なすべきことをなすという力強い経営ができるようになった．また従業員も私の（経営理念の）発表を聞いて非常に感激し，いわば使命感に燃えて仕事に取り組む

という姿が生まれてきた。一言にしていえば，経営に魂が入ったといってもいいような状態になったわけである。そして，それからは，われながら驚くほど事業は急速に発展したのである。」

最後の，第四番目のインセンティブは人間的インセンティブである。組織を率いる人間の個性，人格，人間的魅力に惹かれて，組織の人々のコミットメントが高まり，組織への努力の注入が大きくなる。「あの人のためならば」，「あの人についていきたい」，そんなきわめて人間的な，属人的なインセンティブである。その源泉をリーダーシップとよぶことにしよう。リーダーの統率力，牽引力のことである。これが，第二の経営基盤である。

そのリーダーシップは，必ずしもカリスマ性と同じではない。カリスマでない，「枯れた」リーダーシップもある。しかし，いずれの場合でも，その源泉はリーダー個人の人間そのものにある。古来，著名な経営者あるいは国の指導者の多くがそれぞれに個性豊かな，人間的魅力にあふれた人々であったのは，故なしとしない。

以上の議論をまとめれば，組織の人々は，(1)物質的欲求に惹かれ，(2)仕事や周囲の認知に惹かれ，(3)思想や理念に惹かれ，(4)人間に惹かれ，組織にコミットし，努力を大きく注入しはじめる。そうしてはじめて，組織に命が吹き込まれる。とくに，経営理念とリーダーシップは人間の集団としての組織にいわば形而上的な価値をつくりだし，精神的な意味での命を吹き込むものとして，重要なものである。それが，この二つを経営基盤とよぶ理由である。

極端にいえば，前節の経営の設計要素は人間がまったく存在しない，ロボットと機械からなるシステムあるいは「組織体」を運用しようとする際にも，その運用の責任者としての経営者が決めなければならないものである。しかし，経営理念やリーダーシップといった経営基盤は，人間の集団にのみ必要となるものである。

全体の構図：媒介変数としての心理的エネルギー

経営の設計要素の決定と経営基盤の提供とは，どちらがより重要だとかいうものではなく，ともに経営行動として経営者が組織にたいしてしなければならないことである．そうでなければ，いい経営はできない．この五つの経営行動の変数がたがいにどのような関係にあるのかを簡単に図にまとめたのが，図1-1である．

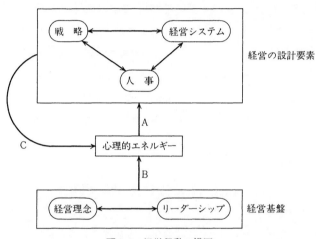

図1-1　経営行動の構図

この図は，こう読めばよい．組織はその中で，さまざまな意思決定や活動を複雑に絡み合わせ行う．その具体的な姿のWhat, How, Who などの5W1Hにあたるものを決めるのが，経営の設計要素の決定である．それは，大別して，戦略，経営システム，人事，の三つについての決定となる．その決定が人間の集団としての組織にとって意味をもち，本当に実行されるためには(その意味で，設計要素が活性化されるためには)，その組織に心理的エネルギーが生み出される必要がある．命が吹き込まれなければならないのである(矢印A)．

組織の心理的エネルギーの源泉は，組織の人々に与えられるインセンティ

ブである.そのインセンティブは,二つのルートで供給される.一つは,経営理念とリーダーシップという経営基盤に源をもつもの(矢印B).もう一つは,経営システムや戦略に源をもつ物質的インセンティブと自己実現的インセンティブである(矢印C).

つまり,経営の設計要素と経営基盤は,心理的エネルギーという概念を媒介変数につながっているのである[8].

簡単な図である.経営行動という一見複雑にみえるものを考えるための,私なりの眼鏡である.かなり一般的に利用可能な枠組みである.この枠組みは企業のトップ経営者の経営行動を考えるためだけのものではない.一般に,すべての組織を率いていく行動という意味の経営行動にもあてはまる.

たとえば,事業部長の経営行動にも,営業所長の経営行動にも,同じ枠組みがあてはめられる.事業部にも,戦略があり,経営システムがあり,人事があり,経営理念が必要で,またリーダーシップが重要である.企業のトップの場合と本質はなんら変わるところはない.ただ,その経営行動に上部組織からの制約が加わっているという点だけが違う点である.つまり,どんな組織単位にもその経営行動があり,それは図1-1の枠組みでまず大づかみにつかむことができるのである[9].

比喩的にいえば,経営行動とは階層的な三角形である組織の頂点でつねに必要とされるものである.右の図1-2のように,一つの三角形があると,そこに補助線を一本引くことにより,小さな相似の三角形がもう一つ生まれ,その小さな三角形にも頂点がある.そこに,新たな経営行動が発生している.それは,三角形の頂点に必要な経営行動という意味では,もとの経営行動となんら変わるところはない.ただし,新しい小さな三角形は,必ずもとの大きな三角形の中にある.つまり,新しい小さな経営行動はもとの大きな経営行動の枠の中にある必要がある.かくして,組織の経営行動の全体は,階層的につながった入れ子構造(あるものの中に,それと相似の構造をした小さなものが入っているという構造)になっているのである.読者はこの入れ子構造の典型に,次章でマネジメント・コントロールの重合モデルとしてふた

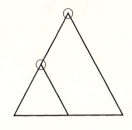

図1-2 経営の三角形——入れ子構造

たび出会うことになるだろう．

1.3 メタ経営行動

　前節までの説明は，一つの組織の経営行動はその三角形の頂点に立つ経営者が自分で決定するあるいは提供する，というイメージを暗に仮定してきた．その方が説明が明瞭になるからである．しかし，説明が分かりやすくなり込み入らないからといって，現実がそうであるということにはならない．

　組織の頂点の部分でなんらかの形で経営行動が決められないと，組織に属する多くの人々の日々の組織活動が円滑に行えないのは，前節までの議論から明らかであろう．しかし，その経営行動は経営者が自分ですべて決めているのだろうか．限定合理性という，人間の認識能力の限界を考える限り，大きな組織であればあるほど，経営者が経営行動をすべて自分で決めているとは考えにくい．

　仮に，組織のおかれた環境があまり変化の大きくない，したがって組織として新しい事業などのイノベーションをあまりやらなくてもいいような環境であれば，経営者が最終的には自分で経営行動をすべて決めるだけの余裕があるかもしれない．経営行動をそれほどひんぱんに変化させる必要がないからである．あるいは，組織の規模や事業の規模が小さければ，やはりやれるかもしれない．しかし，変化の激しい環境ではどうだろう．規模の大きい組織ではどうだろう．いずれでも，経営者の限定合理性がかなり厳しい限界になることが予想される．そのようなとき，経営行動の決定も経営者は自分の

下の組織に自律的に行わせるようにある程度任せる必要が出てくる.

経営行動の決定にだれがどのように参画するのか, その決定の基本方針は何か, についての決定のことをメタ経営行動とよぶことにしよう. 経営行動の決定プロセスの決定, というほどの意味で「メタ」という言葉を使っている.

このメタ経営行動の決定は, 経営者は他人任せにはできない. たとえば, 自分は具体的な戦略の決定は行わなくても, どのようにして戦略が決められるべきかは経営者が自分で決めるべきことである. それまで他人任せにしたのでは, 経営者としての存在意義がすっかりなくなってしまう.

前節までの経営行動を狭義の経営行動とよぶことにすれば, メタ経営行動と狭義の経営行動の両方を含んだ概念として広義の経営行動を理解するのがいいだろう. メタ経営行動についての議論はこれまでほとんど行われていない. たとえば, 野中(1985), Burgelman(1983)がその数少ない例である. (しかし, そこでもメタ経営行動という概念が用いられているわけではない.)

メタ経営行動の重要な次元の一つは, 自律性であろう. 狭義の経営行動の決定がどの程度組織の自律性に任されているか, ということである. あるいは, 狭義の経営行動の決定に経営者が自分で関与する程度の逆数といってもいいだろう. この自律性の高い組織が, 自己組織的な組織といってよいだろう[10]. この自律性は, 狭義の経営行動のうち, 経営の設計要素の部分についての自律性の方が, 経営基盤の方の自律性よりも高いのがふつうであろう. これは, 経営基盤が経営者の個人的な特性や価値観に依存する程度が大きいからである.

組織は環境の変化に応じて, その戦略, 経営システム, 人事という経営行動を変化させて行かなければならない. そうしなければ, 変化してしまった環境の中で不適応をおこして組織の存続があやぶまれる. その狭義の経営行動の変更は, 一体だれのイニシアティブで行われるのか. 経営者自らがつねにそのイニシアティブをにぎるようにするのか. あるいは組織の人々, とく

にミドルマネジメントの人々がその変化のイニシアティブをどんどん実験的にとっていくことを大きく期待し，トップはその多くのイニシアティブの中から組織全体の立場から望ましいと思われるものを追認的に選択するのか．(野中，バーゲルマンはミドルの役割を重んじる立場である．) これらのプロセスの選択はメタ経営行動の決定のいい例である．

つまり，メタ経営行動の決定は，環境の変化に応じて組織がその基本的な行動様式(狭義の経営行動に象徴されている)をどのように変えて行くか，変えて行けるか，その決定でもある．それゆえに，メタ経営行動の適不適は，組織の長期的な環境適応能力に大きなかかわりをもつ．たとえば，ワンマン企業は長期的に適応できないことが多い．それは，短期には狭義の経営行動の素晴らしい選択をそのワンマンが行えても，「自分が一人で経営行動は決めるもの」と思い込んで，かなり硬直的なメタ経営行動の選択を知らず知らずのうちに行ってしまっているからである．

あるいは，自律性の高いメタ経営行動を選択するということは，日々の組織活動の枠である狭義の経営行動に対して，問題提起を部下にさせるあるいは現状破壊をボトムアップで奨励する，ということになる．もちろん，部下の特性やボトムアップの仕方の特性にも依存するであろうが，環境変化への小適応にはこの方法は適していても，ドラスティックな適応には不向きであることも多い．自律性の高いメタ経営行動がつねに最善とも限らないのである．

いずれにせよ，メタ経営行動についてはまだ分かっていないことばかりである．この本の以後の議論では，経営行動といったらとくに断らない限り，狭義の経営行動をさすものとする．

1.4 マネジメント・コントロールの位置づけ

私は1.1節で，経営のキイワードの中に意思決定と階層関係をあげた．この二つをつなげれば，組織行動は階層的意思決定システムの行動として理解

でき,経営とはこの階層的意思決定システムをまとめ,率いて行くことに他ならない.階層的に意思決定という本質的構造の類似したものがつながりあっているからこそ,1.2節でいったような「入れ子構造」が経営行動全体を理解する上での本質的なポイントの一つになる.

その階層的な意思決定システムの中では,必然的に意思決定権限の委譲ということがおきている.委譲がおきれば当然,その委譲された意思決定を委譲した人間がなんらかの形あるいはプロセスでコントロールするということが発生する.完全な任せ放しはありえない.そのためには仕組みがいる.コントロールするための仕組みである.それがマネジメント・コントロール・システムである,と1.2節で述べた.

つまり,マネジメント・コントロールの本質は,階層的意思決定システムにおける委譲された意思決定のコントロールなのである.しかし,よく考えてみると,経営行動の他の要素(戦略,組織構造,人事,経営理念,リーダーシップ)のそれぞれも,部下に委譲した意思決定をコントロールするという機能を果たしている面がある.たとえ委譲した意思決定のコントロールが第一義的な機能でなくとも,そうした機能ももっている.

たとえば,戦略のことを考えてみよう.上で述べたように,戦略は組織活動の基本的内容をさだめ,その基本的な方向づけを行う.それがそもそもの機能である.この戦略が決められ,上から与えられれば,それは当然下位の人間の意思決定の前提になることが予想される.そのような組織全体としての戦略の遂行に役立つような意思決定をしようと下位の人間が思うことが予想されるからである.こうして,戦略の枠をはずれた意思決定を下位の人間がしなくなるとき,ある意味で戦略はその下位者の意思決定をコントロールしていることになっている.その戦略がなければ下位者がとったかもしれない意思決定をもはやとらなくなる,という意味で戦略も委譲した意思決定のコントロールを立派にしているのである.

同じように,組織構造にも人事にも,あるいは経営理念にもリーダーシップにも,委譲した意思決定のコントロール機能があることは容易に想像され

第1章　経営行動の構図　　　　　　　　　　　19

るであろう．ある経営理念があるからそれが部下の意思決定のガイドラインとなり，部下はある意思決定をし，別の意思決定をとらなかった，というような意味でのコントロールである．

　では，マネジメント・コントロールによる委譲された意思決定のコントロールと，その他の経営行動の要素の意思決定コントロール機能との違いは何か．

　違いの第一は，マネジメント・コントロールによる意思決定コントロールが，マネジメント・コントロールのそもそもの本来的な目的であるのにたいして，その他の経営行動の要素の意思決定コントロールは副次的な機能であり，それぞれの要素がそれ自身の本来の機能を別にもっているということである．戦略についてはすでにふれたし，組織構造と人事の本来の機能は，委譲されるべき意思決定の委譲のパターンあるいは意思決定権限の配分そのものを決めることである．経営理念やリーダーシップの本来の機能は，組織に心理的エネルギーを生み出させ，組織に命を吹き込むことである．意思決定コントロールを中核的に担うのは，マネジメント・コントロールなのである．

　第二の違いは，マネジメント・コントロール以外の経営行動から意思決定コントロール機能が生まれているのは，委譲される意思決定の大枠とでもいうべきものをこれらの経営行動が決めるあるいは与えることによっているのにたいして，マネジメント・コントロールの場合は，次章でくわしく考えるように，部下の意思決定プロセスを構成している多くの要素の一つ一つにきめの細かい具体的影響を与えることによって意思決定コントロールをしている，ということである．第一の違いが，コントロール機能の本来性の違いとするなら，第二の違いはコントロールの方法あるいは対象の違いといえるだろう．

　一方が大枠によるコントロールで，マネジメント・コントロールは細かい具体的影響の集積によるコントロールだからといって，私はマネジメント・コントロールの重要性が低いとは思わない．むしろだからこそ，重要で困難な仕事だと思う．大きなことには，人の眼は集まりやすい．しかし，小さい

ことはついついおろそかにされやすく,だからこそ,いい経営と悪い経営との差がいつの間にか生まれてくる原因になりやすい.いわゆる優良企業の大半は実にすぐれたマネジメント・コントロール・システムをもっている,というのが私の実感である.戦略はありふれているところもある.そういう企業も,マネジメント・コントロール・システムはすぐれている.そのおかげで,現場での意思決定のコントロールがうまくいっている.究極的には,現場の行動の良悪が組織のパフォーマンスを決めていくのである.いい加減なマネジメント・コントロール・システムをもったまま長期的に成功しつづける企業はまずない.

以上の議論を図にまとめれば,図1-3のようになるだろう.

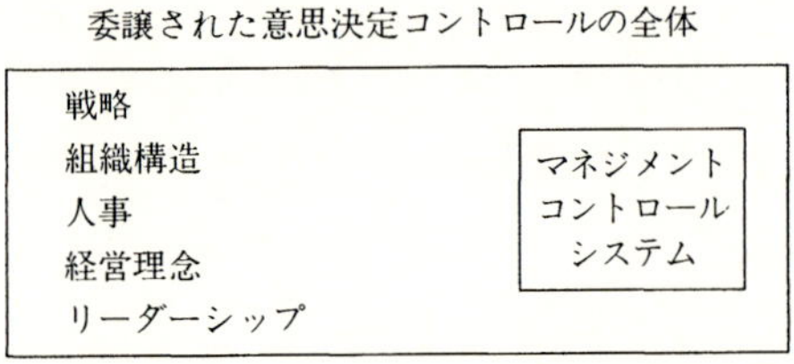

委譲された意思決定コントロールの全体

```
┌─────────────────────────────┐
│ 戦略                         │
│ 組織構造        ┌──────────┐ │
│ 人事            │マネジメント│ │
│                 │コントロール│ │
│ 経営理念        │システム    │ │
│ リーダーシップ  └──────────┘ │
└─────────────────────────────┘
```

図1-3 さまざまな経営行動による意思決定コントロール

組織という階層的意思決定システムにとって,意思決定のコントロールは最重要の課題の一つである.その機能をすべての経営行動が果たしている.マネジメント・コントロール・システムによる部分もあれば,他の経営行動による意思決定コントロールもある.戦略,組織構造,人事,経営理念,リーダーシップの決める大枠の中で,細かな具体的な意思決定コントロールをマネジメント・コントロール・システムが担当している.ここの細かい詰めをどの程度効果的にできるかが,組織のパフォーマンスをきめる大きな鍵になる.そして,マネジメント・コントロール以外の経営行動は意思決定コントロール以外にそれぞれの本来的機能をもっている.

意思決定コントロールを実はさまざまな経営行動がそれぞれの形で行っているということは反面,それらの多くの意思決定コントロール活動を連動させ複合的効果を出すことができれば,大きな効果が期待できることを意味し

ている.つまり経営行動の間の意思決定コントロールについての相乗効果である.戦略のしめす組織の基本的方向にあった意思決定が行われているかをマネジメント・コントロール・システムがチェックする.あるいは,戦略の質的変更にあわせてリーダーシップのスタイルも変化させ,組織に強力なメッセージを送る,などである.意思決定コントロールのためのマネジメント・コントロールの重要性を強調するからといって,他の経営行動もまきこんだ相乗効果の重要性を忘れてはならない.

次章でくわしく述べるように,意思決定コントロールとはその意思決定者に影響を与えることによって可能となる,他人の意思決定プロセスへの影響である.Doing things through others が経営の本質なら,おそらくそのキイワードは「影響」ということになっていくだろう.影響という概念は経営を考える際のもっとも本質的な概念の一つであり,マネジメント・コントロールの中心概念となっていくだろう.

第1章 注

1) たとえば,Simon(1947)はその立場にたつ組織論の古典である.
2) 市場と組織の関係およびそれぞれの原理的な違いについては,今井・伊丹・小池(1982)および Imai and Itami(1984)を参照せよ.
3) 経営戦略のくわしい議論については,私はすでに別に本を書いているので,ここではごく簡単にしか触れない.伊丹(1984).
4) このプロセスや仕組みの全体をよぶのに,マネジメント・コントロールというあまり馴染みのない言葉を使わずに,たとえば「経営管理」という言葉をあててもいいのかもしれない.しかし,経営管理という使いふるされた言葉は,それを聞く人にさまざまなイメージを思い起こさせるだろう.そのイメージのある部分はここでいうマネジメント・コントロールと重なり,また重ならない部分もある.そういういわば手垢のついた言葉はあえてさけて,マネジメント・コントロールという新しい言葉でこの本を通したい.
5) Barnard(1938).
6) Maslow(1954).
7) 松下(1978).
8) 心理的エネルギーについては,くわしくは伊丹・加護野(1986)を参照.
9) 以上のフレームワークは,伊丹(1980)の第1章で展開したフレームワークを修正しさらに発展させたものである.ほぼ同じ時期に,マッキンゼー社を中心として,7Sフレ

ームワークという枠組みが発表されている．経営全体を，Strategy, Structure, Systems, Staff, Style, Skills, Superordinate Goals という七つの変数で考えようという枠組みである．その解説が Pascale and Athos(1981)にある．興味のある読者は，本書のフレームワークと比較してみるとよい．
  10)　野中(1985).

第2章 マネジメント・コントロールの概念枠組み

2.1 はじめに

　経営行動全体の構図の中で，マネジメント・コントロール活動とよばれる経営行動のある領域の重要性を私は前章で強調した．この章では，そのマネジメント・コントロール活動とよばれる経営行動のエッセンスの構造と基礎理論を考えるための概念や分析の枠組みを考えてみたい．その枠組みは，本書全体の基本的な思考枠組みともなるはずのものである．

　前章ですでに述べたように，マネジメント・コントロールの本質は，階層的な意思決定システムにおいて下位者に対して上位者から権限委譲された意思決定を上位者がコントロールしていくというところにある．つまり，他人に任せた意思決定のコントロールなのである．多少パラドキシカルに聞こえるかもしれない．しかし経営の本質が Doing things through others であることを考えると，まさに経営行動の中核ともいうべきものである．この視点に立って，現実の管理の諸制度の機能を統一的に説明できるような分析の枠組みを考えてみたい．

　前半では組織におけるマネジメント・コントロールを論じるために最小限に必要な概念的分析枠組みを提示し，さらに簡単な意思決定のモデルにもとづいてマネジメント・コントロール活動の分類を行う．後半では，現実の組織における管理の諸制度の観察から得られた管理システムの分類を示し，前半の概念モデル(枠組み)を用いてこれらのシステムの機能の説明を試みてみることにする．そうすることによって，マネジメント・コントロールの概念枠組みをもつことの価値が示せるであろう．

2.2 マネジメント・コントロールとは

　組織における管理，あるいはコントロールについては，さまざまの分野の学者がさまざまな観点から論じて来ている．各々の分野で特に強調する問題が何であるかによって，分析の視点も微妙に変化するが，そのいずれもが「委譲された意思決定のコントロール」という問題にたいして少しずつ異なった観点からアプローチしたものになっていると思われる．したがって，ここでは，さまざまな視点からいろいろに強調されている「コントロール」という概念の総合化を行うことによって，マネジメント・コントロールを考える基本的枠組みをあらためてはっきりさせてみたい．そして，その総合化の作業の副産物として，私のいうマネジメント・コントロールという概念がこれまでのコントロールの概念とどう視角を異にするか（あるいは類似しているか），はっきりしてくるであろう．

　そのためにまず，組織の運営を興味の対象としているさまざまな学問分野の学者が，「コントロール」あるいは「マネジメント・コントロール」という概念をどのように規定しているかをいくつか眺めてみよう．

　経営学の分野で典型的に見られる「コントロール」の概念は，おそらくクーンツとオドンネルの考え方によって代表されるであろう[1]．彼らは経営者あるいは管理者の職能を次の五つの活動に分類する．五つとは，計画，組織化，人員配置，指揮，コントロール，である．この分類の内でのコントロールの定義は，「部下の活動を，さまざまな事象が計画に合致するようにせしめるために，測定し，訂正すること」となっている．

　明らかに，このコントロールの定義はかなり狭いものである．その主たる強調点は，「現実を計画に合致させること」にあると思われる．管理会計の分野でも，これと類似したコントロールの概念が用いられる．たとえば，ドーパッチ=バーンバーグ=デムスキによれば[2]，

　「コントロールとは，業績の期待と現実の業績が比較され，この比較が現実

の業績に対する管理者の適切な措置を決める際の基礎となっているようなシステムあるいはプロセスと考えることができる。この措置とは、実行レベルにおける修正行動だけでなく、意思決定レベル、計画レベルにおける修正を含むものである。」

これらのコントロールの定義は、いずれも「コントロール」と呼ばれる活動において行われるプロセスないしは手順を中心になされているのが特徴で、三つの共通点をもつ。それは、業績の測定、フィードバック、修正行動、である。基本的には、このコントロールの考え方は工学的なコントロール観と同じものである。この三つの概念は、工学者の自動制御理論でも中心的位置を占めている。

この工学的考え方に立脚して、アイロンはマネジメント・コントロールについて次のように述べている[3]。

「自動制御理論によれば、コントロールとは調節のことである。つまり、あるシステムがあらかじめ定められた標準どおり機能するように導くために設計された修正行動のことなのである。蒸気機関の調節弁、船の操舵手、自動車の運転者、これらは皆それぞれのシステムのコントローラーである。

修正行動はフィードバックなしには取りえない。フィードバックの目的は、システムの現況についての情報を提供し、現実のパフォーマンスと望ましいパフォーマンス水準との差が明らかになるようにすることである。

このような概念が経営システムの研究のために使えないという理由は何もない。管理者はシステムのコントローラーである。そのコントローラーが人間であろうと機械装置であろうと、コントロール機能に関して、エッセンシャルかつ有効な共通の基本的要素があるはずである。」

マネジメント・コントロールという言葉を積極的に使いはじめたのは、おそらくアンソニーであろう。彼は管理会計と経営学の両方の分野で活躍している学者であるが、彼によれば経営管理活動全体を、戦略計画プロセス、マネジメント・コントロール、業務的コントロールの三つの階層からなるものと考える[4]。

「戦略計画とは，組織の目的，その目的の変更，これらの目的達成のために用いられる諸資源の取得・使用・処分に際して準拠すべき方針，などを決定するプロセスである．

マネジメント・コントロールとは，組織目的の達成に際して資源が有効かつ効率的に取得され使用されることを管理者が確保するプロセスである．

業務的コントロールとは，特定の課業が効果的かつ効率的に遂行されることを確保するプロセスである．」

この三つのプロセスの間に，明瞭な境界を引くことは難しそうである．ただ，三つの概念に，レベルの差とでもいうべきものが存在することもまた確かであろう．

具体的にいえば，戦略計画の例としては設備投資や新製品の導入，研究開発等に関しての方針決定などがあげられている．マネジメント・コントロールの例には，予算編成，経営業績の測定と評価，業務的コントロールに用いる決定ルールの作成などがある．業務的コントロールの例としては，在庫管理の定型的なもの，生産工程の管理などがあげられよう．マネジメント・コントロールとの比較でいえば，特定の課業を対象にし，定型性が強く，意思決定の要素が小さい管理活動が業務的コントロールとよばれているようである．

おそらく，アンソニーのマネジメント・コントロール概念の最大の特徴は，それがこのコントロール活動の「目的」を中心に規定されていること，およびこの概念が組織階層の中間レベルの活動にインプリシットに大きく関連していること，この二点であろう．

第一点については，これまで述べたコントロール概念が，主としてそこで用いられている手順を中心に規定されていることと比べれば，その特色がよりはっきりしよう．さらに，マネジメント・コントロールの活動目的に適合するならば，どのような手続や制度もマネジメント・コントロールの枠内で扱うことになるのも，第一の点から出て来る特色である．

この定義にあるように，マネジメント・コントロールの対象となっている

のは，資源の取得および使用であり，その取得および使用は管理者自身が行うのではなく，その部下たちの行う行為と考えられている．したがって，コントロールの対象は，主として部下の資源取得および使用活動ということになる．

組織論の分野では，コントロールを「影響」という観点から捉える．コントロールと影響という概念とはほとんど同義的ですらある．たとえば，サイモンの著名な『経営行動』にはその色彩が濃厚である[5]．

「組織行動は意思決定プロセスの複雑なネットワークであり，そのすべてが現場の実行者たち——彼らが組織の実際の物理的な仕事を実行する——の行動への影響という一点に向けられている．組織の解剖図は，意思決定職能の組織内での分布と配分の図によって示される．組織の生理は，組織の成員の意思決定に組織が影響を与えるプロセス——意思決定前提を組織が供給することによって行われる——に見いだされる．」

ここでサイモンはコントロールという言葉を直接は使っていないが，彼のいわんとするところが，管理という問題にあることは明らかである．この点，タンネンバウムはもっと明示的にコントロールと影響を結び付けている．彼によれば[6]，

「コントロールとは，一人の人間（あるいは一つの人間集団）が他の人間，グループあるいは組織の行うことを決めたり，意図的に影響を与えたりするプロセスである．」

この観点では，コントロールは人間の間の関係の状態の一つを示すものともいえる．タンネンバウムのこの抽象的な定義は，われわれの以下の議論にとっても重要なものである．ホフステッドはこのコントロールの考え方を採用して，人間の介在しないコントロールをも含んだ幅広い定義を行っている[7]．

「組織システムのうちのコントロールとは，システムの一つの要素（個人，集団，機械，制度，規範）が他の要素の行動に意図的な影響を与えるプロセスである．」

これらの行動科学的なコントロール観のもたらす一つの重要な帰結は、マネジメント・コントロールが基本的に複数の人間が絡むものであり、コントロールされる側の人間のモチベーションが重要であることという認識であろう。これに対して、会計的あるいは工学的なコントロール概念に共通して欠けているのは、コントロールされる側に人間的要素があるということを表だって取り入れることである。

経済学者はコントロールについて、また違った視点を強調するようである。アロウによれば[8]、

「組織コントロールとは、組織の目的関数を最大化するために、組織の成員の足並みをいかに整えるか、の問題である。」

ここでも、サイモン、タンネンバウムやホフステッドの場合と同じように、複数の人間がコントロール活動には登場することが強調されている。ただし、アロウの場合複数の人間といっても、互いに関連のある仕事をしている複数の組織成員の活動の間の「調整」に強調がおかれ、タンネンバウムやホフステッドの場合のように、コントロールする側とコントロールされる側という複数の人間ではない。事実、この引用した論文において、アロウはもっぱら価格システムという、市場経済における経済主体の間の取引の基本的調整メカニズムに議論を集中している。

2.3 概念枠組み

さて、前節において、さまざまなコントロールあるいはマネジメント・コントロールの見方を概観したわけだが、この節では、このさまざまな見方、定義を包括的に捉え、各々の見方の間の相互関係をも明らかにできるような大きな概念枠組みを作ってみよう。そうすることにより、マネジメント・コントロールとは一体何のことなのか、という疑問にたいしてかなり鮮明な答えを出せるであろう。

まず、前節での叙述の順序に従って、フィードバック＝修正行動というコ

第2章 マネジメント・コントロールの概念枠組み

ントロール概念に登場する「役者」とその演技の「ステージ」をはっきりさせることから始めよう．

ここでは，次の三つの要素が基本的重要性をもつであろう．それは，コントローラー，業務(執行)プロセス，環境である．コントローラーは，自分がコントロールしなければならない業務プロセスのパフォーマンスに関して，なんらかの目標をもっている．そのパフォーマンスは，コントローラー自身の行動によって左右されるだけでなく，(コントローラーと業務プロセスからなる)システムの環境の動向からも影響をうける．

この枠組みの中で修正行動というコントロールが存在する基本的理由は，不確実性あるいは不完全な知識しかコントローラーがもっていないことにある．その不完全知識は，(1)業務プロセスのメカニズムそのものに関するものか，あるいは(2)環境条件の動向に関するものか，さらにはその両者についての不確実性か，のいずれかである．

その不確実性のゆえに，その業務プロセスからあがるパフォーマンス(業績)はコントローラーの意図どおりにはならず，そのためにパフォーマンスの測定，そのフィードバック，それを使っての修正行動の決定，といったダイナミックな一連のプロセスが必要となるわけである．この全体の関係を図示すれば，図2-1のようになる．これがクローズド・ループのコントロール・システムの基本的アイディアである．この図において，「指令」と書かれているものは，計画された行動も，その後の修正行動も含む．ただし，動態的なプロセスにおいては，この二つの間の区別は必ずしもはっきりしない．

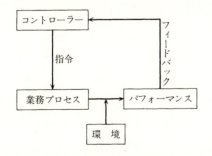

図2-1　コントロール・プロセス

すでに述べたように，図2-1のような見方に対して，サイモンやタンネンバウムなどの見方が投げかける基本的な問題点は，組織活動の特徴である多人数性（複数の人間が登場するということ）が明示的に認識されていないという点である．図2-1の業務プロセスをなんらかの物理的プロセスと考え，コントローラーの行動に影響を与えたいと思っているもう一人の人間の存在を明確に認識することを，「影響」という概念に基礎をおくコントロール概念は要請しているようである．

ほとんどすべての組織活動が階層的性格をもつことを考慮して，ここでのコントローラーを下位者，その人間に影響を与えたいと考えているもう一人の人間の方を上位者と呼ぶこととしよう．階層的な経営システムでは，業務プロセスをコントロールする権限は何らかの形で下位者に対して上位者から委譲されており，その上位者の興味は，下位者の業務プロセスのコントロール活動の結果として現れてくる業務のパフォーマンスにある．あえて割り切っていえば，下位者によるコントロール活動そのものには上位者の興味はない，と言っていいだろう．

さて，この下位者と彼の受け持ちである業務プロセスの全体を上位者にとっての業務プロセスと考え，ここに図2-1のようなクローズド・ループのコントロールの考え方を適用してみよう．すると，図2-2のような，コントロール・プロセスの重合モデルとでも呼ぶべき枠組みを得ることとなる．いわば，工学的なコントロール観と，行動科学的なコントロール観の結合された枠組みである．

具体的な例を用いて，図2-2の枠組みを説明してみよう．今，工場における生産活動の例を考え，工場長（あるいは職長）を上位者，現場の作業者を下位者と考える．生産のプロセスが作業者の監督下にある業務プロセスである．環境変数としては，資材の質，機械の性能，故障の発生，等々いろいろと考えられる．作業者の任務は，与えられた組織目標に適うようこの生産プロセスをコントロールして行くことである．このコントロールの過程において，作業者は生産の進捗状況についてのさまざまな詳細な報告を受け取り，また

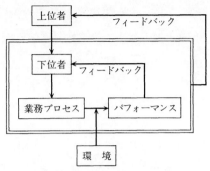

図 2-2　コントロールの重合モデル

二重枠の部分が上位者にとっての業務プロセス

自ら現場の状況の観察を行うであろう．これらが作業者にとってのフィードバック情報を形成する．そのフィードバック情報にもとづいて，作業者は適宜に行動をとっていくわけである．

　他方，工場長の管理活動はというと，典型的には作業者のとっているコントロール活動が組織目標に適うものであることを確かめ，工場長が受け取るさまざまなフィードバック情報にもとづいて必要な修正行動を作業者に対してとっていくということになろう．このとき，工場長の行動はあくまで作業者に対する行動であることに留意する必要がある．直接的に生産プロセスに働きかけるわけではないのである．

　このように工場長にとっては，作業者のコントロール活動と実際の物理的生産プロセスの全体が自分のコントロール対象となる大きな業務プロセスとなり，その業務プロセスのコントローラーが工場長なのである．物理的生産プロセスをコントロール対象とする作業者のコントロール活動と，作業者というコントロールする人間をも含んだ業務プロセスをコントロール対象とする工場長とでは，それぞれのコントロール活動に一つの本質的な差が生まれる．作業者のコントロール活動は生産プロセスへの物理的な働きかけという修正行動だけであるのに対して，工場長のコントロール活動は，たんに作業者に対する命令といったものだけでなく，作業者のやる気をどう高めるか，

作業者へのインセンティブをどう工夫するかといったような，影響の相手が人間ならではのコントロール活動も必要となる．つまり，単純な修正行動ではすまない，さまざまなタイプのコントロール活動が含まれる．それが，マネジメント・コントロール活動の本質的な特徴である．そのエッセンスは，工場長のコントロールは，作業者による生産の「コントロールをコントロールする」ことに中心がある，ということである．

つまり，人間による業務プロセスのコントロールをさらに上からコントロールすること．それがマネジメント・コントロールなのである．コントロール対象のプロセスに人間が含まれるかどうかという一点が，工学的なコントロールとマネジメント・コントロールを峻別するもっとも基本的なポイントである．この例でいえば，作業者のコントロールは工学的なコントロール，工場長のコントロールはマネジメント・コントロールである．

上位者の立場からすると，下位者による業務コントロールをコントロールする手段としてさまざまなものが考えられる．その中には，上位者のコントロールの対象となる大きな業務プロセスが人間を含むものであるという事実に大きく依存するような手段もある．たとえば，モチベーションという問題は，物理的な業務プロセスを扱う限りまったく出てこない．

もとより，図2-1のような単純なフレームワークの工学的観点から出てくるようなコントロールの手段も，図2-2でもありうる．たとえば工場長が，作業者に対して直接的に生産のやり方の指令を出すような場合である．このようなタイプのコントロール手段を論じるだけならば図2-2の枠組みは必要ないが，広くマネジメント・コントロール全般を説明するには，図2-2のような重合モデルが是非とも必要となる．図2-2でコントロールの直接的対象となっている下位者という人間は，自分の個人的目的と学習能力をもち，また利害も感情も有する．単なる物理的存在ではないのである．それゆえに，マネジメント・コントロールは，工学的コントロールよりも格段に複雑なものとならざるを得ないのである．

しかし，図2-2の枠組みもまだ十分に一般的とはいえない．アロウの強調

点として例示した，組織における調整の問題を扱えないからである．この問題を扱うためには，少なくとももう一人の役者（下位者）と，そのステージ（下位者に任された業務プロセス）が必要となる．そして，調整の問題とは，複数の下位者が各々に任された業務プロセスをコントロールする際に行う活動や努力が下位者相互間で足並みの揃った，バランスのとれたものとする問題，ということになろう．こういった調整の問題を考慮したもっともシンプルなマネジメント・コントロールの概念図を示すと，図2-3のごとくとなろう．階層の数，下位者の数もいずれも2である．もちろん，現実の組織体のマネジメント・コントロールのシステムは，階層の数も，各階層に属する人と業務プロセスの数も，いずれもかなり大きい．しかし，概念的枠組みとしては，図2-3からの拡張はもはや量的拡張で，質的には図2-3にエッセンスが含まれている．この図の枠組みは，経営管理活動の全領域の内のアンソニーがマネジメント・コントロールとよぶものを説明する枠組みと考えてよい．一人の上位者，二人の下位者，二つの業務プロセス，環境，これらがマネジメント・コントロールを包括的に説明しうる最小のエッセンシャルな要素である．

この枠組みによって，マネジメント・コントロールの構造は一応基本的に明らかにされた．そのエッセンスをまとめると，マネジメント・コントロールとは前章で述べたごとく，「階層的な意思決定システムにおいて，下位者に

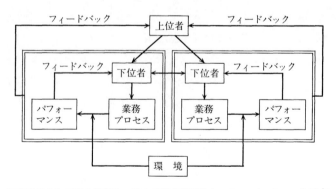

下位者どうしの間の矢印は，二人の間の直接的なコミュニケーションを示す
図2-3　マネジメント・コントロールの枠組み

対して権限委譲された意思決定を上位者がコントロールすること」、ということになろう。つまり、他人に任せた意思決定のコントロールなのである。しかも、他人に任せた意思決定自体がコントロール活動についての意思決定で、その意味でコントロールのコントロールがマネジメント・コントロールの本質である。その本質は、「任せた上で、任せ放しにしない」といいかえてもよい。

2.4 マネジメント・コントロール活動

三つのマネジメント・コントロール活動

図2-3のような枠組みの中の主役たる上位者がマネジメント・コントロールのために行う活動をマネジメント・コントロール活動とよぶことにしよう。その活動は次の三つの活動からなっていると考えると、分かりやすい。

(1) 影響活動
(2) 直接介入
(3) 選別

影響活動とは、下位者の意思決定のプロセスを構成する前提や要因に上位者にとって望ましい影響を与えようとすることを指す。直接介入とは、下位者の意思決定に上位者が直接介入して、指令を出すことをいう。さらに、どの業務プロセスをどの下位者に任せるのがいいのかの選択を行うのが、選別である。

この三つのマネジメント・コントロール活動は、その活動が下位者への意思決定権限の委譲を前提にした活動か、あるいは権限の委譲そのものにかかわる活動かで、二つに大別できる。

影響活動は、明らかに、下位者への意思決定権限の委譲を前提とした上でのマネジメント・コントロール活動である。その意味で間接的なコントロールであるが、権限委譲をせざるを得ない経営の本質からすれば、間接的であるからこそ重要でまた広範に存在するマネジメント・コントロール活動であ

る.

　これに対して,直接介入と選別はもっと直接的かつ積極的なもので,下位者に直接的にある特定の行動命令を出したり,その下位者の能力等を評価して彼に委譲されている意思決定プロセスを今後もその人間に委譲すべきかどうかのチェックを行う,といったタイプの働きかけである.直接命令の場合には,意思決定権限の委譲が一時的にストップするわけであるし,委譲の継続をするべきかどうかの評価においても,権限委譲そのものの有無が問題になっているわけである.また,だれに権限を委譲するかの決定でも権限委譲そのものが問題の焦点である.直接介入も選別も,権限の委譲そのものにかかわるマネジメント・コントロール活動である.

　この三つのマネジメント・コントロール活動の中では,影響活動がもっとも中核的な重要性をもつものと思われる.それこそ,Doing through others という経営の本質を象徴しているコントロール活動だからである.以下では,まず影響活動の構造を明らかにしてみよう.その後,直接介入と選別について述べよう.

影響活動の対象

　下位者の決定プロセスへの影響活動を詳細に考えるために,まず下位者のフィードバック意思決定プロセスの一般的なモデルを考え,そのモデルのさまざまな要因に対して上位者はどのような影響活動を行いうるかを考えてみよう.

　図2-4は下位者の行動のモデルの大枠を示したものである.彼に任された業務プロセスのコントロールのための行動のモデルである.この図の各ステップを適切に実行するためには,下位者にとってさまざまな要因が重要となってくる.

　まず,この図の行動モデルの第一のプロセス,I 必要性の認識プロセスにおいては,

　I.1　フィードバック情報

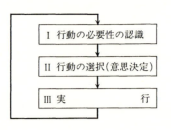

図2-4 下位者の行動

I.2 認識基準
I.3 知覚能力

という三つの要因に重要なものを絞ることができよう．

I.1については特に説明の必要はあるまい．フィードバック情報の有無，あるいはその質の良悪は，下位者の決定プロセス全体の成否を決める鍵である．フィードバック情報のないところに意思決定はない．

しかし，単に情報があるだけでは下位者に適切な行動を起こさしめるのには十分ではない．下位者がその情報を適切に解釈し，適切なタイプの行動の必要性を認識しなければならない．したがって，I.2，I.3という要因が重要になってくる．このように，行動の必要性は，下位者が自分のところへ集まるフィードバック情報をなんらかの基準にもとづいて取捨選択を行った後にはじめて認識されるものである．このときに用いられる基準が，その具体的な形態はどうであれ，ここで認識基準(I.2)とよばれているものである．

この認識基準への上位者による影響活動の一つの例が，下位者の業績の期待される水準あるいは許容水準を上位者が設定する，あるいは下位者との話し合いでその水準を決めるという行動である．上位者としては，その業績水準が達せられそうにないようなことを示唆するフィードバック情報を下位者が受け取ったときに，下位者が新たな行動の必要性を自覚することを期待しているわけである．目標管理の一つの目的は，この認識基準への影響にあると思われる．

第三の要因(知覚能力)も当然に重要である．同じ情報を受け取っても，能力の差によってその情報から何をつかむかは異なってくるはずである．この

要因に対する影響活動としてはさまざまな形での教育訓練があげられる．教育については，後でもふれることとしたい．

図 2-4 の第二のプロセス(行動の選択あるいは意思決定)については，すでに一般によく知られた意思決定論のモデルがあるので[9]，それを用いて影響活動の対象になる要因の分類を行おう．

このモデルでは，意思決定者(この場合は業務プロセスをコントロールしようとする下位者)は，「選択可能な代替案」の中から，その代替案のもたらす「結果」(「環境の状態」にも依存する)を自己の「目的」に照らして評価して，選択を行うとされている．そのとき，次の五つの要因がこのプロセスのアウトプットである決定あるいは行動を左右する上で重要な要因であることが知られよう．

II.1　下位者の(個人的)目的
II.2　代替案(の集合)
II.3　代替案の(下位者に)もたらす結果
II.4　環境に関する情報
II.5　情報処理(意思決定)能力

このような要因を重要なものとして取り上げる背後には，下位者の意思決定は基本的には自分自身の個人的目的にもっとも適ったもの(効用の最大化であるか満足化であるかを問わず)を選択するという形で行われるという仮定がある．この点を明瞭にさせるためにも，II.1 目的と，II.3 結果を分離して考えているのである．この二つの要因は，決定理論風にいえば，効用関数と結果(あるいはペイオフ)に相当する．もとより，結果の大小が目的の達成度に大きな関わりをもつことはいうまでもない．

個人の目的(II.1)はおそらく多元的であるのが一般的で，金銭的な欲望の充足，将来の地位の上昇に関わる欲望，あるいは周囲の人たちと良好な人間関係を保つという社会的性格をもつ目的，あるいは仕事の上での自己実現欲などさまざまなものがありうる．これらの多元的な目的の総合的なものが，II.1 であげられた個人的目的の内容である．

これに対して，II.3結果とは，下位者が各々の代替案を選択することによって，究極的にどのような結果が自分自身にはね返ってくるかを示すものである．もちろん，この下位者への結果は，下位者のとる行動がどの程度組織目標の達成に貢献するかに大きく依存するに違いない．たとえば，業績に応じたボーナスの量は，この結果の一例である．あるいは，将来のプロモーションの可能性といった変数もこの結果変数の例であろう．いずれも，下位者がとる行動が組織の成果に影響を及ぼし，その成果がマネジメント・コントロール・システムによって評価されるプロセスを通じて，究極的に下位者にとっての結果につながるわけである．

　このように，下位者は自分の個人的目的にだけ興味をもち，その目的関数に入ってくる結果変数にだけ眼を向けるという分析枠組みの設定は，一見したところ極端な設定のように見えるかもしれないが，実はそうではない．たとえば，下位者が組織目標を自己の目的かのごとくに考えて行動するような場合は，組織目標が下位者への何らかの影響活動の結果として個人的目的に内在化されたケースと考えればよい．行動原理は依然として個人的目的の追求であると考え，むしろなぜ組織目標が内在化されるのかをマネジメント・コントロールの観点から考察する方がより実り多い議論につながるように思われる．

　個人的目的への影響活動は，おそらくすぐれて心理的，社会的なプロセスであろう．それに比べれば，下位者にとっての結果への影響活動はかなり即物的なものも多いであろう．たとえばインセンティブ・システムの設計と運用は，この結果への影響活動の好例である．

　結果への影響活動の議論は，II.1の目的関数が一応確定した後にはじめて意味のある議論ができるといって差し支えない．目的関数に入る変数のみが下位者にとっての結果変数だからである．この点は，金銭的欲望のない下位者の行動をコントロールするのにボーナスや賃金の制度を問題にすることの愚かさを考えればはっきりするであろう．

　しかし，現実にはII.1目的とII.3結果の間の区別はそれほど明瞭にはつ

第2章 マネジメント・コントロールの概念枠組み　39

けられないかもしれない．ふつう，経営管理論におけるモチベーションの議論は，この二つの要因への影響活動を同時に扱っているようである．

さて，図2-4の下位者の行動のモデルの最後のプロセス，III 実行プロセスでは，

III.1　実行能力

が重要な要因であろう．この能力としては，特定の課業遂行のための肉体的なスキルや知的なスキルばかりでなく，人間関係のスキルなども組織においては重要なものとなってくる．

影響活動の方法

以上に述べた下位者の行動を左右するさまざまな要因に対して，上位者はいろいろな方法を通じて影響活動を行っていく．それがマネジメント・コントロール活動の中心をなす．まことにサイモンのいうように[10]，

「個人に対する組織の影響とは，個人のなすべき意思決定を組織がかわって行いそれを個人に与えることではなく，個人の意思決定の前提のいくつかを組織が決めることと解すべきであろう．」

そのための具体的手段は，実にさまざまなものがある．たとえばサイモンは，組織的影響の主なモードとして次のような分類をしている．

　　権限，コミュニケーション，教育，効率性の基準，組織忠誠心

この分類は，上位者あるいは組織がどのような活動をしあるいは仕組みを作るかという観点からの分類となっている．そのような観点は，マネジメント・コントロール・システムを設計する立場にある上位者あるいは組織の立場からすれば，きわめて自然な分類の観点である．（ただし，サイモンの具体的項目がどの程度説得的かつ包括的であるかどうかは疑問であるが．）

本章でも，次節でこの観点からのマネジメント・コントロール・システムの構成要素（サブシステム）の議論を行う．ここでは，それとは逆の観点で，影響されるべき下位者の観点からマネジメント・コントロール活動を分類して考えてみたい．つまり下位者の意思決定モデルの要因として影響活動の対

象となるものごとに,その要因に影響を与えるようなマネジメント・コントロール活動としてどのような方法があるのか,論じてみよう.それらの方法のうちには,通常はマネジメント・コントロール・システムの一部としては取り上げられないようなものもある.しかし,前節のような包括的な枠組みがあればこそ影響活動のさまざまな方法の相互関連が統一的な視野の下に収められると思われるので,ここではあまり伝統的な分類にこだわらずに議論を進めてみたい.

まず,情報という要因への影響活動の方法にはどのような例があげられるであろうか.図2-4の下位者の行動モデルには二カ所で情報が登場した.I.1(フィードバック情報)とII.4(環境情報)である.この二つへの影響活動をまとめて,

(1) 情報への影響活動

というのが,マネジメント・コントロール活動の一つとして考えられる.上位者としては,この影響活動を二つのレベルで行いうる.

下位者を取り巻く環境の中でかなりローカルな,業務的部分については,下位者の方が上位者よりも質量ともに情報をより多くもっているのが普通である.そのようなケースでも,上位者による情報影響活動は可能である.下位者が使用する業務レベルの情報システムの設置や改善に対して,上位者は承認権をもつのがふつうである.それを承認したり,変更させたりすることによって,下位者の業務情報の取得可能性に影響を与えることができるのである.

在庫や売上債権管理の情報システムのように,その主たる使用者が業務レベルの担当者であるような情報システムの設置の問題がまさしくこの例である.下位者の用いる情報の質と量を高めるようなシステムを承認することにより,彼の意思決定の質が上がり組織の効率が上がることが期待されているわけである.

情報影響活動の第二のレベルとは,上位者が下位者の意思決定にとって有用なよりよい情報をもっている場合である.このとき,その情報を下位者に

伝えることにより(あるいは，定常的にこのような事態の発生が予想されるときには，上位者から下位者へのこのシステムを作ることにより)，情報影響活動は行われる．さらには，上位者(あるいはそのスタッフ)の方がよりよい情報を組織外部から入手したり，作り出したりすることができる場合には，外部情報の入手あるいは情報生産のシステムを作ることも，情報影響活動の一つと考えることができよう．

たとえば，マクロ経済や企業の属する産業の需要動向，外国為替市場の動向といったタイプの外部情報は，組織体の中央部で作られて，しかるのちに下位者の手元に伝達されるのが通常である．このような情報生産と伝達のシステムが整備されているかどうかが，組織の成果を決める決め手になることも十分にありうる．

図2-3のような枠組みを考えるとき，上位者によるこのような情報伝達は，単に「よりよい情報の提供」という目的をもつだけではないことが察せられる．異なった下位者の間の「情報統一」も情報伝達の一つの大きな役割なのである．多くの下位者のそれぞれが同じ環境に関してバラバラな情報を持って行動する場合のことを考えれば，情報面での統一がとれた上で各下位者が行動する場合の方が「調整」という面でより望ましいことは容易に知られる．

企業の予算編成プロセスなどでは，予算編成を各部門でまず行うことが多いのだが，その際でも，予算編成の前提になる環境予測については，本社がこれを提供することが多い．この情報提供は，まさしく「各部門が独自で環境予測を行うよりもベターな情報の本社による提供」と「各部門での情報統一」という二つの側面をもつ情報影響活動なのである．

次に，I.2 認識基準に対しては，

(2) 認識基準への影響活動

を考えることができる．これは，多くの場合，下位者に期待されるパフォーマンスの水準を上位者と下位者の間で何らかの形で確定させ，それを両者の間の明示的な約束とすることにより行われる．このパフォーマンスの水準を達成ないし超えることができるか否かが，下位者による行動の必要性の認識

を起こさしめる一つのきっかけとなると期待されているのである．

　目標による管理(Management by Objectives)と呼ばれる管理手法の一つの大きなメリットは，下位者の認識基準を自己申告による目標設定という形で下位者に明確に意識させ，さらには目標レベルの最終確定に至るまでに上位者がこの認識基準のレベルに何がしかの影響力を行使できるようにシステム作りをしているところにある．まさしく，認識基準への影響活動が「目標による管理」の一つのエッセンスなのである．

　すでにふれたように，

(3) 下位者の目的への影響活動

はきわめて心理的，社会的なプロセスである．しかし，それが可能であるとき，もっとも強力な影響活動となるであろう．組織への忠誠心，組織目標との一体化，上位者の目的の下位者による内在化，などはすべてこの目的影響活動の結果として生まれるものと考えてよいであろう．下位者の個人的目的が組織目的となんらかの意味で一致し始めるのである．

　目的影響活動の具体的な例としては，たとえば社内教育による企業の経営理念の周知徹底と愛社精神の涵養，とか，組織体内部のインフォーマルなグループを通じて新規参入者(たとえば新入社員)への一種の社会化作用を行うこと，などがあげられる．あるいは，経営参加制度の促進によって，組織目標を下位者によりよく理解させ，かつその組織目標が下位者の個人的目的に転化するよう努力することも，目的影響活動の例と考えることができよう．

　次に，上位者による

(4) 代替案への影響活動

の例としては，もっとも基本的なものとして組織構造の設計があげられる．だれがどのような役割をもち，どのような権限をもつかを定めることが組織構造の根本問題とすれば，組織設計とはすなわち，各下位者に対して組織あるいは上位者が各人の考慮すべき代替案の範囲の枠を示すことに他ならない．この意味で，通常はマネジメント・コントロールとは別に議論されることが多いが，組織構造の設計は，代替案への影響のためのきわめて基本的な手段

である.

　下位者の取りうる代替案に,上位者が何らかの制約条件を課すという形で代替案への影響活動が行われることも多い.たとえば,部門の達成すべき最低利益の明示とか,下位者に使用を許された資金量の上限を定める,とかである.このような制約条件を課すというような影響活動は,「調整」とよばれる活動の結果として行われる影響活動であることが多い.企業の保有する希少な資源をそれを欲する企業内の諸部門へ配分するためのルール作りや具体的な調整活動は上位者の大きな任務の一つであろうが,これらは代替案への影響活動と解すことができる.

　代替案の影響活動の一つの極端な形が,上位者によって下位者の行動に対する直接的介入があって,下位者の取りうる行動の選択の余地がほとんどなくなる場合である.いわゆる,命令とか指令とかわれわれが通常考えるものの大半はこれである.この直接介入は,実質的に下位者への権限委譲が一時的にせよストップするという意味をもち,単なる影響活動とはその性格を異にすると思われる.したがって,後に改めてこれを取り上げることとする.

(5) 結果への影響活動

は,おそらくふつうのマネジメント・コントロールの議論にもっともよく出てくるタイプの影響活動であろう.インセンティブの与え方がその典型例である.

　一般に,組織に属する下位者が重要と思う結果には,大別して二つのタイプのものがある.そのいずれかによって上位者の影響活動のタイプも異なると思われるので,「結果」の二つのタイプをまず明らかにしておこう[11].

　まず,第一のタイプの結果は,組織あるいは上位者が下位者に与えるさまざまな形の報償あるいはインセンティブである.可能な代替案のいずれを取るかによって,それがもたらす組織への成果が異なり,その組織成果の大小等によって下位者の受け取るインセンティブ・ペイメントの量が変わってくるわけである.

　インセンティブの種類としては,金銭的なもの,金銭以外の物質的なもの,

将来の地位といった昇進に関するもの,現在すぐに支払いの行われるもの,将来に支払いが期待されるようなインセンティブ,等いろいろなものが考えられうる.

ボーナス制度,業績に応じた昇進の制度,などが典型的なインセンティブ・システムの例で,いずれも,この第一のタイプの結果に影響を与えることを主たる目的として上位者により設計されるものである.このような制度が重要性をもつからこそ,業績の測定という活動がマネジメント・コントロールにおいて一つの中心的問題となるわけである.

第二のタイプの結果は,下位者を取り巻く組織内の集団における社会関係,人間関係の面での結果である.さまざまな代替案のいずれを選択するかにより,その選択を行う下位者に対して彼の周囲の集団がどのような制裁を加え,あるいはどのような優遇をするか,といった,きわめて社会学的な意味で代替案が下位者にもたらす結果である.

この第二のタイプの結果は,上位者が直接的に左右しあるいは与える自由と能力をもたず,あくまで下位者の属する集団の彼に対する態度や出方に依存する.もし上位者がこのタイプの結果に影響を与えようとすれば,下位者の属する集団の構成やそのメンバーの態度に影響を与えることによってのみ可能となるわけで,迂回的な影響活動にならざるを得ない.

例をあげてこの二つのタイプの結果とそれへの影響活動の方法を説明してみよう.

今,ある生産に従事する労働者を下位者と考える.彼の生産性(たとえば作業速度)に上位者としては興味があり,これが下位者に任された業務の,組織の立場からの成果であるとする.下位者としては,自分の作業速度をどの程度にするかが代替案の選択の問題となる.

第一のタイプの結果の例は,作業速度に応じた能率給という金銭的インセンティブである.標準作業速度を上回ることができるかどうかというのがポイントとなっている能率給制度がよく見られる.このインセンティブ・システムは上位者が直接的に操作可能な制度である.

第2章 マネジメント・コントロールの概念枠組み

　第二のタイプの結果の例としては，この下位者の選択する作業速度に対して彼の周囲の労働者がどのような反応を示し，その結果としてこの下位者を社会的にその集団内でどのように遇するか，があげられる．たとえば，自分の能率給を増加させることにばかり熱心な下位者が作業速度を周囲の労働者よりもかなり早いレベルで選択をすると，それは彼らにも適用される標準作業速度の上昇を招き，彼らの金銭的インセンティブを減少させる結果をもたらすとしよう．そのとき，この下位者は仲間うちで受け入れられなくなり，彼の集団内社会関係が損なわれる危険がありうる．この点を考えれば，下位者としては，あまり作業速度を早くしない方が二種類の結果の総合としてはベターかもしれない．この例では，「自己の属する集団に受け入れられるかどうか」が，第二のタイプの結果になっているわけである．そのような人間関係，社会関係をどの程度重要視するかは下位者の個人的性格や目的によって変わりうるが，この第二のタイプの結果が多くの下位者にとって行動選択の重要な要因であることは疑いを容れない．

　さて，下位者の能力という問題が，図2-4のモデルでは三ヵ所にわたって出てきた．知覚能力，情報処理能力，実行能力である．いずれの能力についても，

(6) 能力への影響活動

が上位者の行動として考えられる．そのもっとも基本的な方法は教育であろう．それは，フォーマルな教育，オンザジョブの教育，自己啓発的な教育，のいずれであっても構わない．あるいは，企業特有の教育でも，一般性のある教育でも，能力への影響活動と考えられる．

　すでに，目的影響活動の手段としての教育についてふれたが，実際，企業の行う教育活動のもつ性格は，目的影響活動でもあり，能力影響活動でもあり，あるいはその参加者相互間のコミュニケーションのシステムとしての性格ももつ．このように多元的性格をもつ教育活動がマネジメント・コントロール活動として議論されることは多くないが，その果たしうる潜在的役割の大きさを考えると，われわれの広義のマネジメント・コントロール活動の枠

の内に含めて論じる必要があると思われる．

直接介入と選別

以上に述べてきた影響活動は，図2-3のような業務プロセスの権限委譲が下位者に対して行われていることを前提にしての影響活動であった．

すでにふれたように，この権限委譲そのものにかかわる下位者への上位者からの働きかけがマネジメント・コントロール活動としてしばしば行われている．

(7) 直接介入

(8) 選別

の二つがそれである．

まず，(7)直接介入が(4)代替案への影響活動の特殊なケースであることはすでに述べた．この直接介入は，命令，指令であり，図2-1のような単純なフィードバック意思決定過程におけるコントローラーから業務プロセスへの指令と同じ概念と考えてよい．図2-2のようなコントロールの重合モデルでわれわれはいま考えているわけであるが，下位者に委譲されたコントロール・プロセスで自由裁量の余地が小さければ，この図における上位者から下位者への働きかけ(矢印)は直接介入という色彩を強く帯びることになろう．逆に，自由裁量の余地が大きければ，上位者からの下位者への働きかけは影響活動としての色彩を濃くしていくであろう．

図2-2あるいは図2-3に見られるような，下位者のコントロール・プロセス(二重枠の部分)から上位者へのフィードバック情報の一つの大きな目的は，この直接介入の必要があるかどうかについての判断のための情報を逐次提供することにある．下位者のコントロール活動が満足すべき成果をあげていると思われる時には上位者は直接介入の必要を認めないであろう．この下位者のプロセスから上位者へのフィードバック情報システムが，組織の経営管理システムの一部としての経営情報システムの中心的部分の一つになることは容易に想像される．これがモニタリング・システムである．そこでは，下位

者のコントロール業績の測定が一つのベースになるであろう．

業績測定は(5)結果への影響活動の一つの基礎資料になることが多く，したがってこの測定問題に上位者，下位者双方の大きな興味が集中することはすでに述べた．(7)直接介入のためにも，やはり業績測定が重要な役割を果たす．組織のマネジメント・コントロール活動全体の中で，業績測定の果たす基礎的役割は実に大きいのである．

(8)選別とは，まず第一に，下位者の適性のチェックとその結果としての昇進，配置換えなどの上位者の行動のことを指す．第二義的には，下位者に任された個々の業務プロセスがどのような特性をもつか，それぞれの適切なコントロールのために必要とされる下位者の適性とはどのようなものか，といったようなチェックもこの選別という行動のうちに含んで考えていいだろう．

下位者の適性のチェックというとき，二つの選別が考えられる．一つは下位者の能力についての選別である．図2-4のモデルにしたがえば，知覚能力，情報処理能力，実行能力などがその選別の対象となる．もう一つは，下位者のもっている個人的目的についての選別である．組織目的あるいは上位者の目的と一体化した，その意味で「望ましい考え方をしている」下位者がだれか，「望ましくない」個人的目的をもっている下位者はだれか，の選別である．この選別活動の善悪はともかくとして，組織におけるマネジメント・コントロール活動が，現実にはこのような選別を含むものであることは否めないであろう．

選別活動は，そう簡単に費用をかけずに実行できるものではない．そして，選別の対象となる能力や目的に個人間差異が大きいことも言をまたない．組織内の人事考課システムの目的は単純にいえばこの選別であろう．図2-2，図2-3の上位者へのフィードバック情報の目的の一つも，この選別のための情報提供であろう．ここでもふたたび，下位者の業績測定とそれにともなうモニタリングおよび人事評価が大きな問題として浮かび上がってくる．

下位者の業績測定とそれにもとづく人事評価は，(5)結果への影響活動，(7)直接介入，(8)選別，とさまざまなタイプの機能をもつことが明らかにさ

れた.まさに,マネジメント・コントロール活動を支える中核的基盤の一つといってよいであろう.

マネジメント・コントロール活動の目的

影響,直接介入,選別という三つのマネジメント・コントロール活動は,では何のために,何を具体的な目的として行われるのか.もちろん,「経営をうまくやるため」「組織の成果をあげるため」であろうが,もう少し具体的にマネジメント・コントロール活動の目的を絞れないものだろうか.

マネジメント・コントロール活動を,組織という協働体の経営管理機能の中核をなすものと考えれば,バーナードが経営者の機能としてあげる次の三つの機能がマネジメント・コントロール活動の目的を考える上で参考になる[12].

(1) コミュニケーション・システムを作ること
(2) 成員の努力の確保を促進すること
(3) (組織と業務の)目的を定義し,明確にすること

そしてこれらの経営者機能は,組織という人間集団が協働体として機能するように,成員の行動の間の「調整」を効果的に行うために必要となる,とバーナードはいう.

私は,組織の成員の行動をベクトルにたとえて考えてみると,バーナードなどの考え方も取り入れたうえでマネジメント・コントロール活動の目的を考えやすくなると思う.ベクトルには長さと方向が必ずある.そして,組織の成員の一人一人(つまり下位者)が自分の行動ベクトルをもっていると考えてみる.ベクトルの方向が行動の方向性を示し,ベクトルの長さはその方向への努力の大きさを示すものと考えよう.彼らのベクトルが次の三つの条件を満たす状態になったとき,協働体としての組織の成果は大きくなる,と考えていいだろう.

(i) 各人のベクトルが大きい(つまり長い).
(ii) 各人のベクトルの方向が,それぞれの人に組織が望んでいる方向を向

いている．
(iii) 全員のベクトルの方向が全体としてバランスがとれている(たとえば同一方向へのベクトル合わせができている)．

このような状態を実現させるためにマネジメント・コントロール活動があるとすれば，この三つの条件のそれぞれに対応させて次の三つの目的がマネジメント・コントロール活動の具体的目的として設定できると思われる．
(1) 努力の確保
(2) 目的整合性の確保
(3) 調整

ここで，(2)目的整合性とは，成員の行動が組織の目的と整合的かどうかをいう．バーナードのいうコミュニケーションと目的の定義は，成員の行動についての，(2)目的整合性の確保と(3)調整のために必要な活動，と考えるのが分かりやすいだろう．

2.5 マネジメント・コントロール・システム

前節では，マネジメント・コントロール活動を主としてそのコントロールを受ける下位者の意思決定プロセスの側から整理して議論し，またコントロールの具体的方法を分類した．この節では，観点を上位者の側に移して，マネジメント・コントロール・システムの設計と上位者のコントロール行動のモデルという観点からマネジメント・コントロール活動を整理し直してみたい．そうして二つの観点から一つのものを見直してみることによって，マネジメント・コントロール活動というやや正体の分かりにくいものを立体的に捉えることができるであろうし，マネジメント・コントロール・システムの設計という企業のトップマネジメントの重要な役割のための思考の枠組みとなりやすいような議論ができるであろう．

マネジメント・コントロール・システムとは，
(1) 情報への影響活動

(2) 認識基準への影響活動

(3) 目的への影響活動

(4) 代替案への影響活動

(5) 結果への影響活動

(6) 能力への影響活動

(7) 直接介入

(8) 選別

というマネジメント・コントロール活動を上位者が遂行するのを助け，これらの目的のために情報収集を行い，かつまた下位者どうしの間の情報の流れをよくするためのシステムのことである．

現実の組織体では，図2-3のような二階層二下位者のマネジメント・コントロール・システムではなく，多階層多人数のシステムが通常である．そのようなシステムでは，ある階層で上位者と考えることのできる人間も，その上の階層との間の関係では下位者となったり，またその逆の現象も生じうる．この階層の連結体におけるマネジメント・コントロール・システムの組織体全体としての全体像はかなり複雑なものとなることが容易に想像される．この節では，現実の組織体におけるマネジメント・コントロール・システムと思われるものをいくつかの主たるサブシステムに分類して，各々のサブシステムがどのような意味で前節までのマネジメント・コントロール活動のサポート・システムとなっているのか，その機能を前節のマネジメント・コントロール活動の構造(とくに影響活動の構造)と対応させて考察してみたい．

サブシステムの分類

ここでは，マネジメント・コントロール・システムを次の八つのサブシステムから成るものと考えてみる．

(a) 責任システム

(b) 業績測定システム

(c) 目標設定システム

第2章 マネジメント・コントロールの概念枠組み

(d) インセンティブ・システム
(e) モニタリング・システム
(f) 人事評価システム
(g) コミュニケーション・システム
(h) 教育システム

この八つの外に，マネジメント・コントロールの問題が生じるもっとも基本をなしている，組織内の権限委譲のあり方の体系が基盤として考えられる．つまり，

　　権限と役割のシステム

である．このシステムについては，組織構造の問題として，マネジメント・コントロールの前提となる「枠」についてのシステムと考えた方がよいかと思われるので，一応この節での議論には含めないこととしたい．

組織を意思決定のシステムあるいはネットワークとみなす，近代組織論の一つの考え方にたてば（サイモン），権限と役割の体系の問題は，この意思決定のネットワークをどのように構成し，その内部の分割と連結をどのように行うかの問題となる．これに対し，(a)-(h)マネジメント・コントロール・システムの問題は，この分割され，構造づけられた意思決定のネットワークを，どのように有効に機能させていくかのメカニズムの問題である．人間が重要な要素となっているこのネットワークでは，権限と役割分担の体系の構造を定めれば，それでネットワークが正常に作動するとは限らない．そこにマネジメント・コントロールの必要が生じてくる理由がある．前章でくわしく述べた通りである．

上記のサブシステムの分類は，典型的に「管理者」とよばれる人がその「管理行動」として具体的にどんな行動をとっているか，その行動の分類から作ったものである．一般に，管理者は，部下の権限と役割を決めた後で，

・部下の責任の範囲を決める．
・部下の業績を測定する．
・部下の目標を設定する．

- 部下にどのようなインセンティブを与えるかを決める．
- 部下の行動や業績をモニターし，情報のフィードバックをさせる．
- 部下の評価をする．
- 部下に自分の決定や情報を伝達し，また部下相互の間のコミュニケーションをはかる．
- 部下を教育する．

といった「管理行動」をとり，さらに部下の決定に直接介入したり，部下の選別を行ったりしている．(a)-(h)のサブシステムは，それぞれの管理行動に対応するもので，これらの管理行動を管理者が行うのをシステム化したものあるいはサポートするもの，と考えればよい．こういったシステムが，影響活動が実際に行われるための場あるいは道具となり，また，直接介入や選別というマネジメント・コントロール活動のためのサポート・システムとなるのである．

このようなサブシステムの内で，(a)と(b)はきわめて基礎的な役割を果たすシステムで，残りの6システム((c)-(h))のための枠や基盤(となるデータ)を提供するものと考えてもいいであろう．

(a)責任システムとは，下位者各人が組織全体の成果を構成するさまざまな要素のうち，どの部分について責任をもっているかを規定するシステムである．たとえば，ある部門の長の責任がその部門のあげる利益にあるのか，あるいは売上高にあるのか，人材育成といったような事柄にも明示的に責任をもたせるのか，といったような点を規定するシステムである．

このシステムは，各下位者に与えられる権限と役割分担のシステムと当然に深い関連をもつ．権限と責任の一致ということは，管理の原則としてよくあげられるポイントである．しかし，現実には，下位者の責任となるパフォーマンス変数の測定の困難さなどの理由によって，権限と責任の完全な一致を得ることは難しい．権限以上の責任をもたせるようなシステム作りも事実上行われているのである．しかも，それは優良企業といわれる企業にほとんど共通の現象である．たとえば，利益管理の強化のために，販売活動につい

ての権限をもたない製造部門の長に対してその部門のあげる内部利益を責任のあるパフォーマンスと規定する場合がその例である．工場を独立採算制とするのはよく見られる管理方式である．

このように責任システムの設計はそれほど単純な問題ではなく，かつ，このシステムの設計が(b)-(h)のシステム設計の土台となるという意味で，きわめて重要なものである．

(a)で定められた下位者の責任パフォーマンス変数の測定を行うのが，(b)業績測定システムの役割である．内部会計システムがその典型であろうが，下位者に与えられた責任変数のうちには，直接的に計量的測定を行うことが難しいものもあろう．たとえば，人材育成という責任変数はその例である．その場合には，上位者による観察という非計量的プロセスによって責任の達成度の確認の努力を行うことが考えられる．あるいは，その責任変数が影響を与えていると推定される計量可能な変数の測定を行うことによって，代理的測定を行うことも考えられる．いずれにせよ，すでに前節でも述べたごとく，業績測定はさまざまな意味でマネジメント・コントロール活動の基盤となる重要な情報を供給する中心的かつ基礎的なシステムである．

業績測定システムのもつ働きをまとめてみると，次の三つの機能がある．

- パフォーマンス・フィードバック
- 注意の方向付け
- 競争の場の創出

フィードバック機能はもっとも自然な機能である．下位者自身のコントロール活動のためのフィードバック情報として，あるいは上位者が自らの意思決定(たとえば戦略の決定あるいは下位者への介入の決定)のために使う情報源として，パフォーマンス・フィードバックは重要である．

注意の方向付けという機能は，ふつう人間は自分についての何かを測定されると，ついそれが気になることが多い，という人間の習性から生まれる．その測定結果が人事評価に響くとか，インセンティブに関係するとかでなくても，その測定される変数のほうに注意が方向付けられることが多いのであ

る．また，人間は情報があることに注意が向きやすい．こういった理由のために，下位者のコントロール活動の際の注意が測定されている現象あるいは変数の方向に喚起されることになるのである．

さらにその測定が自分と類似の立場に置かれている他の下位者にも行われていると，下位者どうしの間の競争がその測定されている変数をめぐって自然に起きることも多い．たんに測定をするということだけで，「競争の場の創出」が起きるのである．人間が自他の差あるいは違いというものに大きな興味をもつ習性があることから，この第三の機能は生まれてくる．営業所や工場で，個人あるいはグループの業績をグラフなどで表してだれの目にも付くようにしているのは，この第三の機能の応用の初歩的な例である[13]．

こうした機能を否応なしに持ってしまう業績測定システムの設計(つまり測定の方法や頻度などの決定)は決して簡単ではない．一つのパフォーマンス変数でも，その測定方法にはさまざまな代替的方法があることは，会計学における利益測定の方法についてのさまざまな議論を見ても明らかである．業績測定システムの役割が大きいだけに，このシステムの具体的設計は重要な問題となる．

(c) 目標設定システムは，下位者の行動目標(たとえば年度あるいは月次の業績目標)の設定を行うシステムのことである．目標による管理制度における自己申告による目標設定システムや，経営計画制度の中で，部門間の調整や組織全体の目標との調整を行いながら各組織単位や下位者の行動目標を設定していくシステムなどが，この目標設定システムの例である．各人の目標の相互整合性，上位者による下位者の目標設定への方向付け，自己の目標設定への下位者の参加と動機づけ，などがこの目標設定システムの設計の際に考えなければならないポイントである．

企業組織における経営計画のプロセスの大きな特徴の一つは，それが目標設定のプロセスでもあることであろう．計画期間中の各部門における事業活動が，相互に整合性をもち，またそこに働く人々の活動を有効に動機づけることがキイポイントとなる．目標設定と経営計画との関連については，経営

第2章 マネジメント・コントロールの概念枠組み　　55

計画制度の分析を行う第4章でくわしくふれたい．

　(d)インセンティブ・システムとは，組織が下位者に与えるさまざまな形での報償のシステムのことである．金銭的報酬だけでなく，昇進といった地位に関する報償等々，広範囲に考える必要があろう．賃金の形態(たとえば，時間給か能率給か)，ボーナス制度，人事昇進の制度等はこのインセンティブ・システムの具体例である．

　モニタリングとは，文字どおり下位者の行動，意思決定，そのやり方，適性，パフォーマンス，あるいは下位者の置かれた環境の状態などをモニターすることである．そのためのシステムが(e)モニタリング・システムである．いわば，下位者に関する情報が上位者に流れるための情報伝達システムの総称といってよい．つまり，上位者の意思決定のための情報システムなのである．

　このモニタリングのためには(b)業績測定システムから出てくる業績情報が大きな役割を果たすが，しかしそれはモニタリングの一部にすぎない．たとえば，部下が上司に自分の決定を説明する会議などは，部下の意思決定の仕方，決定にいたる思考のプロセスのモニタリングを上司が説明を聞きながら行っている機会に使われることもある[14]．モニタリングの機会あるいは場の具体例はきわめて多種多様である．

　そのモニタリングの結果を総合して行われるのが，人事評価である．その評価のシステム全体を，(f)人事評価システムとよぼう．評価の結果が下位者に与えられるインセンティブのタイプと大きさを左右するという意味で，インセンティブ・システムと深い関係をもつ．おそらく多くの下位者にとって，もっとも関心の深い，したがって上位者の設計の巧拙が重大な影響をもたらすマネジメント・コントロールのサブシステムであろう．人事評価を含む業績評価の制度については，第5章でくわしく論じる．

　(g)コミュニケーション・システムは，モニタリング・システムとならんで組織の中の情報伝達システムの全体を構成しているものである．上位者によるマネジメント・コントロール活動であれ，下位者による業務コントロー

ル活動であれ，そのために情報が必要不可欠であることは今さらいうまでもない．上位者であれ下位者であれ，情報は意思決定に欠くべからざるものであり，組織の成員たちは情報を収集しお互いに伝え合うためのシステムを必要とする．この組織全体をカバーする情報伝達システムの拡がりはきわめて大きい．したがって，その内訳をさらに細分類して考えるのが，分かりやすいであろう．

　図 2-3 の枠組みをもとに，組織内の情報伝達の方向を，(1)下位者から上位者へ，(2)上位者から下位者へ，(3)下位者相互間，の三つに分けて考えてみることとする．(1)下位者から上位者への情報伝達システムが，すでに述べたモニタリング・システムである．

　(2)上位者から下位者への情報伝達システムと(3)下位者相互間の情報伝達システムを合わせて，ここでは(g)コミュニケーション・システムと呼ぶことにする．上位者から下位者への情報伝達は，上位者の方が下位者よりも下位者のとるべき行動に関連のある情報に関して優位に立ったとき，あるいは上位者の側に下位者に伝えるべき決定がなされたとき，それについての情報を下位者に流すという形で行われる．それを可能にするのがコミュニケーション・システムである．

　下位者相互間の情報伝達も，組織体においてよく行われていること(それがフォーマルに行われているのか，インフォーマルな形なのかを問わず)である．それを促進させるためのシステムが第三番目のタイプの情報伝達組織で，コミュニケーション・システムの一部を構成している．このシステムの大きな目的は，異なった下位者の行動の間の調整をサポートすることにある．関係部署の人間の間の合同連絡会議などはこのタイプの情報伝達システムの一つの具体例である．また，日本の組織における稟議書制度の一つの機能はこの第三のタイプの情報伝達にあるとよくいわれている．

　すでに前節で再三ふれたように，(h)教育システムもマネジメント・コントロール活動の一翼を担う重要なシステムである．ここでいう教育は，フォーマルな教育訓練，自己啓発，オンザジョブの教育，いずれも含むと考えて

よい．あるいは，さらに広く考えれば，形の上では職場を離れた個人的交際のプロセスを通して行われるさまざまな形での感化という現象(先輩の後輩に対する感化，下位者相互の感化)も，教育システムの一部を事実上形成している．

マネジメント・コントロール活動との関連

さて，このようなマネジメント・コントロールの諸システムがどのような意味においてマネジメント・コントロール機能を果たしているのか．各サブシステムが果たす機能を本章の前半で述べたマネジメント・コントロール活動の構造，とくに影響活動の構造という観点から説明してみよう．そうすることによって，下位者の意思決定プロセスの要因という観点からのマネジメント・コントロール活動の議論(前節)と，上位者の管理行動という観点からのマネジメント・コントロール活動の議論(本節)とを関係づけてみよう．

すでに述べたように，(a)-(h)のサブシステムのうち，(a)責任システムと(b)業績測定システムとは，直接的にマネジメント・コントロール活動のシステムであるのではなく，他のサブシステムの基礎となっていると考えられる．したがって，この二つを除いた(c)-(h)の六つのサブシステムが，前節の(1)情報への影響活動から(8)選別までの八つのマネジメント・コントロール活動とどのような対応関係をもつかをしめしたのが図2-5である．矢印の実線が，主要な対応関係をしめす．対応関係とは，どのサブシステムがどのマネジメント・コントロール活動を主として受け持っているかあるいはサポートしているか，という関係である．

(c)目標設定システムがもつ最大の機能は，(2)認識基準への影響であろう．ある事業期間の下位者の行動目標，業績の達成目標の設定によって，彼がその期間に権限委譲された業務活動を行う際に，その業務コントロールの必要性を認識する基準の一つとなるであろう．当初に設定された目標水準の達成を大きな目安として，その達成が危うくなりそうな場合にはより多くの努力の傾注をするような行動を下位者はとると思われるからである．その意味で，

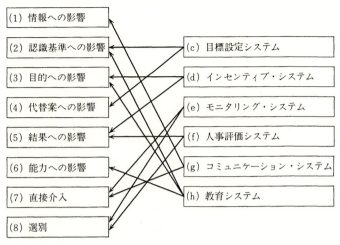

図2-5 マネジメント・コントロール活動とサブシステム

目標設定システムのポイントは下位者の「注意の焦点」を適切な箇所に集め，それを彼の行動の必要性の認識基準にせしめるところにあると思われる．

　目標設定は，通常は上位者と下位者の間の相互作用（たとえば話し合い）の結果として行われるであろう．その際，上位者は下位者に対して設定される水準だけでなく，目標の種類にも影響を与えることができるであろう．たとえば，セールスマンの管理者は，そのセールスマンの今期の目標として，売上高目標，新規顧客の開拓率目標，従来からの顧客へのサービス目標，同業他社の動向調査という目標，等々のさまざまな目標の中から，今期の重点目標をピックアップし，さらにその目標の達成水準を設定する，ということをするのであろう．目標の水準ばかりでなく，その種類についても影響を及ぼすわけである．

　目標の種類そのものの選択に影響を及ぼすことにより，上位者は下位者の選択行動（業務執行プロセス中の）の代替案に大きな影響を与えることになる．設定される目標の種類いかんによって，セールスマンが考える代替案にかなりの差がでてくることは，上の例からも知られよう．目標設定システムの第二の機能は(4)代替案への影響活動である．

代替案への影響は,たんに設定される目標の種類のいかんばかりでなく,設定される目標の水準によっても起きるであろう.たとえば,売上高伸び率目標を30%と与えられたセールスマンにとっては,生やさしいセールスマン活動の手段は,考慮すべき代替案の対象から外されてしまうであろう.

(d)インセンティブ・システムが,(5)結果への影響をその最大の直接的機能とすることは明瞭であろう.下位者のとる行動が,彼にとってどんな結果をもたらすかを決定するのがインセンティブ・システムである以上,当然である.

と同時に,インセンティブ・システムは,その「結果への影響活動」の蓄積を通じて,下位者の個人的目的そのものに間接的影響をもたらすことが十分に考えられる.つまり,下位者にとっては個人的目的を達成するための手段であるはずの「結果」が,手段が目的化するという人間行動の一つの特性によって,次第に「目的」と化して行ってしまうことが考えられる.一つのインセンティブ・システムを長期間用いることによって,究極的には「個人的目的への影響」が起きるのである.

たとえば,「ミス」(失敗)は許されないが,成功はそれほどプラスの結果を本人にもたらさないというような減点主義のインセンティブ・システムの下で長期間働いている下位者にとって,「ミスをしないこと」自体が個人的目的に転化することはしばしば見られる事実であろう.これはインセンティブ・システムの「目的への影響機能」が間接的に働いている一つの例である.

(e)モニタリング・システムの主たる機能は基本的には上位者の意思決定のための情報提供である.マネジメント・コントロール活動との関連でいえば,(7)直接介入と(8)選別のための情報提供ということになる.しかし,上位者の意思決定は介入と選別だけでなく,下位者に権限委譲していない種類の意思決定(たとえば企業のトップにとっての経営戦略上の意思決定あるいはマネジメント・コントロール・システムの設計,システム修正についての意思決定)もありうる.したがって,下位者から上位者への情報伝達システムとしてのモニタリング・システムの機能には,マネジメント・コントロー

ル活動に関連するものとしないものとがあることとなる．そのうちで，関連するものが，「早期警告システム」とでもよぶべき上位者へのフィードバック情報についてのものである．

これに対して，もう一つの情報伝達システムである(g)コミュニケーション・システムの主たる機能は(1)情報への影響にある．上位者から下位者への情報伝達と下位者相互間の情報伝達という二種類の情報伝達は，情報の被伝達者(下位者)が伝達された情報を用いてより適切と思われる意思決定を行うことを目的として行われるものである．その結果，複数の下位者の行動の間に調整が自然にできていくのが，コミュニケーションの一つの大きな役割である．

(f)人事評価システムは二つの機能をもつ．一つは，人事評価の結果が下位者にとって重大な関心事となるという意味において，(5)結果への影響という機能を果たす．結果への影響はインセンティブ・システムの独壇場ではない．インセンティブ・システムでは必ずしも十分に扱えない「下位者の行動の社会的な結果」(前節の議論で，第二のタイプの結果とよんだもの)もある．これに大きな影響をもつのが人事評価である．否応なしに，人事評価の結果は，その評価される下位者の「組織内の社会的立場」をかなりの程度決めてしまうという面がある．もしそうでなければ，金銭的報酬も地位も大して違わないのに，企業人の多くが人事評価をなぜあれほどまでに気にするのか．

人事評価システムの第二の機能は，選別のための情報提供である．評価は，評価自体がまずもって気になる「結果」であり，さらに人事の決定の基礎情報にもなるのである．人事評価に人々の関心が集中するのは無理からぬことである．人事評価システムの最大のポイントは，「公平，公正」ということであろうが，それに失敗する企業はまずダメである．

(h)教育システムの機能が，下位者の(3)個人的目的および(6)能力への影響にあることは既に再三述べたことである．繰り返す必要はないであろう．

2.6 マネジメント・コントロール・システムと経営管理制度

マネジメント・コントロール・システムの二面性，相互依存性

以上のように，(c)-(h)の六つのマネジメント・コントロールのサブシステムの機能を(1)-(8)の八つのマネジメント・コントロール活動と関連させて考察してみると，マネジメント・コントロール・システムはその中にいくつかの関連性と相互依存の関係を含んでいることが分かる．その一つは，マネジメント・コントロール・システムの全体が二つの大別できる部分からなるという，二面性をもっていることである．第二には，マネジメント・コントロールのサブシステムの間にはかなりの相互依存性があることである．

まず，マネジメント・コントロール・システムの二面性について．二つある側面のうち第一の側面は，「上位者による」影響活動のためのシステム，という側面である．(c)目標設定システム，(d)インセンティブ・システム，(f)人事評価システムの機能の一部，(g)コミュニケーション・システムの機能の一部，(h)教育システム，がこれに該当する．これらの機能はすべて，影響活動の遂行あるいはサポートである．図式的にいえば，図2-5で影響活動に矢印が向かっているものである．これを，「影響システムとしての」マネジメント・コントロール・システムということにしよう．

もう一つの部分は，「上位者の意思決定のための」情報提供および情報伝達システムである．(e)モニタリング・システム，(f)人事評価システムの機能の一部，(g)コミュニケーション・システムの機能の一部，である．これらの機能はいずれも下位者に権限委譲されていない上位者独自の意思決定(図2-5の限りでいえば，直接介入と選別，その他にも戦略的決定など)のための情報システムである．この図では，直接介入と選別に矢印が向かっているサブシステムのことである．これを，「情報システムとしての」マネジメント・コントロール・システムとよぼう．

この二つの側面は,機能としてははっきりと違うものである．しかし,「二面性」という言葉が暗示しているように,その区別が現実にはつけにくく,そのために二つの機能の混同が起き,その混同のゆえにマネジメント・コントロール・システムの機能が十分に果たせないということにもなりかねない．
　たとえば,人事評価システムとコミュニケーション・システムは,それぞれのサブシステムが両方の側面に関わっている．コミュニケーション・システムを主に「情報システムとしての」マネジメント・コントロール・システムとして作っても,それは同時に影響システムとしても機能してしまう．それゆえに意図せざる機能が現れることもありうるのである．両方の側面を一つのサブシステムがそもそももってしまっていることから生まれる混同である．ただし,混同が悪い効果だけをもつとは限らないが,十分に意識していないと,とんでもない落し穴に落ちる危険がある．
　もっと意図せざる二面性が生まれてくることもありうる．たとえば,モニタリング・システムがそのいい例で,危険も大きい．業績測定システムの議論の際に,人間は測定されること自体に反応する傾向があるといった．それと同じことが,モニタリングにもいえる．下位者はモニターされること自体に反応する可能性がある．上位者の側からすれば,モニタリングはあくまで自分のための情報収集として行っている．しかし,モニタリングが行われれば,下位者の注意はモニターされている変数,現象に向かい,そこに彼の努力が不当に集中する危険がある．影響システムとしての側面が情報システムから生まれてきてしまうのである．
　さらにモニタリングがきつくなれば,たとえ「あくまで情報収集のためで他意はない」と上位者が力説したところで,「なぜそんなにモニターしなければならないのか,それほど自分は信用されていないのか」と下位者の方が感じ始める可能性は強い．そうなれば,下位者のモチベーションに悪影響が出ることも十分予想される．ライベンシュタインはこのような過剰モニタリングから生まれるモチベーションの低下を「信号の負の法則」と呼んでいる[15]．この場合も結局,情報システムとして意図されたマネジメント・コントロー

ルのサブシステムが，意図せざる結果として影響システムとして機能してしまい，悪い効果をもってしまいかねない例になっている．

こうして述べてきた二種類の二面性は，サブシステムそのものがもつ二面性である．しかし，現実の経営管理制度は，後で述べるように一つの制度がいくつものマネジメント・コントロールのサブシステムを抱えているのがふつうである．とすれば，ほぼ必然的に現実の経営管理制度は影響システムとしての側面と情報システムとしての側面とを合わせもってしまうことになる．それが経営管理制度のレベルでの二面性である．その二面性に注意を怠って管理制度の設計をしてしまって,「意図せざる反応」に泣く企業は多い．くわしくは，後述する．

さて，次にサブシステムの間の相互依存性について．ここでいう相互依存性とは，一つのサブシステムがどの程度機能できるかは，他のサブシステムがどのくらいしっかりとしているかあるいはどの程度連動性があるかに依存することが多い，というほどの意味である．

たとえば，教育システムがしっかりしているから組織の成員の間に共通の言語や価値観が生まれ，そのためにコミュニケーション・システムの効率が高くなる．インセンティブ・システムと目標設定システムとが連動しているために，目標設定がたんなるお題目並べに終わらずに済む．あるいは，教育システムと人事評価システムとが連動して，同じような業績変数の大事さを強調するので下位者のベクトル合わせがよほどスムースにいく．その逆であれば，組織内に混乱が起き，成員のベクトルの向きはバラバラになる危険がある．さらには，モニタリングがきちんとできているからこそ，人事評価への信頼性が高まる．

上にあげたのは，サブシステム間の相互依存のほんの数例にすぎない．その他にどんな依存あるいは連動関係があるのが優れたマネジメント・コントロール・システムの特徴か，読者自身が思いつく例も多いであろう．こうした相互依存性をどの程度うまく作り出せるか，マネジメント・コントロール・システムの設計の一つの大きな鍵である．マネジメント・コントロー

ル・システムをたんに八つのサブシステムを寄せ集めたものと考えてはならない．

経営管理制度について

　経営管理制度とは，組織内の経営管理のために組織が作る具体的な管理の制度的仕組みのことである．具体的な例でいえば，経営計画制度，予算管理制度(とそれにともなう業績評価の仕組み)，原価管理制度，目標管理制度，利益管理制度，人事考課制度，ボーナス査定制度，など．類似の制度がさまざまな異なった名前で呼ばれていることも多い．

　これらの経営管理制度の基本的機能は，マネジメント・コントロール・システムとしての機能である．つまり，組織はそのマネジメント・コントロール活動のために，これらの具体的な経営管理制度を作っているのである．

　ただし，前節までのマネジメント・コントロール・システムの議論ではその内容を機能面から抽象的にとらえて細分化して考えてきたが，現実の管理制度がそのように整然と細分化されて作られていることはまずない．一つの管理制度がいくつものサブシステムの機能を複合的に果たしているのがふつうである．つまりたとえていえば，モニタリングのためのシステムと人事評価システムとが完全にはっきりと分かれて作られ運営されることはまずなく，二つのサブシステムの機能をそのうちになんらかの程度含んだ一つの管理の仕組みが現実には作られていることが多いのである．

　こうした現実の経営管理制度のもつ複合的なマネジメント・コントロール機能の解明を，この章の概念枠組みを用いて行うのが本書の第Ⅱ部の役割である．ここでは，上に述べたマネジメント・コントロール・システムの二面性と相互依存性と関連する範囲で，経営管理制度の二面性と総合性についてふれておきたい．

　経営管理制度はいくつかのマネジメント・コントロールのサブシステムの機能を複合的に果たしていることが多い，といった．それゆえに，下位者への影響システムという面と，上位者のための情報システムとしての面を二重

にもつことになる.

　たとえば,どこの企業にもみられる原価計算・原価管理制度を例にとって,この二面性を説明してみよう.

　この制度の一つの側面は,現場の労働者や職長に原価意識を植えつけ,彼らがコストダウンへの意欲をもつように,原価の測定を行って彼らの原価管理活動の成果を明らかにし,またそれにもとづく評価をするところにある.あるいはまた,原価情報を彼らが有効に使って,現場での生産管理活動を効率的に行ってくれるのを期待しているのも,大きな狙いの一つである.前節の言葉でいえば,インセンティブ・システム,人事評価システム,コミュニケーション・システムとしての機能がこの制度にはある.このように,工場の現場での活動という「部下に任せた行動」に望ましい影響を与えていくためのシステム,というまさしく影響システムとしての意味を原価管理制度はもっているのである.

　しかし,意味はそれだけではない.原価管理制度のもう一つの側面は,原価の状態を経営者あるいは工場長につねに知らせておくことにより,工場の管理へ上司が介入する必要性の判断材料を与えることである.あるいは,良質な原価情報をもとに,経営者が行うべき意思決定(たとえば製品の価格の決定,設備投資の決定など)の際の基礎情報が得られるという側面もある.これらの機能は原価の発生する生産現場での部下の行動に影響を与えることとは基本的に異なった機能である.その機能は,経営者の行う意思決定のための情報システムとしての機能である.

　経営管理制度がほとんどつねにこうした二面性をもつということは,経営者にとって福音でもあり,頭痛の種でもある.福音とは,複数の機能を一つの制度で果たせて効率がいいということであり,頭痛とは,二つの機能をあまりに欲張って狙うためにあぶはち取らずの制度ができあがる危険であり,また必ずしももって欲しくない機能をその制度がもってしまい「意図せざる悪影響」が生まれる危険である.その悪影響の例としては,すでにモニタリング・システムの例をあげて上で説明したので反復の必要はないだろう.

経営管理制度の設計の際には，この二面性をどのように利用するか，どのように処理するかが大きなポイントになる．

経営管理制度設計のもう一つのポイントは，その制度が抱える複数のマネジメント・コントロールのサブシステムの間の相互依存性をどう生かすか，である．あるいは，相互依存性を生かすことを考えるまえに，複数のサブシステムがそれぞれ互いに矛盾したことを実は狙っていないことを確かめるべきであろう．いわば，負の相互依存性の排除である．その上で，前節で例示したようなプラスの相互依存性あるいは相乗効果を生み出せるような制度設計ができれば，それがベストである．

二面性の利用あるいは処理と，相互依存性の創出は，経営管理制度の機能とその設計を考える際の基本的な鍵として，第II部の分析の一つの焦点になっていくだろう．

2.7 結　　び

この章では，マネジメント・コントロール活動の概念枠組みを考え，マネジメント・コントロール・システムの分類をし，それらと経営管理制度との関連を考えてきた．そうした分析の枠組み作りの意図は三つあった．

一つはいうまでもなく，現実の経営管理のプロセスや制度を見る際の視点の提供であり，より現実を理解し易くする概念枠組みを探ることである．いわば言葉の準備であり，眼鏡の用意である．本章の作業の大半はそれに当てられている．

この作業をすることによって狙った本章の第二の意図は，マネジメント・コントロールというやや正体不明な，しかしきわめて広範，重要かつ魅力的なものの本質の理解を深めることであった．

その理解が深まれば，優れたマネジメント・コントロールをするためにはどのような核心的な問題を解決する必要があるのか，いわばマネジメント・コントロール・システムの鍵問題をえぐり出せるであろう．それが，この章

の第三の狙いであった.

まことにサイモンは正しかったと,いまさらのように思う.彼が,その主著の一つ『経営行動』の冒頭の部分で次のようなことを書いたのは今から四十年も前のことである[16].

「ある科学が原理なるものを展開できるようになる前に,まず概念が必要である.……管理理論の第一の仕事は,経営状況を理論にとって意味のあるような形で叙述できる概念群を作り出すことである.……

この本では,管理理論の再構築に向かっての第一歩だけを試みる.それは満足のいく言葉のボキャブラリーと分析枠組みを構築することである.たしかに,第一歩には第二歩,第三歩がつづく必要がある,と人はいうかもしれない.しかしそのとき,第一歩の重要性あるいは必要性を過小評価してはならない.」

私がしたかったのも,マネジメント・コントロールをそして経営行動を考えるための言葉と分析枠組みの準備であった.一体それはどの程度できたのか.上にかかげたこの章の三つの意図は,ひいき目にみても十分には果たされていないだろう.しかし,ともかく前進してみる必要がある.

この章の議論で一つ明らかになったのは,マネジメント・コントロールの本質が「任せた意思決定への影響」である,ということであった.この影響ということを分析的に探るための好適なモデルと理論が,経済学の分野で「エイジェンシーの理論」という名のもとに最近開発されてきている.とくにインセンティブ・システムの分析を中心とする理論である.影響ということの本質を分析的に考えるために,そしてこの本の第III部で行われるこの理論にもとづく分析の準備をするためにも,次章ではエイジェンシーの理論を考えてみよう.この章と次章で,本書の分析のための概念的分析枠組みの準備は終わる.

第2章 注

1) Koontz and O'Donnell(1972).

2) Dopuch, Birnberg and Demski(1974).
3) Eilon(1971).
4) Anthony(1965).
5) Simon(1947).
6) Tannenbaum(1964).
7) Hofstede(1968).
8) Arrow(1964).
9) 宮川(1975).
10) Simon, 前掲書.
11) March and Simon(1958), Chapter 3 にも類似の議論がやや異なった観点から展開されている．
12) Barnard(1938).
13) Grove(1983)は，経営者によって書かれたきわめて優れた経営書であるが，このような具体例の示唆にとんだ説明が多い．
14) Grove, 前掲書.
15) Leibenstein(1976).
16) Simon, 前掲書.

第3章 エイジェンシーの理論:
マネジメント・コントロールの基礎理論

3.1 はじめに

　この十年ほどの間に,エイジェンシーの経済理論といわれる理論が経済学の分野で発展してきている.この理論はその扱う基本的な現象の本質が意思決定の委託関係であるので,マネジメント・コントロールの問題を経済分析的に分析しようとするときの基礎理論として大いに期待される理論である.

　この章では,エイジェンシーの理論の概要とポテンシャルを紹介し,後につづく分析の一つの理論的背景としよう.(本章3.2-3.5節は,今井・伊丹・小池(1982)の第4章を改稿したものである.)この理論は,経営管理制度の概念的分析の際の一つの思考の準拠枠となりうるばかりでなく,第III部ではこの理論をもちいたインセンティブ・システムのモデル分析が行われる.

　ここでのエイジェンシーの理論の紹介は必ずしもマネジメント・コントロールだけに例を限った議論にはせず,エイジェンシー関係のさまざまな例を引いて議論をしていく.そうすることによって,マネジメント・コントロールの基本にあるエイジェンシー関係の拡がりの大きさを読者は感じることができるであろうし,またマネジメント・コントロールの問題の本質が実はきわめて一般性の高いものであることがわかるであろう.それは,経営学の射程の広さ,長さを示唆することにもなるだろう.

　エイジェンシーの経済理論の分析は数学的な道具立てを使うことが多いのだが,この章の叙述では一切数学的な記号は用いない.その種の叙述を好む読者は,この章のあと,第III部のモデル分析にただちに進まれるとよい.

3.2 エイジェンシーとは

　一人の人間が，なんらかの用役を自らに代わって遂行させるべく他の人間と契約関係にあるとき，二人の人間にエイジェンシー(代理人)関係が存在するという．そして依頼する側をプリンシパル，代理を受ける側をエイジェントと呼ぶことにしよう．とくに，この代理関係が意思決定権限に関するものであるとき，つまりプリンシパルからエイジェントが何らかの意思決定権限の委譲を受ける場合のエイジェンシー関係がわれわれの興味の対象である．そのような関係の構造や影響を経済学的な観点から明らかにしようとするのが，エイジェンシーの経済理論である．

　エイジェンシー関係は現実の世界に数多く見られる．企業と関係の深いところでは，いわゆる雇用関係の多くはエイジェンシー関係である．企業は人を雇用し，彼になにがしかの意思決定権限(あるいは自由裁量の余地)を与えるとともに遂行すべき仕事・役割を指令する．企業内の上司と部下の関係もエイジェンシー関係である．上司が直接的に部下を雇用するわけでもなく，また二人が自発的に上下関係に入ったのでもなく，企業内の人事政策や異動でたまたま上下関係がある特定の二人の人間の間にできたのだとしても，二人の役割の間の関係は，まさしくエイジェンシー関係である．上司に代わって部下はなんらかの意思決定を行い，行動をし，それらの行動は原理的には代理人としてのそれである．

　商社がメーカーの販売総代理店になるのも，まぎれのないエイジェンシー関係である．プリンシパルとしてのメーカーから明示的に委任された意思決定の幅がどのようなものであれ，実際の販売業務に当たって商社は無数の意思決定を，売り込み方法，価格政策，金融方法等々に関してメーカーに代わって行うことになるであろう．投資信託を買う小口投資家と投資信託会社の間にもエイジェンシー関係が成立している．投資家は，投資の意思決定を投資信託会社に委任しているわけである．

第3章 エイジェンシーの理論

株式会社の株主と経営者の間の関係も典型的なエイジェンシー関係である．とくに，所有と経営の分離が進んでいる現代の大企業においてはそれがいえるであろう[1]．

マネジメント・コントロールとの関連でいえば，その分析の中心的対象たる階層的意思決定システムは，エイジェンシー関係が幾重にも，垂直にも水平にも重なり合ってできたシステムと考えられる．組織の各階層の意思決定者の間の関係の基本が意思決定権限の委譲にあるとすれば，組織はまさしく緊密なエイジェンシー関係の重合システムである．その重合とは，たとえば，多くの組織の多階層性に見られるように，垂直的な重合関係であったり，あるいは，一人のプリンシパルの下で複数のエイジェントが分担して一定の仕事を行うといったような，水平的重合関係もありうる．いずれにしても，二人の人間の間のエイジェンシー関係がビルディング・ブロックとなってでき上がっている複合的なシステムとして組織を捉えることができるわけである．したがって，マネジメント・コントロールの本質を委譲された意思決定のコントロールと考えるとき，エイジェンシーの理論はマネジメント・コントロールの基礎理論となりうるものと考えてよいであろう．

ここでいう意思決定権限の委譲は，広い意味に解すべきであろう．たとえば，工場の労働者も，自分に与えられた仕事の遂行プロセスについてある程度の自由裁量の余地をもっているのがふつうである．仕事のペース，努力の傾注の程度等がその例である（そのような事柄については，望ましい水準が労働者に対して陰に陽に示されるのがふつうであろうが，しかし完全な指令が可能な場合はむしろ例外であろう）．このときには，労働者に広い意味での意思決定権限の委譲が起きていると考えられるのである．

このように，意思決定権限の委譲を含むエイジェンシー関係として組織の階層的関係を捉え，また雇用者（経営者）と被雇用者（組織に働く人々）の関係を捉えるという視点は，労働サービスと賃金との交換関係として雇用関係を捉えるという伝統的な労働経済学の視点とはやや異なる．伝統的な視点では，完全なスペシフィケーションが存在すると陰に仮定されていたと思われる労

働サービスを,この新しい視点では機械的なスペシフィケーションが存在せずに自由裁量の余地を大きく残したものとして捉えるわけである.したがって,雇用関係の分析が通常の物財の交換関係とアナロジカルには扱いえない面が大きいとの認識を,この新しい視点はわれわれに要請するわけである.

たしかに,エイジェンシー関係も,この関係に二人の人間が入る代償として金銭等による代価の支払いがプリンシパルからエイジェントに対して行われるという意味においては,物財の交換と同じ側面をもつ.しかし,この交換によってプリンシパルが得るものは,決して機械的なサービスではなく,エイジェントの側に自由裁量の余地を大きく残した,その意味でプリンシパルにとっては不確実性の大きなサービスなのである.

3.3 エイジェンシー関係の基本問題

エイジェンシー関係によってエイジェントがプリンシパルの代理人として意思決定を行い,それを実行に移すとき,エイジェントのとる行動がプリンシパルの観点から見てもっとも望ましい行動であるとはかぎらない.エイジェントに自由裁量の余地がある以上,かれは自己の利害にもっとも忠実な行動をとると考える方がむしろ自然である.したがって,プリンシパルの立場からすれば,プリンシパルの利害に沿うような行動をいかにしてエイジェントにとらしめるか,ということが基本的な重要性をもつ問題となってくる.

この問題の解決は実は容易ではない.その根本原因は不確実性(とくに環境についての)の存在である.

いうまでもなく,エイジェントのとる行動のもたらす結果(プリンシパルにとっての結果と考えてよい.これをパフォーマンスとよぼう)は,彼の行動と環境条件の合成物である(たとえば投資信託のあげる収益は,ファンドマネジャーの株式選択行動と株式市場での価格動向の合成物である).この環境に不確実性があるということは,エイジェントのとった行動が何であったかを,パフォーマンスを見ただけでは知ることはできないことを意味する.

プリンシパルにとって，エイジェントの行動が自分の意に適うものであるかどうかを確かめるもっとも確実な手段は，エイジェントの行動を事後的に観察し，それの適否を判断することであるが，それを行うためには，たんなるパフォーマンスの測定以上のものが必要となってくるのである．

不確実性がなく，環境がどのようなものであるかプリンシパルにも事前にわかっているときには，パフォーマンスとエイジェントの行動との間に関数関係が存在することになり，パフォーマンスの良し悪しがそのままエイジェントの行動の良し悪しの指標となる．

しかし，不確実性が存在するときには，良好なパフォーマンスは劣悪な行動と例外的に恵まれた環境のなせる業かもしれず，また逆にパフォーマンスの良くないことが必ずしもエイジェントの行動が悪いものだったことを意味しない．環境が悪すぎたかもしれないのである．

このような現象を，保険の理論ではモラル・ハザード(道徳的危険，moral hazard)という．たとえば，火災の発生は，火災保険をかけた人の注意の欠如(あるいは故意)によるものなのか，不可抗力によるものなのか，火災の発生という事実からだけでは確定できないのである．モラル・ハザードはエイジェンシー関係の基本的な問題なのである[2]．

エイジェントの行動を知るためには通常の場合，情報コストがかかる．これを一般にモニタリング・コストとよぼう．このコストは，エイジェントの行動を直接観察するシステムを作る場合にも発生するし，また環境状態が現実にどうなったかを観察してそれからエイジェントの行動を逆算する場合にも発生する．いずれの方法をとるにせよ，モニタリング・コストは現実には無視できない大きさのものであろうし，しばしばきわめて大きなものになることがある．たとえば，株主と経営者の間のエイジェンシー関係で必要なモニタリング・コストは，経営者に委託された業務が複雑であるだけに，きわめて大きなものとなる．たとえば会計監査のコストはこのモニタリングをごく部分的に行った場合のコストであるが，会計監査がごく部分的なモニタリングにすぎないとすれば，複雑な事業活動全体の詳細なモニタリングはまず

不可能に近いことがわかろう。

 このように，モニタリング・コストを考えながら，部分的にせよモニタリング・システムをどのように作っていくかが，エイジェンシー関係の第一の基本問題である。

 エイジェントの行動をプリンシパルにとって望ましいものたらしめるための第二の方策は，インセンティブ・システムの設置である。ここでも，後述するように不確実性の存在が大きな影を投げかけることになる。

 エイジェントのパフォーマンスにさまざまに関連させ依存させたインセンティブ・システムをエイジェントに与えることにより，エイジェントが自己の利害（その重要な部分が設置されたインセンティブ・システムによって影響を受けるであろう）にもとづいて行う行動が，プリンシパルにとっても望ましいものとなるようにしようとするわけである。

 このような目的で作られているインセンティブ・システムは，枚挙に暇がない。セールスマンの歩合給はそのもっとも典型的なものであろうし，業績に応じたボーナス制度などもその例である。第2章ですでにふれたように，さまざまな金銭的報酬のシステムがこのインセンティブ・システムの例である。しかし，インセンティブを，直接的な金銭的報酬システムに限定して考える必要がないことも，すでに述べた。組織内の地位の上昇がもたらす心理的利得も，インセンティブの一部を形成する例である。

 このようなインセンティブを，エイジェントのパフォーマンスのどの変数（あるいはパフォーマンスのどのような測定値）とどんな関数関係によって結びつけるのが望ましいか，というのがインセンティブ・システム設計問題の核心である。

 以上のように，モニタリングとインセンティブのシステムの設計の問題が，エイジェントの行動がプリンシパルの目的に適ったものにする（つまり目的整合性をもたせる）ための二つの基本的な問題である。二つのシステムをどのようにかみ合わせていくかという問題を含めて，これらの問題を経済分析のツールを用いて分析し，理論作りを行っていくのがエイジェンシーの経済

理論の任務である．

この理論の基本的枠組みのポイントは，
(1) プリンシパルからエイジェントへの意思決定・行動の委任
(2) 二人の間の個人的利害の不一致
(3) 環境の不確実性
(4) エイジェントの行動や環境状態の観察のコスト

といった点である．すでに述べたように，エイジェンシーの関係は組織の内部にだけに特有なものではなく，広く見られる関係である．以下では主として組織におけるエイジェンシー関係を念頭において論を進めるが，その基本的論点が一般的な協働システムにも該当するものが多いことを銘記すべきである．

3.4 インセンティブ・システムの分析

エイジェントの行動

前節では，エイジェントに委任された行動を，単に意思決定とその実行と規定したわけだが，この節ではインセンティブ・システムの影響を分析するのに先立って，エイジェントの行動をもう少し立ち入って検討してみよう．

今，エイジェントの行動を，前章でもしたようにベクトルとして捉え，そのベクトルの「方向」と「大きさ」がエイジェントの行動を規定する要素のうちの二つの主要なものと考えてみよう．

ベクトルの「方向」とは，主としてどのようなタイプの活動の方向をエイジェントが選択するかを示すものである．たとえば，設備投資などの戦略的意思決定をまかされた企業内の事業部長が，どのような戦略や投資プロジェクトを選択するか，といった問題が活動ベクトルの方向の決定の例である．いわゆる意思決定の委任という言葉にピッタリくるような行動である．組織の下位の人間になればなるほど，自らの活動ベクトルの方向を決める自由裁量の余地は小さくなるであろう．

これに対して,活動ベクトルの「大きさ」の問題は,階層の上下を問わず自由裁量の余地が残されている.ここでベクトルの大きさというのは,活動への努力の大きさを意味するからである.ある方向に定まった活動の達成にどの程度の努力を傾注するか,の問題である.

努力水準の決定はいわゆる意思決定権限の委譲に含まれているものとは考えにくいと思われる読者もいるかもしれないが,プリンシパルが積極的に努力水準の決定をエイジェントに委任しようとしていまいと,事実としてエイジェントに努力水準を決める自由裁量の余地が残されていることは多くの場合に見られることである.

組織におけるエイジェントの行動には,以上のような活動ベクトルの決定と実行という行動の他に,情報伝達行動とでもいうべきものも含んで考えるのが包括的であろう.情報伝達行動とは,そのエイジェントの直面する環境(大きな組織では,組織全体の環境の一部しか一人のエイジェントは直面していないであろう)や自分のとろうとしている活動についての情報をプリンシパルや組織の他の部署へ伝達する行動である.この伝達行動がプリンシパルに対してもつ意味は,そのエイジェントの行動が外部性をもつものであればあるほど大きくなる.典型的な例は分権的組織における全体計画策定プロセスの一環としての自己の計画の上申である.たとえばソビエト経済における各企業体の次期の活動計画の上申がこれにあたる.この上申が正確に行われないと自動車50万台の生産計画に対して,他の企業体が現実に80万台分のタイヤを生産してしまって無駄になるというようなアンバランスが生じうるのである.

インセンティブ・システムの設計のされ方しだいでは,わざと誤った情報を流すことが一部のエイジェントの利益となり,しかし組織全体のパフォーマンスはそのために悪くなるといった事態が起こりかねないのである.

さて,以上のようにエイジェントの行動を

(a) エイジェントの活動ベクトルの方向の決定

(b) 活動ベクトルの大きさ(努力水準)の決定

(c) 情報伝達

の三つに大別すると,インセンティブ・システムの作り方しだいで,これらの決定にさまざまな形で影響が出てくるのである．

そもそもインセンティブ・システムがエイジェントの意思決定に影響をもつのは,このシステムがエイジェントの活動の成果をプリンシパルとエイジェントの間で分配するシステムになっているからである．その結果,エイジェントはその配分に興味があるために,自分への配分を多くしようとして自らの意思決定を考えるようになる．そこに,意思決定への影響が生まれる源泉がある．

つまり,インセンティブ・システムには,

(イ) エイジェントの活動の成果の配分システム

(ロ) エイジェントの意思決定への影響システム

という二つの面があるのである．この二面性のためにインセンティブ・システムの効果はそれほど単純でなくなる．とくに,環境の不確実性の存在と情報の偏在(エイジェントに情報が偏在しがちになる)という二つの事実が,事態をやや複雑にしていく．それを,インセンティブ・システムの効果をもう少しくわしく考えることによって,みてみよう[3]．

インセンティブ・システムのもつ効果は,次の三つに大別できる．その詳細を順にくわしくみていこう．

(1) モチベーション効果

(2) 危険分担効果

(3) 情報収集効果

モチベーション効果

まず,(1)モチベーション効果とは,インセンティブ・システムによって,パフォーマンスを高めるような活動ベクトルをエイジェントがとるようモチベート(動機づけ)される効果のことである．自分に与えられたインセンティブを大きくするような活動ベクトルを選択することが,他の条件を一定と考

えたときにエイジェントの効果を大きくすると考えるのは無理のない仮定であろう。そのとき，インセンティブの大きさを高めるようなエイジェントの利己的行動がパフォーマンス（プリンシパルにとっての）を大きくするような効果をもつか，あるいはパフォーマンスを高めるような行動をエイジェントにとらしめるに十分なだけのインセンティブがエイジェントに与えられているか，といった点がこの効果のポイントである。

努力水準の決定に対してインセンティブ・システムがどのような影響を与えるかによって，モチベーション効果の大きさはその大半が決まってくるだろう。

モチベーション効果だけを考えるならば，もっとも望ましいインセンティブ・システムは，パフォーマンスだけの単調増加関数であろう。たとえば，パフォーマンスの一定割合をエイジェントのインセンティブの大きさとするといういわゆる単純な歩合給システムがその例である。エイジェントにとっては，自分の努力がそのままインセンティブに反映されるというメリットを，このシステムはもつ。

しかし，パフォーマンスの大きさが，エイジェントの行動に依存するだけでなく，不確実な環境要因にも依存することを考えると，単純な歩合給制度はエイジェントにとって望ましいものではなくなる。(2)危険分担効果の問題である。

危険分担効果

エイジェントに与えられるインセンティブを，不確実な環境要因に影響を受けるパフォーマンスの測定値と連動させることは（その連動の形がどのようなものであれ），エイジェントにその不確実な環境要因のもつリスクを何がしか負担させることになる。エイジェントの受け取るインセンティブが，単に彼の決定と努力の範囲を越えた不確実な変数になるからである。インセンティブ・システムはこのように環境のリスクをプリンシパルとエイジェントの両方に分配して負担させる効果をもつ。この効果のことを危険分担効果

という．

　インセンティブ・システムを設計する立場にあるプリンシパルからすれば，危険をエイジェントに分担して負担してもらえることは，それ自体としては望ましいことであろう．自らの負担すべきリスクが小さくなるからである．この危険分担効果がしかし，真に望ましいレベルにあるかどうかは，実はインセンティブ・システムがエイジェントの活動ベクトルの方向決定にどのような影響を与えるかに大きく依存する．

　あまりに多くの危険をエイジェントに負担させると，エイジェントのとる活動ベクトルの方向はきわめて危険回避的な，保守的なものになってしまう可能性がある．その危険回避的傾向は，プリンシパルの立場からするとあまりに保守的なものになるかもしれない．逆に，エイジェントに危険を全然負担させないと(たとえば，固定給制度はその例である)，エイジェントのとる行動はパフォーマンスのリスクを無視した，危険度の強すぎるものになってしまう恐れがある．

　また，エイジェントに負担させる危険の大きさが大きすぎるようなインセンティブ・システムでは，そもそもエイジェンシー関係に入る契約を結ぶことをエイジェント候補者は拒否するかもしれない．通常，完全な歩合給制度(つまり固定給の部分がゼロであるような制度)がリスクのかなりあるような職務についてはほとんど見られないのは，危険分担効果が大きすぎるのが原因であろう．

　以上のように，モチベーション効果は主としてエイジェントの活動ベクトルの大きさ(努力水準)にインセンティブ・システムが与える影響によって生み出され，危険分担効果は，単なるリスクの移転(プリンシパルからエイジェントへの)とエイジェントの活動ベクトルの方向へのインセンティブ・システムの影響の両者によって生み出される．

　第三の効果，(3)情報収集効果は，いうまでもなく，インセンティブ・システムがエイジェントの情報伝達行動に与える影響によって生み出されるものである．

情報収集効果

まず例をあげて説明をしよう．分権的な組織における全体計画の作成プロセスでは，中央の計画担当部門が各下部組織単位のおかれた環境や資源の保有状態をよく考慮したうえで，各部門の行動の調整を行い，全体的に最適なプランを作ることが望ましい．そうするためにもっとも重要になるのは，各部門に関する情報が正確に計画部門によって把握されることである．不正確な情報による全体調整の結果，実際に各組織単位の実行する活動が，互いにかみ合わないものになったり（上述の自動車とタイヤの例），あるいは調整されたプランが実情から見た最適プランからはほど遠いことになる可能性がつよいからである．

組織の下部単位の立場からすると，正確な情報を計画段階で計画部門へ伝達しようとするインセンティブは，必ずしも常にあるわけではない．仮に，下部単位が実際に受け取るインセンティブ・システムの重要なパラメターが，計画段階で下部単位が上に伝達する情報に依存して決められるようなシステムになっているとすると，下部単位としては，そのパラメターを自己に有利な方向へ誘導するように情報を流すという動機が存在することになる．わざと誤った情報を流す可能性があるわけである．

具体的な例でこれを説明しよう．たとえば，下部単位のパフォーマンスの目標値（あるいは予想値）を下部単位が計画部門へ上申し，その値を現実に下部単位が達成できるかどうかで下部単位に与えられるボーナスの額が変わってくるような場合を考えてみよう（達成できれば多額のボーナスが与えられ，達成できなければ少額のボーナスあるいはゼロのボーナスしかもらえない，といったケースがこの例である）．社会主義経済によく見られるノルマとそれに連動したボーナス制度はこの典型であるし，企業内の予算管理システムにも類似のアイディアが使われている．このようなインセンティブ・システムの下では，下部単位は明らかに低めの目標を上申し，実際にはそれより高いパフォーマンスを実現するという動機をもつであろう．自己の部門の予想

活動ベクトルに関する情報伝達を正確にしない動機が存在するわけである．しかも，環境の不確実性があるために，もし目標として上申されたパフォーマンス目標と実現されたパフォーマンスの間に食い違いが生じても，それは環境が予期しない方向に動いたためだと弁明する余地が下部単位には残されているわけである．

このように，エイジェントが実際に委任された活動を行う前にプリンシパルに伝達する予測情報等がエイジェントのインセンティブ・システムの重要なパラメター(上の例ではノルマ)に影響を及ぼすとき，エイジェントには伝達される情報を操作する動機が働く[4]．

プリンシパルの立場からすると，この情報操作は大別して次の二つの理由から望ましくない．一つには，その情報がプリンシパル自身の行動や意思決定の基礎データになる場合である．このとき，誤った情報による誤った行動のもたらすコストが発生するからである．たとえば，上の例のような，誤った情報にもとづく誤った全体調整の結果，組織全体の活動バランスが大きく崩れてしまうことによってもたらされるオポチュニティ・ロスである．第二の理由は，エイジェントの情報操作によって，不当に多くのインセンティブ・ペイメントをプリンシパルが払うことになることのコストである．このインセンティブ・ペイメントの大きさが，プリンシパル自身の効用に大きな関連をもつとき，プリンシパルとしては不当なインセンティブ・ペイメントは自己の効用を無意味に減じるものとして，望ましくないものと感じるであろう．

インセンティブ・システムの設計を適切に行うことによって，この情報操作の可能性と影響を小さくするようにすることが，インセンティブ・システムの情報収集効果のポイントである．

以上述べたような三つの効果は，往々にして相反するものである．モチベーション効果を高めることだけを考えたインセンティブ・システムは，危険分担効果の面で行き過ぎを生じる可能性があるのは例として上で指摘したと

おりである．三つの効果の総合的効果としてプリンシパルの効果をもっとも大きくし，かつエイジェントにとってもアクセプタブルなインセンティブ・システムの分析と設計の問題は，きわめて興味深い問題である．しかし，この三つの効果の総合的考慮については，未だ問題の定式化すらしっかりしたものは行われていない．この本の第III部の分析では，この方向の分析をマネジメント・コントロールに密接に結びついた形で試みてみたい．

3.5 モニタリング・システムの分析

エイジェンシー関係に関わるモニタリング・システムは，一般に次の三つのものをモニターすると考えてよいであろう．
(1) エイジェントの意思決定環境の状態
(2) 活動ベクトル(方向および大きさ)
(3) エイジェントのスキル，能力

(1)環境の状態について，プリンシパルがモニターしたいと思う理由は，次の三つのものであろう．一つには，このエイジェンシー関係を続け，その分野での活動をエイジェントに行わせつづけるべきかどうか，といったプリンシパル自身の意思決定のための情報収集である．前章のことばでいえば，直接介入のための情報収集である．ある分野からの撤退の意思決定がその好例であろう．第二は，モラル・ハザードの問題への布石として，環境状態を観察する必要がある場合である．この際には，より観察がむずかしいと思われるエイジェントの活動ベクトルや能力を観察する代用として，環境状態を観察し，それをエイジェントのパフォーマンスと比較考量してエイジェントの活動ベクトルや能力の判断を行う資料にしようというわけである．第三の理由は，エイジェントに与えられた仕事のむずかしさや要求される適性の種類のスクリーニング(選別)のための環境モニタリングである．(3)エイジェントのスキルのモニタリングと相まって，組織内部における人員配置，昇進等の人事異動のための重要な布石となる問題である．

(2) 活動ベクトルのモニタリングについては，すでに若干の説明を上でしたので，詳説は省く．このモニタリングを，かなりインフォーマルな形で行おうとするのが，組織における監督者，管理者の主な任務の一つであろう．しかし，完全なモニタリングは，しばしば不可能に近い．とくにエイジェントの努力水準についてはそれがいえる．エイジェントがどの程度本当に努力しているのか分かりにくいのがふつうである．活動ベクトルのモニタリング費用の巨大さは，インセンティブ・システムをプリンシパルに設置させる主要な原因である．

(3) スキル，能力のモニタリングはこれまで本章ではふれなかった問題である．第2章で述べたマネジメント・コントロール活動としての選別に深く関連する．プリンシパルの立場からすれば，スキルや能力についてよりすぐれたエイジェントを自分の代理人にする方が，他の条件を一定にすればより望ましいであろう．とくにエイジェンシー関係が意思決定権限の委譲を含み意思決定能力において個人間差異は大きい可能性がつよいことを考えれば，スキル，能力のモニタリングは大きな重要性をもつ．

そのためのシステムのよく見られる例は，試験制度というモニタリング・システムである．試験というフォーマルな形式でどの程度効果的なモニタリングができるかについては疑問も生じうるが，この制度が典型的なモニタリング・システムであることは疑いもない事実である．また，年功という一つの属性をモニタリングの代用にするという制度が，日本の組織に多く見られる年功序列というスクリーニング・システムの特徴である．

以上のようなモニタリングを行い，しかもそれが十分に機能するようなシステムは，通常かなり高価につく．たとえば，スキルや努力のモニタリングを独立に行うシステムのことを考えてみれば，それは自明であろう．そのために，モニタリング・システムの設計は，独立のシステム設計の問題としてとりあげられるよりは，他に主たる目的のある何かのシステムのもつモニタリング効果という観点で議論されることが多い．たとえば，インセンティブ・システムのモニタリング効果とか，管理者の機能の一部としてのモニタ

リング機能といったようなものである．

　しかし，エイジェンシー関係において，モニタリングはきわめて基本的な問題だけに，なんらかの活動やシステムの副産物としてモニタリング効果が得られるとき(つまり，きわめて安価な追加的モニタリング費用でモニタリングが可能になるとき)，そのモニタリングを行えるものやシステムは，情報的な意味で他の人間やシステムよりも優位に立つこととなる．モニタリング・システムの基本的問題の一つは，他に用途のあるシステムの副次的な機能としてモニタリング機能をいかにもたせるか，という問題なのであろう．

3.6　エイジェンシーの重合関係

　組織の内部では，エイジェンシー関係が垂直的にも，水平的にも重合されている．それらのもっとも簡単な形を図示して見よう．(図で○印は意思決定主体)

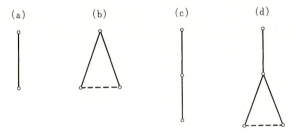

図 3-1　エイジェンシーの重合関係

　(a)はエイジェンシーの基本関係である．二つの主体が登場する．上の○印がプリンシパル，下がエイジェントである．二つを結ぶ線がエイジェンシー関係の存在を示すが，これが縦線であるのは，階層関係を示唆している．

　(b)は二人のエイジェントが一人のプリンシパルの下に置かれているケースである．このエイジェント間に直接的相互通信と彼らの行動の間の相互作用(外部効果)が存在するのが通常であろうから，それらを示す点線を入れてある．このケースはエイジェンシー関係がもっとも簡単な形で水平的に重合

された形である．

(c)はもっとも単純な垂直的重合関係を示す．真ん中の主体は上との関係ではエイジェント，下との関係ではプリンシパルとなっている．

(d)は(b)と(c)の両方の特徴を兼備したもっとも単純なケースで，エイジェンシー関係の水平的重合と垂直的重合が併存するケースである．この(d)のケースが，現実の組織の抽象化として，いわゆる組織現象といわれているものの多くを扱いうるもっとも単純なケースではないかと思われる．したがって，このケースで表されるようなエイジェンシーの重合で，どのような問題が発生し，その解決のためにどのような管理の制度なり，プロセスなりが選択されるかを考えることによって，組織の管理制度，管理プロセスの原理的研究がかなりの程度可能になるであろう．その意味で，エイジェンシー理論アプローチによる組織分析のための中間目標を，(d)のケースの分析に置くことは許されるであろうし，逆に(d)のケースの分析ができなければ，真の組織分析とはいえないともいえるであろう．

しかし，(d)のケースの分析には，(a), (b), (c)の分析がすんでいなければならない．とくに，後に述べるように，(b)の水平的重合関係をふくむ三角形の分析が，きわめて本質的に重要である．これをふくめて，まだ緒についたばかりのエイジェンシー・アプローチでは，

(a) エイジェンシーの基本関係
(b) エイジェンシーの水平的重合関係
(c) エイジェンシーの垂直的重合関係

の各々の分析がどうしても必要となる．

こうした分析の中でも，(a)の分析は基本的重要性をもつ．あたかも，経済学の価格理論で，消費者の行動理論を作り，生産者の行動理論を作った後に，これら二人の経済主体が出会う市場の分析の理論構築が行われるのと同じである．市場の分析のためにはまずそれを構成する経済主体の基本的行動の理論が必要なのである．ここでは，重合的なエイジェンシー関係の理論作りのためには，まずエイジェンシーの基本関係の理論がしっかりとしなけれ

ばならないのである．

　前節でその概要を紹介したのは，主としてこのエイジェンシーの基本関係についての理論的な分析の現在の焦点となっている問題であった．

3.7　エイジェンシーの理論の分析の特徴と方向

　エイジェンシーの理論をもちいた具体的なモデル分析は第III部の課題だが，ここでは導入的な意味をもたせて，エイジェンシーの理論の分析の一般的な特徴や分析の典型的な結果，さらにはこれからの研究の方向について，簡単にふれておきたい．

分析の特徴

　すでに述べたように，エイジェンシーの理論のこれまでの研究は圧倒的にエイジェンシーの基本関係の理論分析が多い．それらの分析の基本的な特徴と私が考えるのは，次のような点である．
 (1) 意思決定の委任の下での，プリンシパルによる制度の選択
 (2) 仮説演繹的方法論による，最適行動の結果の探求
 (3) 情報の偏在と利害の不一致の下での，期待効用最大化モデル

　第一の特徴は，この理論が目をつけている基本的な現象についての特徴である．すでに，これまで十分に説明をしてきたことである．

　第二の特徴は，その目をつけた現象をどのような基本的方法論で分析しようとするかについての特徴である．典型的な近代経済学の方法論的特徴である仮説演繹的(hypothetico-deductive)方法が採用され，その方法論の中で各経済主体の最適行動の結果としてどのような制度の選択が行われることが理論的に予測されるかが分析の最大の焦点となる．そして，その予測される結果が現実の制度の核心をついているものであるかどうかが，分析の結果が意味のあるものであるかの最大のチェックとなる．現実の大量観察からの帰納的分析といった方法論とは，基本的に異なるものである．

第三の特徴は，このような仮説演繹的な方法論の中で，各経済主体の行動モデルとしてどのようなモデルを設定するかについての特徴である．モデリング上の特徴とでもいおうか．第二の特徴としてあげた最適行動の仮定は，限られた情報の下での期待効用最大化という形でモデル化される．プリンシパルもエイジェントも，それぞれ自分の期待効用を最大化するように自分の行動を選択する(プリンシパルの場合は制度の選択)という仮定である．そのときに，情報については両者とも不完全情報しかもたず，しかもその不完全さの程度について二人の間に違いがある．それが情報の偏在である．エイジェントの方が情報を多く持っていることが多い．さらに，二人の間には効用関数の違いもある．それが利害の不一致の分析上の具体的表現である．

典型的な分析の方向と結果

こうした特徴をもったエイジェンシーの理論による分析としてもっとも典型的なのは，図3-1の(a)の基本関係の分析をエイジェントに与えられるインセンティブ・システムのあり方に焦点を絞って行うものである．エイジェンシー契約の内容を構成する要素のうち，経済分析のツールにもっとも乗りやすいものの分析といえようか．それらの中での先駆的な例としては，Wilson(1969), Ross(1973), Stiglitz(1974), Holmstrom(1979)などがあげられる．これらの論文は，インセンティブ・システムのエイジェントの行動への効果として上にあげた，(1)モチベーション効果，(2)危険分担効果，(3)情報収集効果，のいずれかに焦点を当てた比較的簡単なケースの分析である．(ただし，分析自体はかなり複雑になってしまう．)

これらの分析の結果としてでてくる命題の典型例としては，次のようなものがあげられる．たとえば，パレート最適なインセンティブ・システムの満たすべき条件の発見，エイジェントの行動の結果についての観察が得られるならたとえその観察が雑音の入ったものでもそれを使ったインセンティブ・システムの方が必ずよりよいシステムとなることの証明，歩合給のようなインセンティブ・システムを使うときにはその歩合率はプリンシパルとエイジ

ェントの危険に対する態度を示す危険回避度というパラメターにきれいに相対比例して決められるのが最適なインセンティブ・システムであることの証明．こうした分析結果が得られることにより，現実のインセンティブ・システムのあり方についての洞察が深まるのである．

　エイジェンシーの理論による分析のもう一つの典型的なものは，図3-1(b)の水平的重合関係の分析を，情報の真実の開示(truthful revelation)を焦点に分析しようとするものである．インセンティブ・システムの情報収集効果を中心にした分析ともいえよう．つまり，複数のエイジェントがあるとき，彼らは自らのローカルな意思決定状況に関して，他者(他のエイジェントおよびプリンシパル)よりもすぐれた情報を持つのが通常である．しかも，エイジェントがその情報を自らの利益のために歪めて伝達しても，それ(歪みの存在)を発見するための費用が莫大であることが多い．そのために，適切なインセンティブ・システムの設計などを通して，各人が真実の開示をするように仕向けることのできる制度設計が大きな問題となる．経済学の公共財の理論ともつながりやすく，かなり分析されている．つまり，経済において公共財への需要をみんなが正直に申告するような各人の費用(公共財の供給費用)負担のあり方の分析と基本的に類似しているのである．この種の分析の一つの先駆的な例がGroves(1973)である．

　この系統の分析から出てくる結果はおもに，真実の情報開示を促すようなインセンティブ・システムの満たすべき条件についての命題である．その結果の一般的な傾向は，この条件がかなり厳しいというものである．これらの分析では「インセンティブ・システムだけにたよって」情報の真実の開示をさせるような分析の設定が行われている．しかし，現実の管理組織ではインセンティブ・システムだけに情報の真実開示の手段を限っているわけではない．さまざまなモニタリング・システムが作られているのが常であろう．そういった他の手段とインセンティブ・システムとの複合的な効果の分析がこれからなされる必要があるだろう．

研究の課題

これからの研究の課題はあまりにも多い．そのうちでも私がキイと思う点を，図3-1の(a)図，(b)図，(c)図に示されたエイジェントとプリンシパルの関係の各々ごとに，概略して指摘しておこう．

まず，(a)基本関係の分析では，次の二つがあげられる．

(イ) 契約の内容の決定メカニズムと決定される契約の性質の分析
(ロ) エイジェンシーを一つの行動主体と見立てたときの，エイジェンシーの行動の分析

(イ)では，契約の内容として何を考えるかが問題となろうが，これまでの研究がエイジェントへのインセンティブの与え方という，成果の分配方式を中心的分析対象としてきたのに対して，それ以外の契約の要素をも分析の対象としていく必要があると思われる．例示的にあげれば，エイジェントに委託さるべき権限の内容(つまりプリンシパルとエイジェントの間の意思決定の分担のあり方)，エイジェントの行動・成果のモニタリング・システムのあり方，エイジェントからプリンシパルへの情報伝達のあり方，また，先に組織の特徴は，不完全に特定化のされた契約による意思決定の委任の階層関係というエイジェンシー関係であると書いたが，どの程度の不完全さが望ましいか，という大きな問題も分析の対象となるべきであろう．つまり，エイジェントに与えられる任務自体をあらかじめどの程度詳細に特定化しておくべきか(逆にいえば，どの程度あいまいに残しておくべきか)，という問題である．

(ロ)の問題は，プリンシパルとエイジェントの二人が全体として一つのグループをなし，しかもその内に階層構造をもって環境の中で行動するとき，その行動は一つの個人の行動(あるいはプリンシパルが単独で行動する際の行動)とどのように違うか，という問題であるといってもよいだろう．

この(ロ)の分析が進むことは，複雑な組織の分析をエイジェンシーの視角から行うためには不可欠と考えられる．この分析が進めば，一つのエイジェ

ンシーを一つの主体かのごとくに扱うためにはどのような行動仮説をエイジェンシーに置くことが必要となるかが明らかになり，従って複雑な組織も(d)図程度の階層構造をもつものとして取り扱える可能性が出てくるからである．

次に，(b)図の水平的重合関係の分析は，二つのエイジェンシー関係が「共通の」プリンシパルによって結節されているという関係の分析である．このような結節の仕方が生み出す本質的な問題は，二つのエイジェンシーの調整あるいは統合ということであろう．調整あるいは統合を「整合性の確保」ととらえれば，その整合性は，二つの事柄に関する整合性が問題になると思われる．

一つは，二つのエイジェンシーの契約内容が相互にバランスのとれたものであるという整合性(契約整合性)．たとえば，一方のエイジェントにあまりに大きなインセンティブを与えると，他方のエイジェントがたとえ彼の生産性が低いために小さなインセンティブしか貰えないのだとしても社会的な比較感という意味で不満を感じ，結局は効率的なエイジェンシー契約にならないこともありうる．そのとき，二つのエイジェンシー契約の間のバランスをどのような原理でとるべきなのだろうか．

もう一つの整合性は，二人のエイジェントのとる行動の間の整合性の問題である．エイジェントの行動相互の間の整合性の確保とは，おそらく大別すれば二つになる．一つは二人の行動が相互に矛盾するものでないこと，つまりコンフリクトの解消．二つには，二人の行動が相乗効果を発揮すること，つまり外部経済の確保．より具体的に分析対象となるべき問題の例としては，二人のエイジェントの間の役割分担のあり方や，インセンティブのあり方，あるいは二人のエイジェントの間のコミュニケーション構造のあり方，などである．

(b)図のような三角形の分析はマネジメント・コントロールの基礎理論としてのエイジェンシーの理論にとって，後に述べるように本質的に重要なものである．その三角形ということを明示的に意識して分析を行うことの意義

として，二つのことをあげておこう．一つは，たとえばエイジェント間の役割分担の決定やコンフリクトの解消が，たんにエイジェント間の水平的な交渉で決まるのではなく，上位のプリンシパルがタテの権限関係によって最終的には決めるという点の明瞭な認識である．水平的交渉関係の分析を主たる対象とするディシプリン(たとえば経済学)のパラダイムが無修正では用いられない可能性が強いことを示唆している．第二の意義は，一つのエイジェンシー契約の内容の決定は，類似の，同レベルの他のエイジェンシー関係の契約内容とのバランスを考慮したうえで行われるということの明瞭な認識である．いずれの事実も，(b)図の分析が(a)基本関係の分析の単純な算術的和ではないことを示唆している．

最後に，(c)図の垂直的重合関係では，二つのエイジェンシー関係の結節点となる主体が，一方ではプリンシパルであり，他方ではエイジェントである点にキイポイントがある．ここでは，意思決定の多段階垂直分業のあり方が分析の焦点となるわけで，例示すれば管理ロスの問題，コミュニケーションの遅れや歪みの問題があげられる．ここでも，(c)の垂直的重合関係が(a)の基本関係の単なる算術的積み重ねではないであろうことに注意をする必要がある．やや比喩的にいえば，エイジェントでもあり同時にプリンシパルでもある真ん中の主体の行動は，だれのエイジェントでもないプリンシパルの行動とどう違うのか，まただれのプリンシパルにもなっていないエイジェントの行動とどう違うのか，という点に垂直的重合関係の分析の鍵があると思われる．

3.8 エイジェンシー・アプローチのメリット

私は，エイジェンシー・アプローチがマネジメント・コントロールの基礎理論として経営学にとっていくつかの本質的なメリットを提供できる，と考えている．

まず第一に，エイジェンシー・アプローチは現実の経営現象の概念的整理

の基礎視角として大きな意義をもっている．その基本的な理由は，エイジェンシー関係が「タテ」の関係であり，その分析に「プリンシパルによるマネジメントの視角」が色濃く出ていることにある．つまり，経営組織の分析という立場からみれば，エイジェンシー関係におけるプリンシパルの立場は常に管理者の立場であるといってよい．プリンシパルとエイジェントの関係はタテ，ヨコを問わない一般的な協働関係からすればかなり限定された関係なのである．その意味では，エイジェンシー・アプローチは一般的な組織の分析には限定的すぎる可能性が強いが，経営学の立場からの経営組織の見方としては，「必要な限定をした」視角と思われる．これはあまりに当然の限定だが，一般的な組織の現象の理解としての組織論を経営組織にあてはめることの多い現状を考えると，それなりの意義を現時点ではもつものと思われる．

ただ，経営組織をエイジェンシーの重合関係と見る視角が現実を切る切り方として，何か新しいあるいは洞察に富んだものを提供してくれるかどうかは，この視角にたった概念群やその枠組みが開発できるかどうか，そしてその枠組みによって現実のより効果的な叙述が可能になるかどうか，にかかっている．そのための私の試みが実は第2章のマネジメント・コントロールの概念枠組みの開発だった．その開発が本質的なものであるためには，エイジェンシー関係の原理的焦点は何であるか，何が鍵概念となるかがより明らかになる必要があろう．そしてそのためにも，エイジェンシー関係の演繹的理論的な分析が進む必要があるのである．

こうしたエイジェンシー関係の基本関係，重合関係の演繹的分析を積み重ねていくことのメリットが，エイジェンシー・アプローチのもつ第二のメリットである．それは，経営組織の原理論の公理論的構築の一つの可能性を提供していることである．近代経済学における価格理論がそうであるように，一つのディシプリンの発展のためには，なんらかの形でそのような公理論的構築があることが必要であると思われる．研究者間の共通の分析言語・枠組みの開発という意味においても，またペダゴジカルな意味においても，その必要性は大きい．経営学，とくにマネジメント・コントロールの分野でのそ

の公理論的な構築の基礎として私はエイジェンシー・アプローチを位置づけたいと考えている．

ただ，経済学の分野で価格理論への批判があるごとく，仮にエイジェンシー・アプローチによる公理論的構築の試みがある程度の成功をしたとしても，その理論の単純さは批判の対象となるものであることは想像に難くない．しかし，それはあくまでそのような公理論的な構築のメリットを減じるものではなく，その役割や有用性を過大評価することへの批判として受け止めるべきであろう．

エイジェンシー・アプローチの第三のメリットは，その分析の鍵概念の基本的一般性である．そもそも，エイジェンシー関係という関係は，単に経営組織の中にだけ存在するものでなく，広く見られる関係である(たとえば，弁護士と依頼人の関係，下請け発注の関係等々)．そのアプローチの基本的なポイントは，次の二つの格差がプリンシパルとエイジェントの間に存在することを確認し，その存在がどのような制度的対応を必要とせしめるかを考察するところにある．

(1) 利害の不一致(と役割の非対称性)
(2) 情報格差

これらの格差が二人の主体の間にあるのは，何もエイジェンシー関係に限らず，たとえば保険にも見られる．保険会社をプリンシパルの立場におき，保険契約者をエイジェントの立場に置いてみればよい．その契約者が good risk であるか，bad risk であるかについて，あるいは契約者が事故防止のために善良なる管理者としての義務をちゃんと履行したかどうかについて，契約者の方がはるかに豊かな情報をもち，また二人の利害は対立している．

エイジェンシー・アプローチをとることにより，たとえば保険といった，組織論とは必ずしも共通点のあるとは思われない分野の分析や，その成果を用いる可能性が開けることは，大きなメリットと思われる．保険に代表されるような，一般に「不確実性の経済分析」とよばれる分野のモデルや成果の多くが，エイジェンシー・アプローチを通して，経営組織の問題へ適用可能

になりうるのである[5]。

あるいは、その逆もいえる。エイジェンシー関係が経営あるいはマネジメント・コントロールの本質であるとすれば、その関係の分析を主な任務の一つとする経営学の射程が実はきわめて広いことにもなっている。他の一見経営組織とは無関係に思える現象の分析のアイディアが経営学に利用できるようになるばかりでなく、経営学の分析の概念が逆にかなり広い社会現象に応用可能であることを、エイジェンシー関係の本質が思いおこさせてくれるのである。

こうした広い射程で経営学の応用範囲を考えられるようになるには、やはり経営学の公理論的な原理論が必要であろう。そのように抽象度の高い理論ができてはじめて、具体的現象に足を引きずられない自由な分析の適用ができるようになるからである。その意味では、上にあげたエイジェンシー・アプローチの三つのメリットのうちの第二のメリットはきわめて大きいというべきであろう。

そのための、しかもいかにも経営学らしい公理論的構築のためには、少なくとも図3-1の(b)のような三角形のエイジェンシー関係の理論が必要であろう。たんに、(a)のようなエイジェンシーの基本関係の理論ができるだけでは不十分なのである。

その基本的理由は、三角形が階層的な組織あるいは意思決定システムの基本型だからである。意思決定の委任という垂直的関係と多数の（少なくとも二人の）人間の活動の水平的協働関係という経営における二つの基本関係を扱い、権限による指令、動機づけ、調整、といった経営の基本現象を扱うには、三角形の階層システムのモデルが最低限必要となるのである。三角形ということは、そこに登場するエイジェントは二人は少なくともいるということであり、プリンシパルをあわせれば登場人物は少なくとも三人ということになる。第2章でマネジメント・コントロールの本質を論じた際にも、やはり三人の人間が登場することが本質的に必要であることを図2-3の重合モデルで強調した。それと同じことである。

きわめて比喩的に経済学の分析の基本単位との比較をすれば、経済学の市場取引の分析では二人の人間の水平的関係の分析が基本になっている。経営学では、三人の人間の間の、垂直・水平を両方ふくむ三角形の分析が基本になるのである。逆にいえば、この三角形の分析の理論ができない間は、経営学、とくにマネジメント・コントロールの真の基礎理論はでき上がったことにはならないとも言えるだろう。二と三との間の違いは、それほど簡単なものではない。

第3章 注

1) このような立場にたって企業の資本構造の問題を扱った論文の例としてJensen and Meckling(1976)がある。また、株主のエイジェントとしての経営者にたいする労働市場でのコントロールの過程のモデルとして、Fama(1980)をあげておこう。
2) モラル・ハザードについては、保険の経済分析の文献を参照せよ。
3) 以下の議論のより厳密な定式化が第6章でおこなわれている。
4) こうした問題のエイジェンシー理論的な分析の一例が、Keren(1972)である。
5) エイジェンシーの理論の発展はたしかに、不確実性の経済分析によって関連する分析ツールが整いはじめてからのことである。この点、スペンスがエイジェンシーの理論のみならず、内部組織の経済学一般の方法論的特徴を「不完全情報が偏在する条件の下での経済分析」と言ったのは、まことに本質をついている(Spence(1975))。

第 II 部　経営管理制度の概念的分析

第4章 経営計画制度

4.1 はじめに

　第Ⅰ部で展開したマネジメント・コントロールの概念枠組みとエイジェンシーの理論の考え方で現実の経営管理制度の機能がどの程度説明でき，どんな洞察が得られるか．この第Ⅱ部の問題意識はその一点にある．第Ⅰ部のやや抽象的な概念枠組みから，より現実に近づくような方向へと分析を向けてみようというわけである．それとは逆に，第Ⅰ部の概念枠組みを出発点により抽象度の高い理論的方向へと，その意味では一見現実から遠ざかるような方向へ分析をすすめるのが第Ⅲ部である．

　すでに第2章で私は，一つの経営管理制度はいくつかのマネジメント・コントロールのサブシステムの機能を複合的に果たしている，と言った．どのように複合的か，どのような意味で現実の経営管理制度がマネジメント・コントロール機能を果たしているのか，それを第Ⅱ部では考えてみたい．

　第2章の枠組みでは，マネジメント・コントロールのサブシステムはそれぞれがいくつかのマネジメント・コントロール活動（影響，直接介入，選別）のためのサポート・システムになっている，と考えられている．そのサブシステムを一つの経営管理制度がいくつも抱えている．したがって，経営管理制度のマネジメント・コントロール機能を理解するためには，経営管理制度→マネジメント・コントロールのサブシステム→マネジメント・コントロール活動，という三層構造の全体を明らかにして，ある経営管理制度が一体どのような意味で影響活動，あるいは直接介入，選別，を行っているのかを明らかにする必要がある．

　その分析をいくつかの経営管理制度について行うのがこの第Ⅱ部の内容である．第Ⅰ部の枠組みが有効なものであれば，その説明はかなり明快にで

きるはずである.その意味で第II部は,第I部の枠組みの現実的な切れ味を試すことにその目的の一つがあるといっていいだろう.説明の対象として取り上げるのは,この章では経営計画制度,次章では業績評価制度である.いずれも,経営管理制度としては典型的なものであり,どの企業にもなんらかの形で存在する制度である.

この章での計画制度の分析のおもな課題を単純化したかたちで言い直せば,「どのような意味で計画することが人々の意思決定をコントロールできるのか,何を計画はコントロールしているのか」ということである.同じような観点からすれば,次章の分析課題は,「評価することがどのようにして人々の意思決定をコントロールしているのか,何を評価はコントロールしているのか」となるであろう.いずれも単純な質問である.それに表面的な答えを与えることはさして難しくない.しかし,きっちりと答えようとすると,それほどことは簡単でなくなる.

4.2 経営計画制度と下位者の行動

戦略計画制度と業務計画制度

経営計画制度とは,組織のさまざまな階層の人々が自分の担当分野についての将来の活動計画を作成するために組織が設置する仕組みやプロセスの全体をいう.典型的にふたたび組織の三角形を想起して三角形の頂点にいるトップとその下にいる部下との二人の階層で単純化して考えれば,トップ自身の計画作りと部下の計画作り(部下に任された業務についての計画)の両方を行うための制度がその組織の経営計画制度の全体である.典型的な具体例は,企業の予算編成制度である.あるいは国の予算編成制度も政府という経済組織の経営計画制度である.

経営計画については,これを戦略的経営計画(戦略計画)と業務経営計画(業務計画)の二つに大別して考えるのがかなり一般的で,便利のようである[1].戦略的経営計画は,少なくとも概念的には長期計画と呼ばれるものの

あるべき姿とされるもので,その計画の対象とする分野の長期的な基本計画を作成するものである．計画期間としては,3年,5年,10年,などがよくみられる．3年計画は,中期計画として,戦略計画に含めないこともある．業務経営計画は半年ないし1年といった期間を対象として編成され,その部門のくわしい活動計画を予算という形であらわすことが多い．

予算制度が社内の経営計画制度として定着している企業では予算編成システムの最終アウトプットは次のようなものになるのが一つの典型のようである[2]．(ここでは職能別組織をとる製造企業を念頭において議論を行うこととする．事業部制組織をとる企業においても大きな事情の変更はない．ただ,事業部の予算と本社予算の二重構造となり,事業部予算が以下に述べるような形態をとるのがもっとも進んだ形の一つといえよう．)

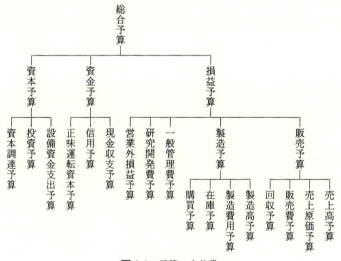

図4-1　予算の全体像

このような財務的な数字を中心として体系化された予算の背後には,販売計画,生産計画,在庫計画,輸送計画,購買計画,要員計画といった実施計画がプログラムとして存在すべきである．

この予算制度では,たしかに組織の三角形の頂点でも(つまり本社として

も）予算をつくり，各々の部署でも自分のところの予算を作る．たしかに，トップの計画作りと各部署の計画作りが両方行われるような計画制度になっている．

最近ではこうした予算制度を中心とする短期の業務計画以外に，戦略計画を作る制度をもつ企業が多くなっている．企業のトップのレベルで企業全体の戦略を作るばかりでなく，各部門にもそれぞれに長期的な部門戦略とでもいうべきものを考えさせるための計画制度である．

大きな組織では，組織の各階層ごとにその戦略とよべるものが存在する．多角化した大企業における本社レベルの企業戦略，事業部レベルでの事業戦略，という戦略の階層構造がその単純な例である．そのような戦略の階層構造があるとき，その戦略全体の作成は分権的に行わざるを得ない．事業部は自分の事業の戦略を作り，それをベースに本社が企業戦略を作っていく，といった具合いである．トップが企業の戦略全体を作るわけではない．戦略策定においてすら，意思決定権限のかなりの委譲が行われているのが大規模組織のつねである．

こうして，戦略計画にしろ業務計画にしろ計画策定は分権的に行われる．しかし，この分権的計画策定を野放しにさせるわけには，組織としてはいかない．その分権的計画策定プロセスから質の高い計画が出てくるように導き，コントロールするための仕組みがいる．それが経営計画制度の主な任務である．つまり，一言でいえば，計画策定のコントロールである．

計画編成プロセス

短期の業務計画を組織全体で作るのであれ，長期の戦略計画全体を作るのであれ，計画の焦点と計画期間が異なるだけで，その他の点では二つの計画作りの制度に本質的な違いはない．もちろん，焦点と期間の違いのために，必要とされる情報のタイプの違いなどを代表とするさまざまな具体的差はある．しかし，それらは制度あるいはプロセスの本質にかかわる問題ではない．いずれの計画制度でも，最終的な計画というアウトプットの形でまとまるま

での典型的編成プロセスは類似している．この編成プロセスには企業間でさまざまな細かい差があるのが当然であるが，一つの典型的プロセスは次のようなものであろう．

(1) 計画編成方針のトップによる決定と各部門への示達
(2) 各部門責任者による部門計画案の作成と本社への提出
(3) 各部門計画案のトップまたはトップのスタッフによる検討・調整
(4) 各部門計画案のトップによる承認あるいは改訂指示
(5) トップ自身の計画作成と総合計画の作成

(1)の計画編成方針の内容は，トップ自身の長期ビジョンあるいは戦略にもとづく計画期間中の経営方針，経営の重点目標，期間中の経済・社会・産業の環境予測，企業全体としての需要見通し，目標とすべき業績指標(利益額，利益率，売上成長率，マーケット・シェア等々)などからなる．また(2)の各部門責任者による計画編成プロセス中に，前記(1)-(5)と似たプロセスが，部門内部でも入れ子のように行われることは十分考えられることである．事業部は部単位にさらに分権的に計画策定を行わせ，部の中でも課単位に計画の原案が作られていく，といった具合である．とくに各部門の規模が大きいときにはその可能性が強い．

以上の計画編成プロセスの叙述では，トップと各部門担当者という二階層のマネジメントを表立っては考えている．したがって，第2章の図2-3のフレームワークになぞらえれば，トップが上位者，各部門担当者が下位者ということになる．しかし各部門の中にさらにまた(1)-(5)のような部門内計画編成プロセスがあるときには，各部門管理者は自分の担当部門内では上位者の立場に立ち，彼の部下が下位者ということになる．

さて，このような(1)-(5)の計画編成プロセスについて，いくつかの重要な特徴を指摘しておこう．まず第一に，すでに言ったように，具体的計画の作成あるいは計画の発案は上位者であるトップによって行われるのではなく，下位者である部門担当者によって行われている．つまり各部門の計画作成活動そのものは各部門によって行われ，トップあるいはそのスタッフが行うの

はその作成にさまざまな形で働きかけることなのである(たとえば，編成方針の示達あるいは部門計画案の検討，調整といった形で)．つまり，逆説的にいえば，プラニングのコントロールが統制者の仕事となっているのである．

業務計画であれ戦略計画であれ，なぜ計画の作成担当者が下位者たる各部門の管理者あるいはそのスタッフになっているのか．その理由として二つあげられる．一つには，組織の大規模化によって，細部にわたる計画を集権的にトップの手元で作成するのに必要な情報と計画作成能力をトップあるいはそのスタッフがもっていないということである．もう一つの理由としては，実行者自身の手になる計画の方が実行の際のモチベーションの面でまさると考えられる，ということである．

さて，上に述べた計画編成プロセスの第二の特徴は，それが反復的なプロセスであるということである．つまり，最終総合計画が決まるまでに，トップと各部門の間に，部門計画の提出，それに対する検討と，改訂要請というピストン運動が(少なくともタテマエとしては)想定され，組み込まれているのである．ただし，実際には，時間的，事務的制約のためにこのピストン運動はかなり限られたものであることも多い．

第三の特徴としては，この計画編成プロセスはすでにふれたごとく，階層性をもったものである．これには二つの意味がある．一つは多階層の計画編成プロセスが企業全体に暗に示唆されているということである．もう一つには，上位の階層による下位の計画案の検討は，それらの部門案をポートフォリオとして眺めるという形で行われるのである．つまり，ある部門の計画はそれを独立に上位の階層が評価するのではなく，関連のあるすべての部門に対する影響という観点で評価され，検討されるということである．したがって下位の階層の計画案の間の調整という作業が上位者の作業として重要なものとなってくるのである．

下位者に任せられた行動

計画がいかに何をコントロールするか，という問題は実は事後的な業績評

第4章 経営計画制度

価がいかに何をコントロールするのか(次章の課題),という問題と深くかかわる.そしてそのいずれもが,計画期間中に下位者に任された行動は何か,計画編成のプロセスで下位者は一体何を決めたことになっているのか,という下位者の行動の本質にかかわる.それをここでは議論してみよう.

下位者に任せられた行動は業務プロセスのコントロールである,と第2章の概念枠組みで述べた.この下位者による業務コントロールをコントロールするのがマネジメント・コントロールの本質で経営計画制度も結局はそのための制度である.その計画がどのような意味で下位者の業務コントロールをコントロールしているのか.

上に述べたような計画編成は当り前のことであるが,すべて計画期間の前あるいは期首に起きることである.そうして決められた計画にしたがって,下位者はその実行をはじめる.しかし,第2章でも強調したように,彼がその計画の実行によってコントロールしようとしているのは不確実性に彩られたダイナミックかつ連続的な業務プロセスである.その業務プロセスはかなりの長い時間の間,下位者に任されている(たとえば,1カ月,半年,1年).その間に,刻々と事態は変わり,計画した通りにはことは必ずしも動かず,計画からはずれて行動することがしばしば最適な業務コントロールとなる.つまり,事前には予期しなかった環境の変化に応じて適応的に行動することが下位者には要求されている,と言っていいだろう.

その適応行動は,必ずしも上位者に相談をして彼からの命令でとる行動ばかりとはかぎらない.むしろ,下位者に委譲されたのがこの業務コントロール全体だとすれば,上位者からの命令でなく下位者の独自の判断で計画からはずれた適応行動を期間中とることが要請されていることが多い,と思っていいだろう.なぜなら,すべてのあるいは大半の適応行動の決定について上位者の指示をあおぐようであれば,そこには実質的には意思決定権限の委譲が起きていないことになってしまい,本質的なエイジェンシー関係は消滅してしまう.それは,現実の上司・部下のエイジェンシー関係でもないし,この本で扱おうとしている意思決定の委譲から生まれるマネジメント・コント

ロールの問題とも違う．

　つまり，下位者にエイジェントとして委譲されているのは，連続的な業務プロセスのある程度の時間の長さをもった期間中の適応的なコントロールなのである．そしてその適応的コントロールをコントロールするために上位者はあくまでときどきしか(つまり連続的でなく)下位者との間に接触の機会がない．その離散的な(ときどきの)接触とは，概念的には次の三種類である．

　一つは，事前の計画段階での接触．このプロセスが上で述べられた計画編成プロセスである．第二には，その計画の期中での下位者からの報告(とそれに対する上位者からの指示)．この第二の接触が非常に頻繁であれば，上でいったように意思決定の委譲は起きていないのと同じことになる．第三の接触は，その期間の期末に，その期の業績評価という形で下位者と上位者はふたたび接触をもつ．

　この第二の接触の本質は，直接介入であろう．第一と第三の接触で上位者は下位者の行動になんらかの意味での影響を与える機会をもつ．第一の接触のもつマネジメント・コントロール機能が計画によるコントロール，第三の接触がもつマネジメント・コントロール機能が業績評価によるコントロールである．

　こうして考えてみると，下位者に任された行動は二つの部分からなっている．一つは，事前によく考えてその期の計画をつくり期間中の行動の大筋を決めるという，「事前計画決定」．第二は，環境の変化に応じて適応的に計画を修正し行動を変えていくという，期中の「適応的意思決定」．こうした適応的意思決定の際に事前計画決定がどの程度修正可能かは，この決定の可逆性による．つまり，いったん事前計画を決定した後でそれをどのくらい変更できるか，変更の費用はどれくらいか，の程度である．その程度は，事前決定の段階でどの程度の資源をコミットしなければならないか，に大きく依存するであろう．可逆性の大きい事前決定であれば，事前決定そのものが何であるかは業務コントロールに大きな影響はない．適応的決定の方がはるかに重要である．逆に，可逆性の小さな事前決定である場合には，適応的決定は業

務コントロールにとって重要ではなく，事前計画をコントロールするのが大切となる．

このように下位者に任された行動を事前(計画)決定と期中適応的決定とに二分して考えると，マネジメント・コントロールもやはり二つの部分からなることになる．一つは事前決定のコントロール，もう一つは適応的決定(つまり修正行動)のコントロール．経営計画は主として事前決定のコントロールを担当し，業績評価は主として適応的決定のコントロールを担当する[3]．

これで，計画が「何を」コントロールするかが明らかになった．おもに，事前決定である．では，計画制度は組織のさまざまな人々の事前決定をどのようにしてコントロールしているのか．それを詳しく説明するためには，経営計画制度の具体例があった方が便利である．その例として，次節でアメリカの電機メーカー GE の戦略計画制度を見てみよう．

4.3 GE の戦略計画システム

GE の戦略計画システムはおそらく世界的にみてもっとも有名な経営計画制度であろう．SBU(戦略事業単位)を中心とするこの経営計画制度が導入されはじめたのは，1972年のことであった[4]．

それまで，部―事業部―事業本部というライン組織のもとにあった GE の膨大な事業群(190以上の事業に分かれていたという)が43の SBU にまとめあげられた．各 SBU の責任者はその傘下の事業全体のラインの執行責任者であり，彼が責任をもってその傘下の事業全体の戦略計画を一本にまとめて作り本社に提出する．本社はその戦略案を検討し，承認し，それにもとづいて SBU にたいして資本予算の配分などを行う(つまり資本予算の配分単位は SBU である)．その戦略計画でカバーすべき項目としては，1973年の例でいうと，次のような項目が本社から指定されていた(表4-1)．

本社からは，これらの項目をどのような書式と詳しさで提出すべきかについての指示はとくに出ていない．その点は SBU の自由に任されている．し

表 4-1 戦略計画でカバーすべき項目

```
(1) 戦略的重要性をもつ環境見通しの確認と定式化
(2) 競争相手の確認および詳細な分析．競争相手の戦略についての見通し
(3) SBU の経営資源の分析
(4) 戦略の代替案の作成および評価
(5) SBU 戦略計画の提案，向こう 5 カ年の資本支出の推定を含む
(6) 来年の SBU 業務計画の提案
```

かし，二つの働きかけが本社からなされている．一つの本社からの要請は，提出される SBU 戦略計画のデータの圧縮についてであった．各 SBU は自分の傘下の事業をすべて次のようなマトリックスの上に位置づけたものを提出することを求められた．これが投資優先スクリーンとよばれる有名なプロダクト・ポートフォリオ・マトリックスである．

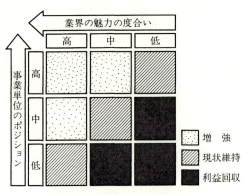

図 4-2 投資優先スクリーン

業界の魅力度と事業単位のポジションを評価するための統一的な基準も本社から与えられている．1980 年のものが表 4-2 である．

もう一つの本社からの働きかけは，プラニング・チャレンジという，本社からの戦略作成上の問題提起である．もちろんこれとともに，世界経済，マクロ経済などのマクロ環境見通しが SBU に本社から与えられるのはいうまでもない．プラニング・チャレンジの 1980 年の例は次のとおりである．

表 4-2 GE の業界・事業評価基準

業界の魅力の度合い		事業単位のポジション	
評価基準	指　標	評価基準	指　標
市場規模	3年平均の業界規模(ドル価格)	市場ポジション	市場占有率(全市場)3年間平均
市場成長率	10年間の実質年平均市場成長率		国際的市場占有率3年間平均
産業の収益性	＊SBUおよび3大競争相手の3年平均売上利益率(ROS)：名目，インフレ調整後		相対的市場占有率(SBU対3大競争相手)2年間平均
循環性	売上の傾向値からの年平均乖離率	競争ポジション	1980年において以下の点で競争相手より上位，同等，下位；
インフレへの対応	価格変化率と生産性変化率の和に対するインフレによるコストの変化率，5年間平均		製品品質 技術上のリーダーシップ 製造/コストのリーダーシップ 流通/マーケッティングのリーダーシップ
非アメリカ市場の重要性	国際市場の全市場に対する割合，10年間平均	相対的収益性	＊3年間のSBU ROS(対3大競争相手平均)名目，インフレ調整後

＊印は1980年に初めて使用された指標を示す．

1. 事業開発

問題点：GNP成長率を下回る売上成長率，市場占有率の低下，例外的に高いキャッシュ・ポジションといった状況のもとで，どのような事業開発プログラムのミックスが，当社の利益成長を高めるであろうか．

2. 国際的成長および統合

問題点：国内市場に比較して，国際市場の成長が高いという見通しの場合，当社の国際競争力を高め，選択的な市場で世界のリーダーの地位を占めるには，どのような目的と戦略が適切であるか．

3. 生産性の改善

問題点：世界市場での競争力を強化し，インフレによる弱い景気回復で良くない市場環境を克服しなければならない場合，どのようにすれば当社は利益の上昇トレンドを維持し，生産性の上昇率の目標を達成できるであろうか．

4. 技　術

問題点：普及している技術(エレクトロニクス，情報/通信，製造プロセス

表4-3 プラニング・チャレンジ(1980)

> **SBU およびセクターからの反応が必要な分野**
> ・エレクトロニクス
> ◇エレクトロニクスを通じて可能なパフォーマンス・製品を利用するような,新しい製品およびサービスのための計画を示す.
> ◇必要な経営資源を数量化し,必要な熟練技術を得るための計画を示す――たとえば,採用,再訓練,引き抜き,など
> ◇熟練技術が不足していることを考慮して,熟練技術の不足を補うためのコンティンジェンシー計画を示す――たとえば,撤退,ひきのばし,延期,キャンセル,など
> ◇製品ラインないしサービスについて,競争に対する立場を示す.最近2年間における主要産業の進歩の原因解明も含む.

技術)が加速的に進歩しているなかで,時機を得た機会利用および必要な熟練技術獲得のためには,どのような戦略あるいはプログラムが必要であろうか.

各々の問題点について,プラニング・チャレンジが,セクター,SBU,本社スタッフのために明示された.技術問題に関するチャレンジの抜粋は表4-3のとおりである.

こうしたプラニング・チャレンジを皮切りに年間の計画サイクルは次の図

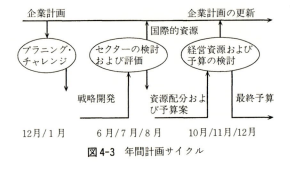

図4-3 年間計画サイクル

4-3のようになっている。ここでいうセクターとはいくつかのSBUを束ねた上部組織で、六つのセクターがある。

この戦略計画システムの導入期に、GEは各SBUに戦略計画担当のスタッフを置くことを義務づけた。外部からの採用も多く、1980年には200人を越す戦略計画スタッフがいたという。その後、戦略計画を真にラインの仕事とするためにそのスタッフの数は大幅に減らされた。また、GEの社内研修センターで特別戦略計画セミナーが開かれ、各事業本部、事業部のゼネラル・マネジャー240人以上が1週間のコースを受講した。

また、この戦略計画システムに連動して、他の経営システムも変化があった。一つの例は人事である。人事評価と選考が戦略計画にもとづいて行われるようになったのである。たとえば、各SBUのとるべき戦略的方向と必要な仕事にあった人材を配置することができるようになった。戦略計画がないときには、人間の適性と事業戦略の間のマッチングなどは考えることができなかった。たとえば、世の中には攻めには強いが撤退には弱い、といったような適性の違いがあるものである。

もう一つの例はインセンティブ・システムの変化である。事業の性格と戦略によって、利益率をインセンティブ・システムの最大指標とするSBU、成長率をインセンティブ・システムの中心とするもの、などというように、きめの細かい必要なSBU戦略にあわせたインセンティブ・システムが作られるようになった。

GEは世界でもっとも大規模な多角化企業で、その経営はおそらく世界でもっとも複雑といってもいいだろう。電機メーカーといいながらも、鉱山をもちプラスチック事業や金融サービスでも巨大な規模をもち、といった具合にきわめて複雑かつ大規模な企業なのである。したがって、その戦略計画策定プロセスもいきおい複雑になり、きわめて分権化せざるを得ない。だからこそ、その分権的戦略計画プロセスをコントロールするための戦略計画システムも複雑にならざるを得ない。この節で紹介したのはその骨格にあたる部分で、もっと詳細なディテールがある。

普通の企業組織ではGEほどの戦略計画システムは必要ないところも多いかもしれない．しかし，問題の深刻さに差はあるにしても，どの組織も本質的にGEと同じ問題を抱えている．その問題の解決のために，GEは計画制度をさまざまに工夫している．また，問題の本質は業務計画のための制度でも同じである．GEの具体例を一つのベースに，経営計画制度がどのような意味でマネジメント・コントロール活動としての機能を果たしうるのか，次に考えてみよう．

4.4 経営計画制度のマネジメント・コントロール機能

経営計画制度によるマネジメント・コントロール活動

前節のGEの戦略計画システムでの計画プロセスも，基本的には4.2節で述べた計画編成プロセスの五つのステップを踏んでいる．そのステップのそこここにさまざまな工夫がしてあるのである．そこでこの節では，この五つのステップについて，それがどのような意味でマネジメント・コントロール活動になっているかを順次みていこう．その議論の過程で，GEの工夫がどのような意味をもつものなのかを考えてみよう．したがって，以下の叙述で典型的にイメージすべきは，上位者としてはGEのトップあるいはそのスタッフ，下位者としては各SBUのマネジャー，作られる事前計画(あるいはなされる事前決定)はSBUの戦略とそれにもとづく資源配分(とくに資金配分)である．ただし，そのようなイメージを典型的にもつからといって，以下の叙述は戦略計画システムだけに通用するものではなく，一般的なものであることは言うまでもない．

計画編成の第一ステップ，(1)計画編成方針の決定と示達，において具体的示達内容として4.2節であげられたのは，経営方針，業績目標，経済・産業の環境予測等であった．GEでもこれらはもちろんSBUに伝えられている．それに加えて，このステップでのGEの工夫はプラニング・チャレンジを

SBUに伝えていることである.

　経営方針の示達の主たる機能は,マネジメント・コントロール活動の八つの活動のうち,(2)認識基準への影響,(3)目的への影響,(4)代替案への影響の三つであろう.まず,企業の目指す方向と理念的目標を各部門責任者に伝えることにより,上位者としてのトップは下位者の意思決定の個人的目的に企業の方針が内在化される,あるいはアイデンティファイされることを期待しているのであろう.そして,その方針にあった代替案だけを考慮の対象にしてほしいわけである.もとより,伝えられた経営方針がどの程度下位者によって内在化されるかは,きわめて心理的な問題である.しかし,経営方針の伝達,とくに企業の方向性等に関するやや理念的目標の伝達が,(3)目的への影響を主目的とすることは間違いないであろう.

　さらに,経営方針の伝達によって上位者はその方針にあった代替案だけが下位者による考慮の対象になるように影響を与えたい.その意味で代替案への影響活動でもある.また期間中になにか起こったときには,この経営方針にしたがって行動をとる必要性の認識をしてほしい.その意味では,認識基準への影響活動にもなっている.GEのプラニング・チャレンジの工夫は,この経営方針(あるいは経営の重点事項)をたんに抽象的なものに終わらせない工夫,あるいは現在の企業が直面しているもっとも重要な問題の提起をして人々の注意をそちらに集中させる工夫,と考えていい.基本的には,経営方針の伝達と機能は同じである.

　計画編成方針の中で,かなり具体的な業績目標(全社の利益率,売上高,成長率,あるいは各部門の同様の指標)の伝達という行為については,これを各部門の選択する代替案の範囲に一つの制約を課し,かつ期間中の適応的行動についても行動の必要性の認識基準を示したもの,と考えるのがわかりやすいと思われる.

　たとえば,利益の成長率5%といった具体的業績目標が与えられれば,各部門での計画編成の際にこの業績目標に達しないような部門計画は一応承認されないものとして除外されるわけである.あるいは,上位者としてはその

ような除外を起こさしめようと意図しているわけである．

　環境の予測情報（たとえば産業や市場の動向についてのマクロ的予測）も計画編成方針の前提条件としてしばしば示達されるものの一つである．この行為の目的は明らかに(1)情報への影響ということである．部門計画作成の際の情報ベースとして使われることが期待されているわけである．このような情報影響活動の意義は二つあると考えられる．第一には，この種のマクロ的情報については各部門よりも本社のスタッフやトップ自身のほうがより質の高い情報を提供できることが多いことである．各部門個別の詳細な事柄についての情報であれば，これは各部門担当者のもっている情報のほうが質が高いのであろうが（そしてこれが計画の分権化の一つの理由である），企業全体の環境情報についてはその逆であることが多い．第二の意義としては，共通の環境情報を異なった部門に流すことによって，環境情報面での企業全体の足並みを整えることがあげられる．つまり，情報調整，あるいは各部門の計画前提の統一化である．たとえば，マクロの景気見通しとか，春闘の賃上げ率とかについて，同じ企業の各部門がバラバラの予測を用いて部門計画を作ったのでは，部門間調整の必要性と困難さが増すことは容易に予想される．

　計画編成の第二ステップ，部門計画の作成と提出，では，まずモニタリングが起きている．提出される計画とその背景の説明から，上位者は下位者の環境についてのモニタリングを行い，また下位者の計画作成プロセスと能力のモニタリングを行っている．このモニタリングはつぎの第三のステップ（部門計画の検討）とわかち難くつながっている．

　このステップでのGEの工夫は，投資優先スクリーンという共通の枠組みで各SBUの戦略を作らせ，まとめさせ（つまりデータ圧縮）ていることである．その目的は大きく二つあると思われる．一つは，SBUからの情報に共通の表現をとらせるということである．そのために，各SBUから出てくる計画の間の横並び比較が可能になり，本社レベルでのSBUへの資源配分のための基礎情報として有用性が増す．これは，各SBUが自分の事業にもっとも重要なことだけをバラバラの表現で本社に提出した際の本社の悩みを考

えれば，その価値がよく分かるだろう．しかも，情報が圧縮された(つまり上位者が処理すべき情報量を小さくしている)メリットも大きい．GEのような巨大企業ではとくにそうである．

投資優先スクリーンの第二の目的は，各SBUに否応なしに自分の事業全体を一つのポートフォリオとしてながめさせる分析枠組みを与えることである．それによって，まず(6)能力への影響が起きる．そういうポートフォリオ的分析と考え方を各SBUが採用することによるSBUの戦略作成能力への影響である．つまり，SBU戦略をSBUの担当者がきちんと作れるような分析力の面でのサポートをしていることになっている．さらに，自分の事業全体をみる眼をもち分析をやらせることにより，そうでもしなければついつい眼をそらしがちな部分にSBUの眼を向けさせるという効果もある．そうして眼を向けることによって，真に必要な戦略がきわめて明瞭に浮かび上がってくることを狙っている．典型的には，不採算事業からの撤退がその例である．この投資優先スクリーンのマトリックスに客観的に各事業を位置づけてみれば，撤退すべき事業はかなり明確になるであろう．事実，GEはこの戦略計画システムを採用してからの8年間で73の事業から撤退した．

計画編成の次の段階は(3)部門計画の検討・調整というステップである．このステップの機能は，第一に計画編成方針の示達というステップで意図されたさまざまな影響活動が，意図されたような働きをしているかどうかのチェックである．さらに，調整という言葉が示すように，各部門計画の間に相互矛盾がないかどうかのチェックも重要な目的である．製造計画と販売計画の調整，各部門計画の総計としての総合計画が資金面等の財務的実行可能性をもつかどうかのチェックなどがこの調整活動の例であろう．これらの調整活動が必要となるのは，(1)の編成方針での代替案影響活動が十分に徹底したものではなく，したがって各部門で部門計画を作る際の部門別代替案集合が相互に矛盾する(あるいは同時実行可能性のない)代替案を含んでいるからである．したがって，この調整活動の目的は，全体の経営計画の本決定の前に，さらにもう一度(あるいはそれ以上)代替案影響活動を行うための資料集

めということもできよう．このように，調整の必要性を小さくするための手段は，計画編成方針示達の段階で，各部門の代替案の相互矛盾が少なくなるようよりきびしい代替案影響活動を行うことであろう．たとえば，資金の使用可能量を各部門ごとにあらかじめ設定して予算編成方針に組み込んで示達することである．官庁の当初計画編成の際に，要求計画額は前年度比5%増以内に収めること，などという方針がつくのはその具体例である．

しかし，各部門での代替案についての情報については，各部門のほうが本社よりも質の高い情報をもっているのが通常であり，編成方針段階できびしい代替案影響活動を行うことによって企業全体からみてよりよい代替案を抹殺するようなことにもなりかねない．また代替案集合を考え出すはずの部門の人間の創造性に水をかけることにもなりかねない．このように編成方針段階であまり厳しい代替案影響活動をしてしまうのはしばしば望ましくないのである．編成方針段階でどの程度の代替案影響活動を行うべきかは，各部門計画の検討・調整のコストと代替案を不完全な情報しかもたない本社が制約しすぎることの機会費用のバランスで決まってくる．

前節ではとくにふれなかったが，GEではこの検討を会長が自ら多くの時間をさいて行うことにより，戦略計画システムへの人々のコミットメントを高める努力をしている．それはまた，最後のステップとしてある，本社あるいは会長自身の全社的戦略あるいは資源配分案を作る際の情報源として役立っている．

計画編成の次の段階，部門計画の改訂指示は，第一のステップ(編成方針の示達)と同じ目的，機能をもつと考えてよい．ただし，すでに部門当初計画が提示されたあとであるから，編成方針の示達の際に述べた四種の影響活動(情報，認識基準，目的，代替案)はさらに具体的になっているはずである．この段階では，影響活動の多くは代替案影響活動という形をとるのが通常であり，諸部門の調整指示がその多くを占めよう．極端な場合としては，(7)直接介入というマネジメント・コントロール活動が行われることもある．つまり具体的な計画がトップの側から部門へ指令されることもありうるわけであ

る.

　このような部門計画の検討・調整・改訂というプロセスのもつ重要性はここで再言するまでもないであろう.このピストン運動の過程は,経営計画(つまり事前計画による事前決定)という,いわばその計画期間の企業活動のスケルトン(骨組み)作りにおける,トップと部門担当者の意思疎通プロセスなのである.この企業活動のスケルトンが当該期間中の部門担当者の意思決定活動の枠を決めるものなのであるから,その作成プロセスが,実行を担当する担当者と彼に実行の権限を委譲し,したがってその実行権限の行使に何らかのコントロールを加える必要のあるトップとの相互作用という形で運ばれるのが望ましい.

　計画編成の次のステップ,部門計画の承認は,計画期間中の企業の活動のスケルトンの確定と伝達という側面をもつ.このことはここまでの議論で一応明らかであろう.しかし,期間計画が定まり,活動の枠組みが定まったからといって,部門担当者の仕事が終わったわけではない.実はその大半は,これから始まるのである.つまり,当該期間中の業務を実行していくことが残っているのである.また事態の変化があれば実行過程において計画の変更という適応的処置をとる必要もあるであろう.つまり,トップから部門担当者に委譲されたものは,そのような不確実性に包まれた業務実行過程を環境変化に適応してコントロールしていくことなのである.これを,事前計画(期首に定められた部門計画という意味)の枠のうちでの適応的意思決定プロセスを委譲されていると考えてよいことは,すでに述べたとおりである.

　経営計画システムにおけるトップによる部門計画の確定と承認はこの計画期間中の適応的意思決定プロセスのマネジメント・コントロール活動として意義をもつものと考えなければならない.もう少し具体的にいえば,部門計画の承認がマネジメント・コントロール上でもつ意味は次の二つのものである.まず第一に,部門計画とその背後の計画が,部門担当者の適応的意思決定プロセスを導くフレームワークあるいはガイドラインになるということである.第2章のマネジメント・コントロール活動のうちでいえば,これは計

画期間中の適応的意思決定プロセスについての(2)認識基準への影響と(4)代替案への影響と考えられよう．事前計画の実行中にどのような事態になれば部門担当者による適応的行動が必要となるかどうかを判断するガイドラインを事前計画が与えてくれるという意味で，部門計画の承認は認識基準への影響活動である．また，その適応的行動がどの範囲に収まるものであることが事前計画からして望ましいかどうかのフレームワークを事前計画は与えてくれるという意味で，部門計画と計画の承認は期中の適応的決定で考慮される代替案への影響活動なのである．

　部門計画のトップによる承認は，その計画内容(つまり事前に想定された活動プログラム)の承認であると同時に，その計画がもたらすと期待されている部門業績のレベルの承認でもある．さらにいえば，その承認されたレベルの部門業績をあげるに必要と思われる各部門による努力(達成努力といってもよいし，経営努力といってもよい)のレベルが適当な努力の水準であるとトップが認めたことにもなるのである．たとえば，2億円の部門利益計画をトップが承認すれば，それは予想される経営環境の下では2億円の利益をあげるだけの部門経営努力がトップにとってアクセプタブルであることを部門担当者に伝達することと等しいのである．したがって，部門計画のトップによる承認がマネジメント・コントロールの上でもつ第二の意味は，部門に期待される経営努力の水準の伝達であるというところにある．これはきわめて重要な機能である．ゆるやかな部門計画を最終的に承認されれば，部門担当者は自分に要求されている経営努力がその程度のものかと思うであろうし，きつい部門計画を与えられれば，部門担当者としてはたいへんな努力が自分に要求されていると思うであろう．

　期待される努力水準の伝達は何も計画の業績水準の承認というプロセスを通してばかりでなく，他の伝達手段(たとえば，訓話等)によるものでも一応は行うことができるのであろうが，この伝達方法が効果的な方法となるのは，期末の業績評価の際に計画時の業績水準が評価基準として使われることが多いからであろう．つまり計画差異の事後的評価があればこそ，計画による努

力水準の伝達は有効なのである．この意味で，計画承認による努力水準の伝達という活動は，マネジメント・コントロール活動のうち，(5)結果への影響活動であるといえる．事後的業績評価の評価基準を明らかにする，部門担当者に伝達するという形で，彼の期中の適応的意思決定活動の彼にとっての結果という変数にトップからの影響が加わっているわけである．

しかし，部門担当者の結果への影響が現実に起きるためには，業績評価が計画の業績水準に含意された努力水準を柱として行われなければならず，またその評価にもとづいたなんらかのインセンティブ(金銭的なものであれ非金銭的なものであれ，短期的なものであれ長期的なものであれ，また人事的なものに関係あるものであれ，ないものであれ)が背後に歴然と存在しなければならない．つまり業績評価が意味のある業績評価でなければ，ここでいう(5)結果への影響活動は功を奏さないというわけである．したがって，事前計画の承認がもつ結果への影響は，業績評価制度との連動ではじめて生まれる．この問題については，次章で業績評価制度を分析する際によりくわしく考えたい．

GEの場合には，たしかにインセンティブ・システムと戦略計画システムを連動させて，戦略計画が本当に意味のあるものになって人々の真の行動指針となることを狙っている．たとえば，自分のSBUの最適な戦略が主として撤退にある場合，その撤退行動にどのくらいの努力を注ぎ実際に撤退を成功させたかがそのマネジャーのおもな評価基準になるようにインセンティブ・システムが作り直された．逆に，成長を主な戦略とするSBUにはそれにあった業績評価システムが適用される．つまり，立てられる事前計画にあわせたきめのこまかい評価システムがつくられたのである．

マネジメント・コントロールのサブシステム

以上，経営計画制度のもつマネジメント・コントロール機能を計画編成のステップごとに，どのようなマネジメント・コントロール活動を行っているのかという観点から解剖的にみてきた．それでは，マネジメント・コントロ

ールのサブシステムとしてはどのようなサブシステムの機能を，複合的に経営計画制度は果たしていることになっているのか．すでに前節の議論でその答えはほとんど出ているので，手短にまとめておこう．

　経営計画制度はまずコミュニケーション・システムとして，機能している．下位者に全社的な方針を伝え，環境情報を伝え，他部門の行動計画を伝え，期待される努力水準を伝える，複合的なコミュニケーション・システムになっている．そのために計画編成プロセスでのピストン運動が大切になってくるし，そのピストン運動の中でもたれるさまざまな会議やミーティングがコミュニケーションの場を設定するものとして重要な意味をもってくる．

　第二に，経営計画制度には目標設定システムとしての機能がある．下位者の期間中の目標を，計画の編成と承認のプロセスを通じて上位者と下位者が対話をしながら作っていく．そんなシステムとしての機能がある．それによって，下位者の動機づけの裏付けのある，組織全体として整合性のある目標設定が行われる．計画プロセスのアウトプットの一つは，そうして決められた事前決定あるいは事前計画というかたちで下位者の行動目標を作らせること，与えることなのである．

　経営計画制度の第三の機能は教育システムという機能である．計画をする，戦略をつくる，という管理者として当然大切なことをより有効に，あるいは質高く，行わせるような能力面でのサポート機能あるいは時には強制機能である．下位者による計画作成プロセスを上位者が品質管理する，という表現をしてもよい．プラニングのコントロールという，一見矛盾するような言い方がぴったりとする機能である．GEの例でいえば，投資優先スクリーンを使わせることによって，SBUのたてる戦略が一定の品質を保つことが期待されている．あるいは戦略計画システムの導入時に行われたゼネラル・マネジャーへの戦略的思考のセミナーなども経営計画制度による教育機能の例である．いずれの例も，下位者の戦略作成能力に影響が及ぶことが意図されている．さらに，計画を強いる，戦略作成を強制することにより，計画能力をlearning by doingで身につけさせるという面もある．

GEでは戦略計画システムの導入以前にも事業計画なるものは各事業にあった．しかしそれは財務予測の延長線上のものであり，戦略的あるいは長期的観点にもとづいた本当の意味での計画ではなかった．GEの各事業は短期的な眼を中心とした経営を行っていたという．こうした下位者の行動を変えていく上で，SBUによる戦略計画システムは大きな教育機能を果たした．こうした経営計画制度の教育機能は陰にかくれているが，きわめて重要な機能である．

最後に，経営計画制度はモニタリング・システムとしての機能がある．本社が現場をよく知るための，本社の計画作成に必要な情報を現場から手にいれるための，情報収集のシステムとなっている．GEの例でいえば，SBUによる戦略計画システムを作る前は，本社が全社的な観点にたった資源配分をしようと思っても，その決定のベースとすべき情報が満足な形で本社に集まらなかった．したがって毎年の資源配分は結局，過去の資源配分の延長線上に増分主義的に加減するとか，短期的に利益を大きくあげている部門に大きな資源配分がされるとか，という事態になっていた．全社的見地，戦略的行動ということとは程遠いものであった．戦略計画システムはこの必要な情報を本社に与えたのである．

こうしたモニタリング・システムとしての機能は，「上司のための，委譲されていない意思決定のための，情報システム」という，経営計画制度の側面である．それ以外の最初の三つの機能(コミュニケーション，目標設定，教育)はいずれも「部下に委譲した意思決定への影響システム」という側面である．やはり経営計画制度もこの二つの側面の二面性をもっているのである．

以上の議論をまとめれば，経営計画制度のもつ役割は，

(1) 下位者の目標設定
(2) 下位者の計画の品質管理
(3) 情報収集とコミュニケーション

ということになるだろう．この三つの役割を通じて，経営計画制度はマネジメント・コントロール機能をさまざまに果たしている．

こうした機能は，なにもフォーマルな経営計画制度をもたなくとも，他のより属人的な手段でも果たせる可能性は確かにある．そこで最後に，フォーマルな経営計画制度をもつこと自体がもつ総合的意義を手短に述べておこう．

まず第一に，計画をだれが作るにせよ(以上の議論では一応分権的な計画作成プロセスを仮定したが)，計画があることによって組織の成員全体に組織活動の共通のフレームワークができるという意義がある．分権化の進んだ階層システムの中で個々人がそれぞれの意思決定を計画期間中に次々と行っていくのに際して，共通のフレームワークの存在は組織の成員の協働を分権的に可能にする大きな助けとなるのである．

第二の意義は，こうした分権的な計画システムを「他人に仕事を任せた」階層的な組織の中に設けることの意義である．一言でいえば，業務の実行を担当する人たちにその業務の計画化を強いることになる，という意義である．不確実でダイナミックな状況のうちで意思決定を行い，アクションをとっていかなければならない個人にとって，自分のために計画を作ることが大きな意味をもつことはいうまでもなかろう．そのような実行者による実行計画の作成を，システマティックにさせるためのシステムであるという点に，上述のような経営計画制度の大きな意義の一つがあると思われる．

計画の意義は，計画プロセスの最終生産物としての「計画」という文書では決してない．計画プロセスのアウトプットはまずもって「決定」あるいは「行動」でなければならない．そういうアウトプットを強制するという意味は決して小さくない．さらに「計画すること」によって下位者がさまざまに「学ぶ」こと(たとえば情報を学び，あるいは将来の計画はどう立てればいいのかという考え方や方法を学ぶ)，そしてそういう癖がつくこと，それも経営計画制度をもつこと自体の価値の一つであろう．

「計画するプロセスそのもの」あるいは「計画すること自体」のもつ意義はきわめて大きい．

4.5 経営計画制度に要求されるもの

　前節のような議論によって経営計画制度の機能を詳細に分析することの意味はさまざまにある．その一つは，こうした機能を効果的に果たせるためには経営計画制度にどういう特性あるいは要件が要求されるか，を考える理論的な基盤ができることである．この節では，そういった問題意識をもって，経営計画制度にはどのような特性がその成功のために必要とされるのかを議論してみよう．

　簡単に言ってしまえば，経営計画制度に要求されるものは，前節で分析した経営計画制度の諸機能を十分に果たせるような制度設計および制度運用面での配慮，ということになろう．単純な話に聞こえる．しかし，さまざまな特性，要件がそのために必要となることが容易に頭に浮かぶ．それらを，どう整理して考えたらいいのか．

　経営計画制度のマネジメント・コントロール機能を，コミュニケーション・システム，目標設定システム，教育システム，モニタリング・システム，という四つのマネジメント・コントロールのサブシステムの機能を複合的に果たしているものと捉えるのが，前節の分析の基本的な見方であった．しかも経営計画制度は真空の中に唯一の独立した経営管理制度として存在するのではなく，他の経営管理制度やマネジメント・コントロール・システムと共存・相互依存を否応なしにしながら存在している．また経営計画制度はその内部に，戦略計画システムや業務計画システムといった「部品」をもっている．内部構造をもっている．

　こういったことを考えると，経営計画制度に要求されるものを次の五つの観点から整理して論じるのがわかりやすいだろう．

(1) 経営計画制度の四つのマネジメント・コントロールのサブシステムとしての機能を個々に果たすための配慮
(2) これらサブシステムの機能の間のバランス

(3) マネジメント・コントロールの他のサブシステムや他の経営管理制度との関連・相互依存
(4) 経営計画制度内部の連動性，統一性
(5) 経営計画制度のあり方についての基本的考え方

個々のサブシステム機能のための配慮

　こうした配慮を的確に行うための第一の要件は，なによりもまず経営計画制度がコミュニケーション，目標設定，教育，モニタリングという四つの機能を同時的にもっていることをきちんと理解することである．その理解さえあれば，どのような具体的配慮が必要かはその組織の実状にあわせてかなり常識的に自明に分かることとなってくるだろう．したがって，以下では例示の議論にとどめ，詳細なチェックリストのようなものをここで提示するつもりはない．

　たとえば，コミュニケーション・システムとしての機能を十分に経営計画制度が果たせるためには，一つには伝達するに足る，また伝達される下位者の側でも重要と考えるような伝達内容を，トップ(上位者)がもつ必要がある．その例としては，計画の編成方針の示達の際のその伝えられる方針そのもののあるいは情報そのものの質という問題がある．この質が高ければ，コミュニケーション・システムとして機能する大前提が満たされることになるが，そうでなければ下位者は質の低さを見破り，伝達されるものの内容の信頼性に疑問をもつことになりかねない．そうなれば，コミュニケーション・システムはその第一ステップでつまずいてしまうことになる．計画の編成方針がトップによって考え抜かれたものかあるいは本社のスタッフがお茶濁しのように作るものか，そんな問題である．あるいは，すでに前節で述べたように，経営計画についての会議の場の設定の仕方なども，コミュニケーション・システムとしての経営計画制度を成功させるための配慮要件の一例である．

　次に，目標設定システムとしての経営計画制度のもつべき要件の例をあげてみよう．たとえば，

- 企業全体の目標と長期戦略についての明確な規定が存在し,しかもこれを示達される側(部門担当者)がこれらに自己の目標をアイデンティファイしやすいものであること
- かなり具体的な部門業績目標については,各部門の創造的な部門計画作成プロセスに過度の制約条件になるようなものではないこと
- 各部門業績目標については,十分にチャレンジングな目標であってかつ部門間の矛盾が生じるような目標値でないこと
- 部門計画に必ず事前計画としての性格をもたせる.たんなる財務予測としての目標と計画作りではなく,背後にその予測された業績結果を支える活動計画が必ず存在するよう要求すること

いずれの要件も目標設定のイロハにすぎないことばかりのようでもあり,しかし,現実の経営計画制度ではそれほど容易には守られていないことである.しかも,これらは目標設定システムとしての要件の例にすぎない.

教育システムとしての経営計画制度のあり方を考えるときにもっとも大切なのは,計画作りを部下にやらせることによってどんな能力や癖をつけさせたいのか,あるいは計画作りのどの部分の品質管理をしたいのか,それをはっきり見きわめることであろう.つまりは,「教育」の対象の確定である.GE の投資優先スクリーンによる分析のように,ある一定の枠の分析をしばらくは強制することによって下位者の分析能力の教育を狙うのも,「教育対象」が確定したあとの計画制度の設計のやり方の一つの例である.さらに極端な例としては,経営計画を各部門から提出させる際の文書のフォーマット(形式)をどう設計すべきか,という問題が教育機能として意味があることがある.そのフォーマットにそった思考や分析を下位者に強制することになるからである.

モニタリング・システムとしての経営計画制度の機能を十分に発揮させるための設計上の配慮の例が,やはり GE の投資優先スクリーンによる本社への凝縮された情報の提供である.この例では,モニタリング・システムとして望ましい姿の二つの点が出ている.一つは,本社が本当に必要な部門情報

は何かを考え，それをモニターしかつそれ以上不必要な情報まで提出させていないこと．もう一つには，各部門からの情報に横並びの相互比較可能性があるように配慮していること．いずれの点も，たんにGEだからあるいは戦略計画システムだから意味のあるモニタリング・システムの特性ではなく，およそすべての経営計画制度が共通にもつべき特性の例となっている．

サブシステムの機能の間のバランス

　こうした四つのマネジメント・コントロールのサブシステム機能を十分発揮させるためには，個々のサブシステムごとの制度設計上の配慮だけでは実は不十分である．一つの経営計画制度が四つのサブシステム機能を複合的に果たしているのだから，これらの複数の機能の間のバランスをうまくとり，さらには相乗的に効果がでるような設計上の工夫ができればより望ましい．

　そういった配慮の一つの例が，四つの機能のうちのどの機能にどれくらいの強調をおくか，という優先の濃淡のつけ方あるいは焦点の絞り込みについての配慮である．つまり，その時の組織のおかれた状況によって，どの機能がもっとも重要であるか，その焦点を絞る必要があることが多いのである．もちろん，焦点にしない機能をまったく無視してよいということではない．しかし，あぶはちとらずにならないよう優先順位ははっきりさせるべきである．

　たとえば，この焦点をきめる要因の一つに，経営計画制度の組織への導入上の歴史的段階あるいはことばをかえれば経営計画制度への組織の浸透の程度がある．経営計画制度をはじめて導入する組織では，おそらく教育システムとしての機能がもっとも重要な焦点になることが多い．「計画する」癖が組織のメンバーに十分ついていないからである．その次の段階では，コミュニケーション・システムとしての機能が焦点となるであろう．トップと下位者の間の計画作りに関するコミュニケーションのチャネルを計画制度が提供するのである．このコミュニケーションがうまくいくことがいい計画作りの大前提となる．

それがうまく行きはじめると,つぎは目標設定システムとしての機能が大きな焦点となる.コミュニケーションをベースに,組織内でのあちこちの目標設定を体系的にかつ参加的に行うための制度的な仕組みを経営計画制度が作って行く.その後にはじめて,モニタリング・システムとして本格的に経営計画制度を使って行くということが焦点になるであろう.モニタリング・システムとして計画制度が使えるためには,計画制度を通して上に伝えられる情報が信頼のおけるものでかつトップの欲しいような情報でなければならない.そういった二重の意味での情報の質の高さを保証するためには,トップからのコミュニケーションがうまく行き,かつ計画が下位者たちにとっての本当の行動目標あるいは行動の枠組みとなっている必要があるからである.

上に述べた,いわば「経営計画制度の発展による焦点の移動」は典型的なケースを想定したもので,必ずこうなるというものでもないだろう.しかし大事な点は,機能バランスの面で焦点が必要であるという点と,その焦点は状況によって変化しその変化を決める鍵要因がありうるという点である.

したがって,経営計画制度の四つの機能の間のバランスをとる必要があるということを,すべての機能をまんべんなく果たすような制度設計をしなければならない,という意味にとるべきでないことは明らかである.むしろ焦点が必要である.しかし,一つの管理制度が複数の機能を果たしうる以上,その機能の複合的効果を狙えるのならそれはきわめて効率的な制度設計になるだろう.焦点の次に考えるべきは,そういった相乗効果である.

つまり,一つの制度的工夫が複数のサブシステムとしての機能を同時にもつような配慮である.たとえば,たびたび例にあげているGEの投資優先スクリーンは教育システムとしての機能とモニタリング・システムとしての機能とを兼ね備えるものであった.相乗効果の例である.

他の管理制度との関連

組織の経営管理制度はなにも経営計画制度ばかりではない.経営計画制度がもっとも重要な管理制度であるかどうかも企業によってちがうだろう.経

営計画制度の成功の一つの大きな(あるいは多くの場合,最大の)鍵は,経営計画制度が組織の他の重要な管理制度とプラスの相互依存関係あるいは連動性をもっているかどうかである．さらにいえば,組織の実質的な意思決定システムと経営計画制度が本質的な矛盾をおこしていないか,という点にその成否がかかることも多い．

たとえば,現実の経営計画制度にたいして聞かれる批判の最大のものの一つは,その制度が計画という名の予測数字の数字遊びに終わって,肝心のラインの人たちにとってなんらの意味ももたない制度になってしまっている,というものである．そういう状態になってしまう最大の理由の一つは,経営計画制度が組織の意思決定システムと連動していないことである．実質的な意思決定と無関係に計画が作られるのであれば,そういう計画制度が機能する方がむしろ不思議である．そういった他の管理制度との連動関係をここで議論しておこう．

話を二点に絞りたい．一つは,経営計画制度と組織の意思決定の権限と役割のシステムとの連動あるいは矛盾について．もう一つは,業績評価制度との相互依存について．

第2章でマネジメント・コントロールのサブシステムを八つに分類した際に,八つのサブシステムの根底にあるものとして,権限と役割のシステムをあげた．そして,それがふつう組織の階層的意思決定システムの骨組みを決めるものとして組織構造といわれ,マネジメント・コントロール・システムとは別な経営システムの構造であると分類する方が混乱が少ない,と述べた．しかし,「別なもの」として扱うのはあくまで思考上の便宜であって,現実の管理制度としては権限と役割のシステムとマネジメント・コントロール・システムが互いに矛盾するものであってはならない．

権限と役割のシステムと経営計画制度とを連動させる問題は,二つの観点から論じることができる．一つは,経営計画制度の作り方が実は権限と役割のシステムの一部を決めてしまうという観点．それゆえに,そうして事実上決まる権限と役割が従来の権限や役割と食い違っているときには深刻な矛盾

が生まれかねないし、また権限や役割のシステムの変更を経営計画制度の制度変革というかたちで行えることにもなる。もう一つの観点は、経営計画制度の裏打ちとして権限と役割のシステムが整合的にできている必要があるという観点。したがって、経営計画制度が期待どおりに機能しない大きな理由の一つがこの整合性の欠如ということになるのである。

　まず、第一の観点からの議論をしよう。この点で重要な経営計画制度の設計上の問題は、計画作成をどの組織単位にさせるか、という問題である。計画単位設定の問題とよぼう。

　たとえば、戦略計画システムを例にとれば、「戦略」なるものを作るべき組織単位を何にすべきか、だれが戦略を作って本社に提出すべきなのか、という問題である。多くの事業部制をとっている企業にとっては、もっとも当り前に戦略を作成する単位として設定されそうなのは、事業部あるいは複数の事業部を管理の上で統括している事業本部である。

　しかし、組織のさまざまな業務を事業部というものにくくっているそもそもの組織編成の基準が、「戦略」というものを作成するにふさわしい組織単位として事業部を位置づけてもかまわないような基準であるかどうかは、疑問である。事業部はふつう日常の業務管理を効率的にすることを主眼に編成されている。管理のスパン・オブ・コントロール、事業所の地理的な分布、業務上の類似性などが考慮されている。そうしてくくられた事業部という単位が、戦略という長期的な外部環境との企業の経済的かかわり方の基本方針を考えるべき単位としてふさわしいかどうかは、けっして自明ではない。

　その点について本質的な考察をしたのがGEの戦略事業単位(SBU)であった。GEの戦略計画システムでは、43のSBUがそれぞれ自分の傘下の事業の戦略を作る。SBUは業務管理組織としての事業本部であることもあるし、事業部がSBUになっているものもあるし、さらに下部組織である部がSBUとなって自分の戦略を作ることもある。単純に、すべての事業本部に戦略を作らせる、あるいはすべての事業部から本社へ戦略を提出させる、というふうになっていないのがSBU組織のミソである。SBUは戦略計画に

ついては本社と直結している.しかし各々の SBU は,その規模といい組織階層でのランクといい,ばらばらなのである.つまり既存の業務的意思決定の権限と役割のシステムとしての事業部組織にたんに戦略作成の義務を負わせたのではなく,戦略計画作成単位を事業部組織とは別に設定し同一にしなかったところに GE の苦心があったのである.つまり,日常の業務管理組織としては事業部組織,戦略計画の作成組織としては SBU 組織,という二重がさねをしたのである.

なぜ GE がそのような複雑な二重組織を作ったのかの理由を詳述する余裕はここではない.ただ,その本質的な理由の最大のものをあげておこう.それは,経済論理的に意味のある戦略を作るのにふさわしい組織単位は,必ずしも事業部ではない,ということである.そして,戦略計画システムが「戦略」を作らせるためのシステムである以上,経済論理をベースにした組織のくくり方が SBU の設定基準としてふさわしい,という考え方である.GE のとった SBU の設定基準は,おおまかにいえば,自律的な経済単位としてあたかも独立企業かのごとくに扱える組織単位のくくり方,であった.こういう基本的な論理にもとづいて,戦略計画についての権限と役割のシステムが戦略計画システムの設計の仕方によって形作られて行ったのである.計画作成単位の設定が実は意思決定の権限と役割のシステムの一部を決めているといういい例である.

以上の例は戦略計画についての計画作成単位の設定の問題であったが,業務計画についても同様の問題がある.どこに,だれに計画作成の役割を負わせるかは,経営計画制度の設計上の大きな問題なのである.

次に,経営計画制度と権限のシステムとの関連についての第二の観点に議論をすすめよう.それは,経営計画制度には権限と役割のシステムの裏打ちが必要という観点である.それでなければ経営計画制度は行動計画を作るシステムとしての機能を果せない.この問題が現実的に一番頻繁にあらわれるのは,計画に連動した資源配分のメカニズムが制度的に保証されているか,という問題である.たとえば,いくら戦略計画を作ったところで設備投資な

どの長期的な投資のための資金配分が戦略計画とは別の仕組みで行われていたのでは,その戦略計画は現実性をもちえない.そのようなすれちがいがおこる一つの典型的なパターンは,戦略計画とは別に資本予算や設備予算の申請承認のメカニズムが作られているような場合である.そのとき,実質的な意思決定はもちろん実質的な資源配分(予算承認)のメカニズムにしたがって行われる.戦略計画は絵に描いたもちに終わる運命を必然的にもっている.そんなとき,だれが真剣に戦略計画を作ろうという気になるだろうか.

つまり,経営計画制度を機能させようとすれば,なによりもまずその制度に資源配分メカニズムの裏打ちをする必要があるのである.ヒトやカネの配分のメカニズムと経営計画制度が連動しなければ,計画を作る意味はほとんどない.

経営計画制度と他の経営管理制度との関連についての第二の大きな問題は,経営計画制度と業績評価制度との相互依存の問題である.ここでの論点の本質は簡単である.それは,計画することに人々が真剣になり,また計画した内容を人々が真剣に受け止めてそれを自分たちの行動指針とするための大きな誘因の一つは,その計画内容が業績評価に使われるからである,ということである.もちろん,業績評価に使われることだけが,計画を真剣に受け止める唯一の理由ではないだろう.しかし,最大の理由の一つであることは,まちがいない.

事後的に責任をとらなくてもいいことなら,それこそ無責任な計画作りになる危険が大きい.経営計画は,たんなる数字と作文の遊びになってしまう.それを防ぐために,経営計画制度と業績評価との連動が重要な課題になるのである.この点については,この章では問題点の大まかな指摘にとどめ,次章で業績評価制度を本格的に扱う際にくわしく論じることにしたい.

経営計画制度内部の連動性

経営計画制度という制度は,ふつうある程度の規模の企業であればその中にいくつかの部分要素をふくむ大きな制度となる.その典型は,戦略計画シ

ステムと予算制度のような財務的業務的計画システムという二つの部分要素である．こうしてそこに内部構造ができれば当然，経営計画制度内部での整合性，連動性ということが問題になる．ふたたび典型例でいえば，戦略計画のような長期計画と予算管理のベースとなるような短期の計画との整合性，関連のあり方という問題である．

　戦略計画も短期業務計画もともに企業活動の指針であり，そして長期は短期の積み上げでしか現実には生まれてこないのだから，当然長期計画と短期計画との間の関連，整合性を求めたくなる．二つの計画の間に矛盾があってはこまるのである．たしかに，なんらかの形で二つの計画の間に関連をもたせ整合性を確保する必要はあるのだが，そのやり方を失敗すると戦略計画が機能しなくなる危険がある．そこに実は，多くの企業で長期計画がたんなる予測あるいは作文あるいは数字合わせに終わっている理由の一つがひそんでいる．

　その失敗の理由とは，長期のビジョン中心であるはずの戦略計画に，短期予算のような財務的な数字の裏付けを求めすぎることではないか，と私は考えている．そもそも不確実性の大きい長期的な将来のことを正確に収益予算までつけて計画し予測することを要求すること自体が一種の自己矛盾なのである．それを短期予算と同じようなフォーマットで一見精密な計画として立てさせ，しかも短期予算と形式的にリンクさせることを要求すれば，数字遊びをせざるを得ない場合も多くなるのである．

　つまり，短期と長期のつながりを形式的にあるいは計画システムの上で明示的に付けさせようとすることによって，短期の計画作りのやり方を長期に当てはめさせてしまう傾向を生み出すのである．したがって長期の戦略計画作りが本質を外れてしまうのである．皮肉にも，短期と長期の形式的つながりをつけようとする意図がじつは自己敗北的なのである．

　では，短期と長期のつながりの望ましいつけ方はどういうものか．それを考える鍵は，長期計画も短期計画もともに活動計画を作るところにその本質的な重要性があって，決して数字的な予測に本質はない，ということと，長

期と短期では作られるべき活動計画の内容がかなり違う、ということである。長期計画では方針を決め方向づけをするのにたいし、短期計画では具体的な作業計画を作る、ということである。

そのように性格の異なる二つの計画の間の整合性を考えつながりをつけるのは、経営計画制度のシステムに委ねられるべきことではなく、担当の管理者の頭の中での総合的な判断に委ねられるべきことであろう。つまり、短期と長期の整合性に関する限り、経営計画制度の中だけでそれを作りだそうとするのではなく、管理者の頭脳による主観的総合的な整合性の判断というものに大きく頼る必要が本質的にあるように思われるのである。短期の業務活動計画とその数字的成果が長期の方向づけやビジョンと整合的か矛盾していないか、は管理者が懸命に考えるべき事柄であるはずである。それをシステムまかせにしていいはずはない。

経営計画制度のあり方についての基本的考え方

以上、四つの観点から経営計画制度に要求されるものを述べてきた。そういった個々の具体的観点からの議論の底に一貫して流れている基本的考え方に最後にふれて、この章を閉じることとしよう[5]。

その一つは、計画を立てるのはラインの人々で、彼らの計画作りをサポートしそこから情報を得るために経営計画制度が存在する、という考え方である。計画は決してスタッフの仕事ではない。この点の理解をまちがうと、スタッフの自己満足のための経営計画、ラインが気にもしない作文競争、といった事態が生まれることになる。経営計画制度が機能しない理由としてよくあげられる事柄である[6]。したがって、経営計画制度の設計のもっとも基本的な要件は、ラインの人々の計画ニーズをどのように満たせる制度設計をするか、ということである。ただし、これはラインの人々の顕在化した要求どおりに制度設計を行うことと同じではないことに注意すべきである。

第二の基本的考え方は、計画のプロセス、その最終決定までの本社と現場との間のピストン運動のプロセス、そういったプロセスがもっとも重要、と

いう考え方である．そういうプロセスをうまく作り，導き，運用していくところに経営計画制度の命があるといっていい．そういうプロセスを作り出すために経営計画制度は存在する．そのプロセスに影響を与えられないような経営計画制度であれば，意味はない．形だけ整った計画システムがあり，そのシステムを計画あるいは計画という文書が行き来するだけでは経営への本質的な貢献はきわめて少ない．

こうした制度作りがうまくいき，その運用がスムースに行われていくことの一つの皮肉は，やがて制度の自己目的化の傾向が生まれてくることである．その制度にそったことをすることが組織の中で「良いこと」と認知されはじめ，制度が形式的に要求しないことをすることがしばしば「悪」になってしまう．そもそもの制度設計の目的にかなうことかどうかの反省が希薄になる危険がある．制度の硬直化といってもいいだろう．

そうなったとき，経営計画制度は現場の創造性やアイディアを殺しはじめるだろう．現場の計画作りをサポートし，創造的なアイディアを汲み上げるために作られた制度が，逆機能をしはじめるのである．

したがって，経営計画制度のあり方についての基本的な考え方の最後のものは，制度を壊す用意をつねにしておくことである．どんな制度にも垢はたまる．ゆさぶりが必要となる．表面上はうまくいっている経営計画制度でも，定期的にオーバーホールの必要があるのである．

経営計画制度は現場の創造性を喚起するためにある．殺すためにはない．

第4章 注

1) たとえば Anthony(1965) あるいは中村・林・山田(1973)．
2) たとえば，青木茂男(1977) あるいは吉田(1972)．
3) ただし，事前決定のコントロールのすべてが経営計画によって行われるわけでも，適応的決定のコントロールのすべては業績評価によるものでもないことに注意せよ．たとえば，インセンティブ・システムなどももちろん大きな役割を，経営計画制度とは別に果たしている．
4) GEについての以下の記述は，ハーバード・ビジネス・スクールのケース，General

Electric: Strategic Position 1981 および General Electric: Background Notes on Management Systems によっている.
  5) この章の分析とは基本的な視点がかなり異なるが,経営計画制度にかんする基本的文献としては,河野(1966),Ackoff(1970),Lorange and Vancil(1977),Steiner(1979),Lorange(1980)などがある.
  6) Steiner(1979)に経営計画制度の失敗の原因の長いリストがある.

第5章　業績評価制度

5.1　は じ め に

　組織に働く人々の業績をなんらかの形で評価している制度は多い．たとえば，人事考課制度はそのもっとも直接的な例である．ある人の業績をベースにその人の人事評価を行い，昇進・昇給あるいはその降格・減給などが決められる．まさしく業績評価が行われている．あるいは目標管理制度もその機能の一部は明らかに業績評価である．上司と部下との間の話し合いで部下の達成すべき目標が決められ，それが部下の行動の指針となると同時に期末には上司が部下を評価する際にその目標を達成したかどうかが大きな要因となる．目標の達成が業績の尺度になっているような，業績評価制度という側面が目標管理制度にはある．

　あるいは，原価管理制度，利益管理制度などで，目標原価あるいは目標利益を達成したかどうかが上司による評価の大きな要因になることも多い．いずれの場合も，いわば目標としての予算(原価予算，利益予算)の達成度を評価の重要な対象としようというわけで，ひろい意味での予算管理制度の中での業績評価機能と考えていい．

　予算管理制度のなかの業績評価機能も，予算という目標を評価基準にして評価するという意味では，ひろい意味での目標管理制度の一形態と考えることもできる．そしてその目標管理制度もおそらく最大の機能が人事評価にあるとすれば，企業内の業績評価制度は結局すべて人事評価に収斂する面があるといっていいだろう．

　しかし，業績評価の目的はただ人事評価だけにあるのではない．業績を生み出す最大の要因が人であることを考えれば人の評価が最重要であるにしても，業績は人だけが，その人の努力や能力だけが生み出すのではない．環境

や企業の大きな戦略の方向や仕事の仕組みあるいはその人以外の人の意思決定, 等さまざまなものがある人の業績を左右する要因として考えられる. そのような要因の良し悪しの評価もまた, 業績評価の目的であるはずである.

つまり, 人事評価と業績評価とはまったく同一のものではないのである. 人事評価は業績評価をベースに行われるが, それ以外の情報も人事評価に関連してくるはずである. たとえばその人のもつ外部との人的つながりを高く評価するとか, まだ業績には現れていないポテンシャルを評価するといった具合いである. また, 業績評価の目的が人事評価だけにあるのではないことは, 上で説明したとおりである. この違いを了解した上で, この章では予算管理制度や目標管理制度を具体的に念頭におきながら, 業績評価制度のマネジメント・コントロール機能についての分析を行っていきたい. あるいは業績評価制度としての予算管理制度や目標管理制度の分析といってもよい[1].

その分析の要となるきわめて単純な質問は, 「業績評価をすることが人々の意思決定をどのようにコントロールしているのか, 何を業績評価はコントロールしているのか」である. それへの私なりの答えを出した後で, そのような本質的な機能を果たすために業績評価制度に要求される条件はどのようなものになるのか, 考えてみたい.

5.2 何が業績を決めるのか

すでに上で述べたように, ある人の業績あるいはある部門の業績はその人の能力や努力だけで決まってくるのではない. その他の要因も加わって, 複合結果として決まってくる. それらの要因とは一体何だろうか. それらの要因がはっきりし, その相互依存関係が明らかになってはじめて, 業績を評価するということが一体何を意味することなのかについての単純な理解が可能になるだろう.

単純に考えれば, ある人のある期間の業績は次の四つの要因で決まってくる.

(1) 環境
(2) 活動ベクトルの方向
(3) 努力水準
(4) 能力

ここで環境とは，その人の活動にとって外部のものの総称で，一般的な意味でのビジネス環境も入れば，企業の他の部署での意思決定もその人にとっては外部環境ということになるだろう．活動ベクトルの方向とは，第3章のエイジェンシーの理論で説明したもので，その期の自分の活動の基本的方向である．この方向が環境の動向とマッチしたものでなければ，いかに努力をしたところであげられる業績は限られているだろう．この基本的方向は，彼の活動の事前計画の決定によってその大枠が決められるであろう．それをコントロールしようとするのが，前章の経営計画制度の大きな目的であった．

(3)努力水準には，実は二つのものが含まれている．一つは，なんらかの形で決まった活動の方向にしたがってその遂行に傾ける努力．もう一つは，事前に一応の大枠を定めた活動の方向そのものを期中のさまざまな不測の事態に対処して，適応的に修正していく努力．つまり，前章4.2節で述べた適応的意思決定のための情報収集，決断，実行の努力のことである．これら二つの努力を含むことを明示するために，適応的努力の水準という名で呼んだほうがいいかもしれない．

こうした活動の方向や努力がどの程度効果的に業績に結びつくかは，その実行者本人の能力に大きく依存することは明らかである．したがって，それが四番目にあげてある．

したがって，業績が何によって決まるかをきわめて図式的に分かりやすく表現すれば，つぎの式となるだろう．

　　　業績 ＝ 環境×事前計画×適応的努力水準×能力

ここでかけ算の記号が用いられているのは多少の意味がある．それは，四つの要因が業績を決めるプロセスは決して加算的ではなく，相乗的だということを象徴的に表したかったからである．ある事前計画の業績面での良し悪

しは,環境やその人の能力と独立には決まらない.また,適応的努力水準もそれが事前計画とうまく連動するかどうかでその効果は決まるのである.

では,業績を決める四つの要因に対して,この下位者はどんな影響力をもっているだろうか.どの要因が彼にとって制御可能で,実質的にそれを決める意思決定の権限が彼に委譲されているのだろうか.まず,環境は定義的にいって,彼の制御の範囲外にある.しかし,他の三つの要因はすべてなんらかの意味で彼の制御の範囲内にある.

事前計画が,下位者の意思決定にかなりの程度依存することはすでに前章で述べた.適応的努力水準もそうである.この努力のプロセスが下位者に基本的に委託された業務プロセスのコントロールの本質なのである.最後の能力も,自己の能力開発への努力の大きさを自分で決めることによって,下位者はかなりの程度自ら制御できる.もちろん短期には,この能力という要因は固定したものと考えざるを得ないが,長期的にみればかなり可変のものとなるはずである.

つまり,下位者に委任された意思決定は,事前計画の決定,適応的努力決定,能力育成(あるいは自己開発)の決定,この三つである.それらの意思決定をより効果的にするようあるいは組織目的に適うようにコントロールするのがマネジメント・コントロールの課題なのである.

すでに第2章で強調したように,すべての経営管理制度は上位者のための情報システムという面と,下位者に委任した意思決定の影響システムという面とを合わせもっている.したがって,原則的にいえば,この三つの意思決定のすべてに影響を与えるのが影響システムとしての業績評価制度の役割,ということになる.しかしすでに事前計画については経営計画制度がそのコントロールをおもな任務としていることを前章で明らかにした.とすると,経営計画制度がよく整備されている企業においては,業績評価制度の大きな目的は適応的努力決定と能力育成の決定のコントロールに絞られることになろう.この章では,その前提にたって,適応的努力と能力開発の問題を一つの中心にして分析をすすめたい.つまり,業績評価がコントロールするのは

この二つの意思決定であると考えるのである．

しかし現実には，経営計画制度による事前計画のコントロールが必ずしもうまくいくとは限らない．そのために，業績評価制度の事前計画への影響も考える必要がふつうは大きい．たとえば，減点主義の業績評価をするために組織の人々の行動が保守的になる，革新的な計画を皆が作らなくなる，といった問題は明らかに業績評価制度の事前計画への悪影響の例である．この章でも，業績評価制度による事前計画のコントロールの問題を後半で扱うことになる．

もちろん，業績評価制度は上位者のための情報システムという側面ももっている．業績が上にあげたような式で決まり，下位者に委任されたのがこれらの三つの意思決定であるとして，どのような情報システム機能を業績評価制度はもつのか，その分析も当然に行われる必要がある．それらが次節の課題である．

5.3　業績評価制度のマネジメント・コントロール機能

業績評価の典型的ステップ

目標管理制度にしろ予算管理制度にしろ，そこでの業績評価の典型的プロセスはよく似ており，基本的にはきわめて簡単である．そのステップは次の六つからなる．

(i) 目標となるべき変数の決定
(ii) その変数の事前目標水準の決定
(iii) 実績の測定
(iv) 評価基準の設定
(v) 実績と評価基準との差を中心にした評価および差異分析
(vi) 必要な行動の選択

業績評価は一つの期間の中で行われる経時的な一連の出来事であるが，

(i)と(ii)は期首に行われる．(iii)が期中から期末にかけて行われ，(iv)以下が期末に起きる出来事である．

(i)の目標となる変数の決定とは，評価対象にするのは一体何かの決定である．予算管理では，事業部利益とか売上高とか製造費用，あるいは利益率，成長率，改善率，などとなる．下位者の責任変数の決定といっていい．その決定は下位者との話し合いで決まることもあるが，多くの場合上位者が決めるかあるいは評価制度そのものがあらかじめ決めてしまっている．目標管理では，この変数をそもそも話し合いで決めるところにこの制度の一つのポイントがある．変数として組織としての業績変数ばかりでなく，下位者個人の能力などにかんする変数も同時に選ばれ，したがって業績目標と自己啓発目標との二本立てになるのがふつうである．

(ii)では，その目標変数のどの水準をめざすことにするのかが，決められる．ここでもその決定が参加的に行われる場合と上位者によって決められる場合とがある．目標利益予算額の決定，能力開発の達成目標の水準決定（たとえば税理士や情報処理技術検定などの国家試験の合格）などがその具体例である．「事前」という言葉が使ってあるのは，その目標水準があくまでありうべき環境を予想して事前に設定されるものだからである．事後的に，現実の環境条件を知ってみるとその水準は必ずしも妥当なものではないことも多いであろう．

(iv)の評価基準の設定では，実績と比較されるべき目標変数の水準が決められる．この水準として(ii)で決められた事前目標水準と同じものが使われることも多いが，現実に起きたさまざまな事態を考慮して事前目標水準とは異なった水準に評価基準が設定されることも十分にありうる．事前目標水準では，環境がよすぎて甘い評価基準になってしまったり，逆に不当にきつい評価基準になることもあるからである．そのとき，この事後的に定められる評価のための水準のことを事後基準とよぼう．ただし，この事後基準の「妥当な」設定はかなり難しい．予算管理における変動予算は，一種の事後基準である．その他，事後基準の簡便な代用物として解釈しうる評価基準は多

い[2].

　この評価基準と実績とを比較しその差がなぜ生まれたかを分析するのが，つぎの(v)のステップである．この差異が評価の対象となることが多い．実績の絶対水準が直接に評価の対象になることは少なく，なんらかの形での「比較」が評価の大半なのである[3]．たとえば組織内の競争で，実績の横並び比較が行われるのも，「同僚の実績」を評価基準とする「差異による評価」の一つの形と考えられる．あるいは予算管理制度に必ず見られる予算差異分析はその典型例の一つである．

　こうした評価の結果，上位者がなんらかの行動をとる．人事異動やボーナスの査定，あるいはその他のインセンティブの供与，といった人事評価についての行動．あるいは，目標管理制度によく見られる下位者のこれから改善すべき点の指摘．さらには，次の期の活動ベクトルの方向についての新しい指示．いずれも上位者から下位者に向けての行動である．それだけではない．下位者とは直接関係のないところで，上位者が業績評価の結果，行動をとることもある．たとえば上位者のとってきた戦略の変更，業績評価制度の手直し．これらが(vi)の行動の選択の意味である．

マネジメント・コントロール活動

　こうした業績評価のステップによって，どのようなマネジメント・コントロール活動が行われていることになっているのか．業績評価制度のマネジメント・コントロール機能は何かをつぎに考えてみよう．

　まず，(i)の目標変数の決定によって，評価の対象が決まるわけだから，それによって下位者の関心の焦点が作られることになる．第2章のマネジメント・コントロール活動の中でいえば(43ページ参照)，(5)結果への影響活動が行われていることになる．事前計画の決定も期中の適応的努力の決定も，この目標変数を良くすることを第一義的に考えて行われると考えるのが自然であろう．さらに，こうして決められる目標変数が下位者の能力開発についての目標変数を含んでいる場合には，それによって(6)能力への影響活動も

ここですでに行われていることになる．

　(ii)事前目標水準の決定によって，(2)認識基準への影響活動が行われている．下位者に任された期中の適応的努力の決定の際にその努力の必要度を認識させる基準の役割を，この事前目標水準が果たすのである．すでに前章で述べたように(118ページ)，事前目標水準の決定と伝達は期待される努力の度合い，上位者が許容する努力水準を下位者に伝える働きをし，それゆえに認識基準への影響活動になっているのである．

　しかし，結果への影響にしろ認識基準への影響にしろ，それがもっとも強力に起きるのは(iv)評価基準の設定のステップである．これこそが業績評価の核心だからである．この基準にたいして実際の業績がどのような水準になるのか，評価される側の下位者としては，もっとも関心のある部分となる．この評価基準が事前目標水準なら，このステップのマネジメント・コントロール活動は事前目標水準の決定のそれと同じである．しかし，事後基準が用いられる場合には，マネジメント・コントロール機能としては結果への影響と認識基準への影響でも，その強さあるいは影響の焦点のあたるところがかなり異なってくる．この点については後にくわしく述べる．

　(v)差異分析によって起きるマネジメント・コントロール活動は，まず結果への影響である．評価基準との差異が下位者にとって直接的に意味のある結果になるのである．説明の繰り返しは必要ないだろう．さらに，とくに目標管理制度での差異の分析とそれからくる上位者からのアドバイスの過程で狙われているのは能力への影響活動である．予算管理制度でも，差異分析を適切に行うことによって，類似の教育的効果を期待できることがあるだろう．目標管理制度，予算管理制度いずれの場合でも，差異の分析が下位者の能力の改善すべき点の指摘となりうることによって生まれる教育的効果である．

　最後の(vi)行動の選択では，こうした業績評価によって得られた情報をつかって，上位者がインセンティブを決め，人事評価を行い，選別あるいは直接介入という行動をとる．あるいは下位者に委譲していない自らの意思決定のための情報として，業績評価からの情報を使っている．

明らかに，この最後のステップでの業績評価制度のマネジメント・コントロール機能は，上位者のための情報システムとしての機能である．それにたいして，(i)から(v)までの業績評価のステップでは，下位者に任せた意思決定への影響システムとして機能している．事前計画，適応的努力，能力，という業績を決める三つの意思決定変数にたいする影響活動をおこなうシステムである．

マネジメント・コントロールのサブシステム

以上の議論から分かるように，業績評価制度はマネジメント・コントロールのサブシステムとして，つぎの四つの機能を果たしている．

(c) 目標設定システム

(e) モニタリング・システム

(f) 人事評価システム

(h) 教育システム

目標設定システムとしての機能は，業績評価の評価基準の決定が下位者がめざす行動目標を大きく決めてしまうことによって果たされている．モニタリング・システムとしての機能は，評価段階とくに差異分析が環境や下位者の努力，能力についての情報提供をすることによって，生まれてくる．業績評価制度が人事評価システムとして機能することはもとよりいうまでもないことである．この機能のゆえに，下位者の事前計画の決定にも，そしてなにより期中の適応的努力水準の決定にも，影響が及ぶ．そして選別のための情報が提供される．業績評価制度のもっとも大きな機能といってよい．

教育システムとしての業績評価制度の機能は，それほど自明のことではないかもしれない．現実にこの機能をうまく生かしている企業も多くないかもしれない．しかし，よく考えてみるとこの機能が業績評価制度から生まれてくるのはある意味で当然である[4]．

まず，下位者の業績は彼の能力に大きく左右される．そして，下位者はその能力開発のためにさまざまな行動を自分でとることができる．どのような

行動をとれば業績の向上に貢献するかを考えるには，現実に現在の能力でどのような業績があがりどこに欠点があるから業績向上のネックがあるのか知ることが重要である．そのための情報を上位者による業績評価が与えてくれる．また能力を向上させれば自分の業績評価がよくなると思えば，能力向上のためのモチベーションも大きくなる．さまざまな理由から，業績評価制度は教育システムとして機能するのである．

こうした業績評価制度のマネジメント・コントロール機能は，将来指向の機能と過去指向の機能というふうにも分類できる．将来指向の機能とは，業績評価の結果えられる情報を使って行われる，業績評価の時点からさらに将来へ向けての意思決定のための機能である．情報システムとしての機能といってもよい．それは上位者のための，直接介入，選別などのための情報システムという意味もあるし，また下位者自身による能力開発のための行動を決める情報を業績評価が下位者に与えるという，下位者のための情報システムとしての意味もある．

業績評価制度の過去指向の機能とは，業績評価が行われる時点ですでにその機能は発揮されていて，その意味で，業績評価が実際に行われる時点では過去になっている時期の下位者の行動がコントロールされているような機能である．とくに期中の適応的行動への影響活動に代表されるような，「事後的に業績評価があるから今の行動を変えておこう」と下位者が考えることによって生まれてくる機能である．

私は第2章で，経営管理制度のもつ二面性を強調した．まことに，業績評価制度は二面的である．影響システムと情報システム．上位者のためと，下位者のため．将来指向と過去指向．こうしたさまざまな二面性を一つの管理制度がもとうとすれば，ほとんど必然的にその二面性が制度内のコンフリクトを生み出す．たとえば，教育システムとして業績評価制度をとらえれば，そこでは下位者は自らのために自分の行動や特性，欠点について正直に情報を上位者に伝えるのがよい．つまり下位者にしか分からない情報の真実の開示である．それが実際に起こると仮定して業績評価制度を設計するのが，教

育システムとしてはよいであろう．しかし，人事評価システムとしても業績評価制度が同時に機能することを考えると，下位者は情報の真実の開示をきらうかもしれない．自分に都合の悪い情報をわざわざ教えて人事評価を低くするのは，それだけを考えれば下位者の利益に反するからである．したがって，情報の真実の開示は起きないと仮定して制度の設計を行う必要が出てくるだろう．

こうしたコンフリクトは，多くの次元でそれぞれに二面性をかかえている業績評価制度のもつ仕方のない自己矛盾である．そういった本質的な自己矛盾の存在をよく理解して，その矛盾に対処する基本的態度を決めた上で，業績評価制度の設計は行われる必要がある．それについては，5.5節でふれることとしたい．

5.4 評価基準のあり方

以上のような機能をさまざまにもつ業績評価制度の最大の鍵は，(iv)評価基準の設定，というステップがにぎっている．評価はつねに比較という形で行われる．たんに絶対水準としての業績水準がポツンと単独で存在するだけでは，人間はそこから意味を引き出すことができない．なんらかの基準との比較と差異の分析から，人事評価を行い，能力開発のヒントを引き出し，環境の変化その他上位者にとって興味のある情報が得られる．そうである以上，その比較の基準がどのようなものとなるのかが業績評価の効果を決める最重要な要因となるのは当然であろう．その評価基準のあり方を考えるのが，この節の課題である．

評価の対象と難しさ

評価基準のあり方を考える際の最大のポイントは，一体何が下位者に委任されていることか，何に対して上位者は影響を与えようとしているのか，何が評価の究極的な対象なのか，という点についての認識である．その点では，

この本の基本的認識はきわめてはっきりしている．下位者に委任されているのはその業務プロセスの不確実性の下でのコントロールである．上位者は彼に委任した，事前計画の決定，適応的努力水準の決定，能力開発への努力，その三点について影響を与えたいと考えている．評価の究極の対象は，これらの決定の質であり，努力の大きさであり，能力である．つまり，業績を生み出すインプットとして下位者が投入するはずのもの，それが評価の究極的な対象なのである[5]．

こうした評価を難しくしている本質的な原因は，不確実性の存在，情報の偏在，モニタリング費用の大きさ，この三つである．いずれも第3章のエイジェンシーの理論で，その理論が対処している本質的な要因としてあげたものである．

例をあげよう[6]．

ある工場で製造課の費用予算を材料費，労務費，間接費用の三つに分類して作っている．それぞれの項目には標準原価が決められ，それにもとづいて月次の予算が生産量に応じて組まれている．ある月に，この課の予算を実績費用が大幅に上回った．その予算差異によって評価される課長は，抗議した．彼のコスト・コントロールはきちんとしていたのに，営業からの緊急生産の依頼，特殊な製品の突然の注文，機械の故障，購買が材料在庫の品切れを起こしたための遊休時間の発生，など彼のコントロールをこえた原因によって費用が標準より大きくならざるを得なかった，というのである．このとき，彼の業績を評価するための適切な評価基準は何か．

つまり，標準という形の事前計画どおりに現実が進行せず，そのために費用が予算をオーバーしたというのである．現実が予定と違うという不確実性の存在が，彼の評価を難しくしている．もし，現実がつねに予定のとおりに進むのなら(つまり不確実性がないのなら)業績評価は難しくない．標準原価を上回ったのは彼のコスト・コントロールがいい加減だったということにただちにつながるからである．仮に不確実性が存在しても，彼と彼を評価する上司との間に情報の偏在がなければ，評価は難しくない．彼の並べ立てる

「原因」なるものが,本当に原因として重要なものなのかは,実は彼しか知らない.現場に直接タッチしていない上司には彼の言っていることの真否を確かめるための情報がないのである.その意味で情報は偏在しており,そのために評価が難しくなっている.しかし,情報が偏在していても,それを収集する費用つまりモニタリング費用が小さければ,評価のためにモニタリングを十分に行えばいい.課長の意思決定の質,彼の努力の大きさ,彼の能力,そういった評価の究極の対象になっているものを直接モニターすればいいのである.しかし,そのようなモニタリングはきわめて高価につくのがふつうである.だからこそ,そのモニタリング費用を直接かけずになんとかして適切な評価ができないかと腐心するのである.

こうして起きる評価の難しさは,エイジェンシー理論のことばでいえば,モラル・ハザードの問題である[7].現実の業績が,下位者のインプットだけでなく,環境の現実の進行にも依存ししかもそれが不確実であることを利用して,悪い業績を環境のせいにする危険があるのである.あるいは恵まれた環境のおかげで良い業績があがったときには,自らのインプットは良くないのに,自分の貢献だと主張する危険もある.

この問題を解決する方向として基本的に二つの行き方がある.一つは,下位者のインプットと環境を詳細にモニターしようとする行き方である.そしてインプットを直接に評価しようとするのである.この行き方は,ふつうモニタリング費用が膨大になって経済的でないことが多いことは,すでに上で述べた.もう一つの行き方は,業績というアウトプットを適切に評価できる評価基準を,不確実な環境の現実の実現値を考慮に入れて作ろうとする行き方である.事後基準を作って評価しようとする行き方といっていい.この二つのやり方は,およそ評価とコントロールにかんする基本的な二つの方向といっていい.前者はインプット・コントロールとでもいうべき行き方,後者はアウトプット・コントロールである[8].

事後基準

こうした議論から，適切な業績評価のための評価基準としては，概念的には事後基準が望ましいことがわかる．では，その事後基準とはどのようなものか，簡単に図式的にあらわせば，次のようになる．

　　　事後基準 ＝ 現実の環境×事前計画×あるべき適応的努力水準×現在
　　　　　　　　の能力

これにたいして，現実の業績(実績)は

　　　実績 ＝ 現実の環境×事前計画×現実の適応的努力水準×現在の能力

つまり，事後基準と実績との差は，適応的努力の項だけである．現実の適応的努力があるべき姿と同じなら，事後基準と実績は一致し，差異はゼロとなる．そのような基準が事後基準である．

これと同じような書き方をしてみると，もう一つの目標水準である事前目標水準はどうなるだろうか．

　　　事前目標水準 ＝ 予想される環境×事前計画×あるべき適応的努力水
　　　　　　　　　　準×現在の能力

つまり，予想される環境の下で，あるべき適応的努力をしたなら達成できるはずの業績水準が事前目標水準なのである．事後基準とこの事前目標水準との違いはただ一つ．環境の違いだけである．実績がこの目標水準と乖離するのは，環境が予想されるものとは異なり，さらに適応的努力も現実のそれとあるべき姿が違いうるからである．二つの要因に違いがあるのである．

そのとき，この事前目標水準を評価基準として用いるのが望ましくないのは明らかであろう．事前目標水準と実績との差が二つの要因で生まれている以上，その差がどちらの要因で生まれたかは差異からだけでは判別できない．差異がマイナス(つまり実績が評価基準を下回る)のときには，下位者は環境のせいといい，上位者は適応的努力が十分でなかったからではないかと疑う．反対に，プラスの差異のときには，上位者は恵まれた環境のせいではないかと考え，下位者は自分の適応的努力がよかったからだと言うだろう．まして

や事前目標水準と実績が一致したところで，それは喜ぶべきことでもなんでもない．事前目標水準を評価基準として用いてしまうと，評価基準と実績の間に差異がないから下位者のコントロールは適切であった，などという見当違いの評価が生まれかねない．業績評価の目的は，事前目標水準に実績が一致しているかを確かめることではない．この「一致の誤謬」とでもいうべき誤りについてアンソニーは言う[9]．

「将来を完全に予測できる人はいないのだから，計画を作る際に仮定した出来事どおりには現実は進まないであろう．トップマネジメントがミドルマネジメントに期待するのは実際に起こる出来事に適応して反応することであって，現実が計画時の仮定どおりになるほど親切であったとすれば起きていただろう出来事に反応することではない．」

このようにして，事後基準を評価基準として用いることができれば，下位者の関心は期中の適応的努力に集中することになるだろう．下位者に委任されたもっとも重要な意思決定が実はこの適応的努力のプロセスである以上，事後基準の使用はその点からきわめて望ましいことになる．

事前目標水準の意味

では，なぜ事前目標水準があるのか．必要なのか．事後基準とこの目標水準の並存は矛盾しないか．そもそも業績評価には事後基準が使われ，事前目標水準は用いられないことが分かっているときに，事前目標水準は下位者の行動に影響を与えられるものなのか．

事後基準と事前目標水準との違いは，上にも述べたように，環境条件の違いだけである．事後基準では現実の環境が用いられ，その環境に適応すべく望ましい努力が払われたことを前提にこの基準は算定される．したがって，この事後基準が具体的にどの水準の値をとるかは，事前には不確実である．事前には確率変数といってよい．環境の不確実性に影響される確率変数なのである．

この確率変数の期待値として事前目標水準が決められているとしてみよう．

望ましい適応的努力をするものとして、平均的にはどのような業績水準が期待できるかを示す値である。これはまさに、「予想される環境の下で望ましい適応的努力をするときの業績水準」という、事前目標水準の定義そのままである。

このように事前目標水準が設定されるとすれば、事後基準との間に矛盾はなくなる。両方とも同じ適応的努力水準を仮定しているからである。それぞれの絶対水準は環境条件の違いにより乖離しても、その背後に設定された望ましい適応的努力水準という点では一致があるのである。したがって、上位者と下位者の間で事前目標水準を決めるということは、その目標水準の背後にある適応的努力水準を二人の間で決めたことに等しいのである。つまり、下位者の側からすれば、これだけの努力をすることを約束します、と言っているのに等しい。それを上位者の方から見れば、事前目標水準をある水準に設定することを認めることは、その背後の努力水準を妥当なものと認めたことになっている。その努力水準の業績的表現が事前目標水準なのである[10]。

とすると、この事前目標水準が数字としては事後的な業績評価では使われないにもかかわらず(事後基準が使われる)、下位者のモチベーションを高める「ターゲット」として機能しうる理由が明らかになる。ターゲットは業績数値そのものではなく、その意味する努力水準なのである。この点を明示的にするために、事前目標水準を次のように書き換えると分かりやすいであろう。

事前目標水準 ＝ 予想される環境×事前計画×約束した適応的努力水準×現在の能力

こうして概念的に考えてみると、評価基準としての事後基準の適切さがはっきりするのであるが、それにもかかわらず現実の業績評価制度では事前目標水準が評価の第一ステップで使われることが多い。その最大の理由は、事後基準の値を定めることが現実にはかなり難しいからである。したがって、予備的な評価の評価基準として事前目標水準が用いられるのである。事後基準の設定の現実的困難さについては以下でくわしく述べるが、事前目標水準

第5章 業績評価制度　　153

を評価基準として用いる場合の実績との差異(これを事前差異とよぼう)と,事後基準を用いるときの差異(これを事後差異とよぼう)との関係を明らかにしておこう.

　　実績－事前目標水準
　＝(実績－事後基準)＋(事後基準－事前目標水準)
　＝現実の環境×事前計画×(現実の適応的努力－約束した適応的努力)×現在の能力＋(現実の環境－予想された環境)×事前計画×約束した適応的努力×現在の能力

つまり,事前差異は二つの部分に分解できる.第一項は事後差異で,これは適応的努力差異とでもよぶべきものである.この差異は適応的努力が現実には約束した通りにならなかったために生まれる.第二項は環境差異とよぶべきもので,事後基準と事前目標水準との間の差異である.その差異の原因は環境の変化あるいは不確実性によるもので,下位者の決定の質や努力とは関係ない.

したがって,さらに書き直せば

　　事前差異 ＝ 事後差異(適応的努力差異)＋環境差異

となる.この二つの差異のうち,適応的努力差異だけが下位者その人の評価には使われるべきで,環境差異は環境のモニタリングのための情報としては意味のあるものである.業績評価に事前目標水準を使って差異分析を行ってしまうと,この環境差異まで下位者の責任にしてしまうことになる.

事後基準のその他のメリット

以上述べたように,事後基準を評価基準として用いることによって,下位者の関心を適応的努力に集中させることができる.大きなメリットである.しかし,事後基準を用いることのメリットはそこにとどまらない.事前計画がそもそも適切なものだったか,下位者の能力を改善していくのはどの方向であるべきか,そういった業績評価のもつ狙いにも,有用な評価基準となる.少なくとも,事前目標水準を用いるよりもこうした目的にも有効である.

事後基準と事前目標水準とは、ただ環境の取り扱いがちがうだけだから、「事後基準が現実の環境を前提にし、事前目標水準はそれを無視している」という一点にのみ事後基準のメリットの源泉がある。それを言い換えると、事後基準は環境の不確実性を吸収した評価基準、事前目標水準は環境の不確実性を無視した評価基準、ということになる。そのために、上の事前差異の分解で、事後差異に環境差異が加わったものが事前差異ということになってしまっているのである。

とすると、事前目標水準をもとに業績評価を行う（つまり事前差異を業績評価の中心とする）ことは、下位者に不確実な環境が原因で発生する環境差異の責任まで負わせることになる。つまりは、環境の不確実性ゆえのリスクを下位者に負わせることになる。これは、第3章で説明したように、エイジェンシー関係における危険分担の問題である。結論からいえば、下位者に不当に大きな危険を分担させていることになりやすい。そういう大きな危険分担をさせられていれば、下位者が提案してくる事前計画案は保守的な、リスクの小さなものになりがちになるであろう。事前計画として適切なものが提案されない恐れがつよい。

差異分析による業績評価は一般にどんな評価基準を使っても下位者の行動を不当に保守的にする恐れがある。この点のモデル分析が第8章で行われるが、その基本的理由はマイナスの差異は大きくペナルティをうけプラスの差異はあまり評価されない、つまり、悪いことが良いことよりも大きく取り上げられるという減点主義的な評価の仕方にある。そのために、業績評価制度の「完備した」大きな企業ほど内部は保守的になってしまうのである。こうした保守化傾向がそもそも差異分析にはある上に、事前差異の使用が環境の不確実性のリスクを全面的に下位者に負わせたら、下位者の行動が保守的にならない方がおかしいとさえいえるだろう。

さらに差異をもとに事前計画の適切さを事後的に評価しようとするとき、環境差異の入り込んだ事前差異では、事前計画の不適切さのために業績が悪いのか環境のために業績が悪いのか、まことにぼんやりとしてしまう。事後

差異を用いても事前計画の適切さをきわめて明快に評価できるわけではないが, 少なくとも環境という評価の雑音を一つ取り除いているのはメリットであろう.

同様なことは, 下位者の能力開発へのヒントを得るために差異分析をつかう際にも言えるだろう. 環境という雑音を取り除くことの意義である.

事後基準の難しさとその代用評価基準, 管理者の役割

事後基準の概念的な望ましさと裏腹に, 現実的にはその妥当な水準を決めるのは非常に難しい. それはこの基準を算定するために必要とされる情報の種類と量を考えてみればよい. まず現実の環境がどうなったかを各下位者ごとに知らなければならない. つぎに, 各下位者の適切な適応的努力とはどのようなものであるべきだったかを知らなければならない. そうした情報を集めた後に, 現実の環境のもとでそのようなあるべき適応的努力が行われたら得られたはずの業績を計算できなければならない. この三つのステップをすべて厳密に実行するのはおそらく不可能なことだろう[11].

典型的な予算管理制度では, 事前目標水準としては予算というものがある. しかし事後基準にあたるものはあまりない. あるとすれば, 変動予算制度での操業水準にあわせて予算を事後的に計算して評価基準としているのがそれにあたるだろう. 環境の変化を操業水準の変化だけに絞った, 限られた情報を用いた事後基準の代用物といっていいだろう. もちろん, 「あるべき適応的努力」が明示的に考慮されているわけではなく, 「ふつうはこの操業水準なら費用はこのくらい」という公式のようなものがこの代用評価基準の内容である.

事後基準の代用評価基準という解釈ができる典型的な業績評価のやり方は, 下位者となんらかの意味で比較可能な人々の現実の業績水準を準拠集団として, この集団との比較で業績評価を行う, というやり方である. たとえば, 同僚の平均的実績との比較, あるいはその準拠集団の中での実績のランキングを評価の対象とすること, などがその例である. 事後基準の代用物になっ

ているのは，前者の例でいえば実績の平均値，後者の例では自分より上位の実績すべてである．

　事後基準のポイントは現実の環境を考慮にいれていることであった．それを考えると，上の代用物の二つの例はいずれも他者の実績という現実の環境の中で実現された業績水準をもちいていることで，現実の環境を考慮している面があるのである．その意味で事後基準の代用物になっている．準拠集団の人々の業務プロセスがこの下位者に任されている業務プロセスと十分似ていて，現実の環境も類似しているのなら，こうした準拠集団の実績をベースとした業績評価は十分に事後基準的な評価になるのである．

　こうした準拠集団との比較という事後評価はもう一つのメリットをもつ．それは，競争の場の創出である．類似の立場にいる人たちとの比較は，下位者の競争心を駆り立てるであろう．それがよりよい適応的努力，よりよい事前計画，より高い能力，へと下位者を導く可能性は，「自分の回りの社会での自分の相対的位置」に敏感な人であればあるほど，大きいであろう．日本の社会ではとくに言えることではないか．

　準拠集団との比較評価という業績評価のやり方は，事後基準の厳密な導出が難しい場合には，競争というもう一つのメリットもあるだけに，きわめて魅力的な評価方法となる．現実の企業でこの方法がよくとられているのは理由のないことではないのである．

　事後基準の現実的な難しさを考えると，その難しい評価基準の概念的議論に紙数を費やしすぎたようにも思える．しかしこうした概念的分析には，その概念が直接的に現実的有用性をもたなくても，十分に意義がある．現実的な評価基準(たとえば準拠集団との比較評価)の概念的な意味を明確にできることがその意義であり，その意味を明確に理解することによって現実的なやり方の注意点が明らかになるのがもう一つの意義である．たとえば，準拠集団との比較の本質が事後基準の代用というところにあるのだから，準拠集団の中での適応的努力がおしなべて低いと思われるようなときには，あるいはその集団の中であまり実績を高くしないような一種の共謀が行われているよ

うなときには，その比較はあまり意味をなさないことがよく分かるであろう．あるいはどんな準拠集団を設定すべきかも，事後基準の本質から明らかになるであろう．なんでも比較して競争をさせればいいのではないのである．

こうした事後基準の概念的重要さを考えると，現場の管理者が自分の直感をベースに部下の業績評価のために「事後基準のようなもの」をおぼろげながらも作ろうと努力することの大切さが理解できるであろう．極論すれば，業績評価においてなにかのシステムから出てくる「評価基準」だけでなく管理者の判断が必要となるのは，この事後基準を暗黙のうちに彼の判断で作るところにある．それが，業績評価における管理者の最大の役割なのである．現場を知り，したがって現実の環境がどうなったかの判断ができ，下位者のくせや能力を知っている管理者ならば，「この状況ならば彼にはこれくらいの業績はあげられるはずだ」というような判断がある程度つくはずである．その判断とは，まさしく事後基準の推定を行っていることに等しいのである．

私は前章でも，経営計画における長期と短期のバランスを最終的に判断し，長短の整合性をとっていくのは制度の役割ではなく，管理者の役割だと言った．おなじように業績評価でも，最後のもっとも大切で難しいところは，制度任せ，システム任せにするわけにはいかない．微妙なバランスをとり，総合的な判断をするのは結局は人間の仕事，管理者の役割なのである．これは，経営管理制度がどのように進んでも，あるいは進めば進むほど，重要になってくるであろう．

5.5 業績評価制度に要求されるもの

業績評価への不満

業績評価制度に要求されるものは何かを考える手がかりとして，一般に業績評価制度あるいは業績評価プロセスにたいしてどんな不満が評価をされる人々から出されるか，を考えてみよう．その不満にたいする対処の仕方，対処の基本的態度がそのまま，業績評価制度を設計し運用していく際に考慮し

なければならない事柄になるはずである．
　一般によく聞かれる不満とは，つぎのようなものである．
　(1) 評価の対象となる変数が正当でない．
　(2) 評価の基準が正当でない．
　(3) 評価が公平でない．
　(4) 評価がきびしいために保守的になる．
　(5) 評価の目的がよく分からない．
　(6) 評価のやり方，結果と他の経営管理制度の要求とが矛盾する．
　「評価の対象となる変数が正当でない」とは，自分の権限でないことで評価される，評価の対象となる自分の責任変数が，自分の権限のもとにある変数でない，ということである．責任と権限の不一致についての不満である．
　「評価の基準が正当でない」とは，業績評価が達成されるべき業績水準と実績との比較によって行われるとすれば，そのときに比較の対象になっている基準が自分の努力で達成可能な業績水準ではない，ということであろう．たとえば事前目標水準をもちいて環境変化の激しい部門の業績評価を行えば，この種の不満が出てくるだろう．
　「評価が公平でない」とは，他の下位者と比べて妥当な評価をされていない，ということである．不公平を下位者が感じる原因はいろいろあるだろうが，類似の職務の下位者が多ければまず間違いなく出てくる不満である．
　「評価がきびしいために保守的になる」とは，減点主義の評価あるいは敗者復活戦のない評価などのために，下位者の行動が保守的になってしまうという不満である．この不満はそもそも保守的な人がその言い訳につかうこともあるが，業績評価制度のマイナスの効果としてよくあげられるものである．
　「評価の目的がよく分からない」とは，評価することによって上位者が何を狙っているのかはっきりせず，下位者が対応に困ったり，不安を感じるということである．人事評価，モニタリング，教育，といった業績評価のおもなマネジメント・コントロール機能のうちのいずれを主眼とした業績評価なのか，よく分からないということであろう．

「評価のやり方,結果と他の経営管理制度の要求とが矛盾する」とは,業績評価制度が下位者にたいして発している「あるべき行動」についてのメッセージが他の経営管理制度から発せられるメッセージと矛盾し,どのような行動がほんとうにあるべき姿なのか,望ましいのか,よく分からない,という不満である.たとえば,経営計画制度では長期の戦略の重要性が強調されているのに,業績評価制度では相変わらず短期利益一本槍の評価が行われている場合などが,それである.

業績評価制度の設計と運用の基本的考え方

それでは,上にあげた不満に答えるかたちで,業績評価制度の設計と運用の際に基本的考え方として必要と私が考えるものを述べていこう.

まず,(1)評価の対象について.評価の対象を決めるということは,ある意味でマネジメント・コントロールのサブシステムとしての責任システムを決めていることになっている.その際,下位者の権限の範囲をこえた変数を責任変数としてその下位者の評価の対象とすることがよくある.たとえば,本来販売活動に権限をもたない工場長を評価するのにその工場の製品からあがる利益業績を用いる,といった例である.工場長からすれば,自分の権限でない売上高に大きく依存する利益で評価されるという不満が出ても当然かもしれない.しかし,その工場の製品の質が売上高を左右したり,工場がどの程度顧客の無理な要求に応じようとするかで販売活動の容易さに影響が出てきたりする.つまり,売上を左右する影響力を工場長は実質的にある程度もっているのである.しかし,売上についての主な責任が販売担当者にあることもまた確かである.このように,ある下位者の責任の範囲を明確に線引きすることは難しい.

そんなとき,多くの優良企業がとる道は,責任を権限よりも大きくとることである.ある程度の影響力があれば,その変数に関連させた業績評価を行うようにするのである.その程度の判断や,実質的な責任の所在を個々の具体的状況ごとに判断するのは上位者の役割と割り切るのである.皆が責任逃

がれをする事態を招くよりも,責任の重複をとるのである.重複から生まれうるさまざまなもめごとや過剰責任の不満の方が,組織にたいするマイナスは少ないと判断しているということであろう.

こうした事態にならざるを得ない最大の原因は,きれいに責任をふりわけた業績測定をできる測定技術がないからである.具体例でいえば,管理会計システムの中で,各下位者ごとに彼の権限にもとづいた真の業績を測定する技術が十分には開発されていないことが,その例である.たとえば,工場長のもつ影響力を正確に反映した責任利益を計算する方法がないために,ふつうの利益数字を彼の業績指標にせざるを得ないのである.

このような「過剰責任の原則」とでもいうべきものは,業績評価制度の設計の際の仕方のない現実的原則と思われる.伝統的に経営学の教科書でいわれてきた「責任と権限の一致」は,あまり現実的でないことも多いのである.ただし,責任と権限のまったくの不一致が望ましくないことは言うまでもない.

つぎに,(2)評価の基準について.この点はすでに前節でくわしく私の論点を述べた.事後基準を評価基準として用いるのが,基本的考え方として望ましいと思われる.

(3)評価の不公平については,不公平を下位者が感じる原因をよく考える必要がある.一つの原因は,評価者である.その人の評価のやり方に問題があって不公平な評価をしてしまうケースである.これを是正するには,評価者の評価を行う,複数の評価者をおく,上位者以外に同僚による評価や部下による評価をなんらかの形で反映させるよう全体の制度を考える,などが解決方向であろう.日本の企業によくみられるのは,個人的な付き合いの席での雑談などのさまざまなインフォーマルなルートを通して,同僚や部下の評価を業績評価の材料としようとする努力である.

不公平さの第二の原因は,そもそも個人単位などに業績を細分化して測定できないのを無理して細分化するために発生する測定システム上のゆがみである.ゆがんだ業績測定をベースに評価が行われれば,不公平が発生するの

第5章　業績評価制度

は当然である．解決は二つしかない．一つは，業績測定と評価の単位をもっと大まかにして，集団単位の評価にすることである．細分化ゆえのゆがみをなくすのである．もう一つは，その不公平が過大でないと判断できるなら，個人単位などの細分化された業績評価がある程度できることのモチベーションその他の効果を重んじて，あえて不公平に目をつぶることである．その不公平を業績評価制度の仕方のないコストと考えることである．この第二の解決方向をとる企業が優良企業には多いように思われる．

不公平の第三の原因は，業績評価制度が全体としての整合性を欠いているために，ある部門やある職種がとくに優遇されるような評価制度になっていることである．そのときには，基本的には評価制度全体を整合性のあるものに変える必要があるだろう．

(4)評価がきびしいために保守的になるのは，基本的にはすでに述べたように減点主義，敗者復活戦がないこと，などによるのである．あるいは予算管理制度の差異分析によく見られがちなように，マイナス差異だけが大きく問題にされ，プラスの差異がそれに比して十分に評価されないのも，人々をマイナス差異を出さないような行動原理へと誘う原因になる．

この点を改善するには，マイナス差異を不当に大きく罰さないような評価制度にする必要がある．あるいは，マイナスだけでなくプラスも等しく評価する制度にする必要がある．さらには，予算管理制度で差異分析をあまりに重視しすぎないような注意も必要であろう．

しかし，より基本的には，失敗や低業績というものをどのような目でみるかについて，基本的な考え方を変える必要がある場合も多い．失敗や低業績が「悪である」，「少しでもあってはならないことである」という基本的な考え方が，保守的な企業にはよく見られる．もしそうであれば，そのような組織内通念の中で人々が失敗や低業績を極力さけようとし，その結果不必要なほどに保守的な行動をとるのは無理もないことである．しかし，失敗や低業績にたいして，「そこから貴重な教訓を学び，人が育ついい機会でもある」，「失敗がなければ大きな成功もありえない」という考え方も可能である．そ

のような考え方が組織の通念となってはじめて，リスクに挑戦し進取の気象に富んだ組織になれるのであろう．つまり基本的には失敗の評価のあり方が問題なのである．

(5)評価の目的の不明確さの基本的な問題は，業績評価が人事評価，モニタリング，教育，という三つの機能のどれにどのくらいの比重をかけているのかはっきりしていないことである．時には，この三つの機能を業績評価制度が同時にもってしまうことを上位者あるいは業績評価制度の設計者が明確に認識していないことすら，あるだろう．そして5.3節で述べたように，この三つの機能，とくに人事評価と教育とは相互に矛盾の芽をもっていることを認識していないことも多いだろう．人を選別するための制度と人を育てるためのコーチングの制度とは，必ずしも容易に両立しないのである．

おそらく基本的に重要な点が二つある．一つは，こうした機能の複合性を業績評価制度がもっていることを明確に認識し，その無用な混同をさけバランスをとることを考えること．もう一つは，そのバランスをとるときに，どの機能を主とするかはっきり優先順位をつけること．さもないと結局あぶはちとらずに終わってしまう．時には，それぞれの機能を主機能とする制度を別々に作る必要があるだろう．業績評価の本質を，「裁判官の仕事」と「カウンセラーあるいはコーチの仕事」の二本立て，と象徴的に表現することがよくある．この二つの仕事を二つの制度にわけて行う必要があることが多いであろう．カウンセラーが同時に同じ比重で裁判官にはなれないのである．

(6)他の経営管理制度との矛盾については，基本的には同じメッセージをどの制度も送る必要があり，また一つの管理制度のアウトプットを別の管理制度が整合的に使うのが望ましい．

たとえば，経営計画制度で作られる事前計画を下位者が真剣に受け止めるのは，多くの場合その事前計画をどう実行したかが業績評価の段階で評価の対象になるからである．前節で議論した適応的努力に業績評価の焦点を集中させるのは，まさしく「事前計画の実行のあり方」を評価の対象にしているわけである．これは経営計画制度と業績評価制度の間に整合性のある例にな

っている.

　しかし企業はときに,わざわざ意図的にたがいに矛盾しそうなメッセージを二つの経営管理制度から送ることがある.上で例にあげた,計画制度では長期戦略重視,業績評価では短期利益,といった矛盾するメッセージである.単純に,これを長期志向と短期志向とすれば,この二つの志向は企業にとっていずれも必要である.短期の利益がなければ企業の存続があやぶまれ,長期の戦略がなければ環境変化に適応できない.そのとき,この二つがいずれも大切であることを組織にメッセージとして送るために二つの管理制度を使い分けるのである.そして,その明らかな矛盾の解決を現場の管理者の具体的な判断に委ねるのである.そのとき管理者は大きな役割を果たすことになるのである.前章と前節の終わりに強調した管理者の役割の重要性が,ふたたび登場する.

　こうした意図的な矛盾の状態は,それが恒常状態となってはまずいであろう.しかし,企業の変革期などにはかえって必須の条件になるのかもしれない.

5.6　結　び

　私は第3章でエイジェンシーの理論の大枠を紹介した際に,その基本的な問題がインセンティブ・システムとモニタリング・システムのあり方であり,インセンティブ・システムの基本的効果は,モチベーション,危険分担,情報収集の三つであるといった.この章で扱った業績評価制度はまさしくこれらの問題が集中的に登場する場であった.

　業績評価制度の本質的な問題はモラル・ハザードであり,その本質的な効果はモチベーション,危険分担,モニタリング,そして教育なのであった.そしてこれらの効果をもたらすための,影響システム,情報システムとして業績評価制度は機能しているのである.こういった効果や機能の総合的な配慮が,業績評価制度の設計と運用に基本的に要求されるものである.

こうした眼と理論的背景で業績評価制度を見る，分析することによって，どのような新しいあるいはより深い洞察が生まれうるのか．はじまったばかりの分析ゆえにその点についての十分な確証が本書で得られているとは思えない．しかし，手ごたえはあったと思える．業績評価制度のみならず経営計画制度についても，その果たす機能についての分析的なアプローチの端緒が，マネジメント・コントロールの枠組みによって，エイジェンシーの理論の考え方によって，提供されたように思われる．

第II部の役割は，マネジメント・コントロールの概念枠組みとエイジェンシーの理論が現実の経営管理制度を考える上ではたして有効かを試してみることであった．その答えは肯定的であったと考えてよいのではないか．

つづく第III部では，こうした枠組みの中心的な概念であるモチベーションとか危険分担というものを分析的にさらに掘り下げて考え洞察を深めるための，インセンティブ・システムのモデル分析へと論を進めよう．

第5章 注

1) 予算管理制度については，その経営計画制度としての側面はすでに前章で分析の対象とした．
2) たとえば類似の職務の人間の実績の平均値を評価基準として使うこと．くわしくは，次節で述べる．
3) 業績評価にかぎらず，そもそも人間の行う評価はその評価の対象が何であれ，とにかく比較という方法に頼るもののようである．その比較の基準として何が選ばれるかについて，バラエティがあるのである．この点については，後でくわしく述べる．
4) 業績評価の教育的意味の指摘については，たとえばPorter, Lawler and Hackman (1975)を見よ．
5) 5.2節の業績の方程式を見よ．ただし，これらのインプットのすべてを下位者が一人で投入しているとは限らない．とくに事前計画の決定の質は，下位者の決定のみならず上位者やその下位者の周囲の他の人々の決定の質によっても大きな影響を受けるだろう．しかし，業績を決めるインプットのすべてをその下位者が供給していなくても，部分を供給していればそれが下位者の業績評価の対象になるのである．
6) この例は，Horngren(1972)にあるケースを短くしたものである．
7) モラル・ハザードについては，73ページを参照せよ．
8) この二つの行き方は，前者が行動中心のコントロール，後者が結果中心のコントロ

第5章　業績評価制度　　　　　　　　　　　165

ールともいわれる．Ouchi(1979)を参照．
 9)　Anthony(1965)．
 10)　前章で，事前計画の上位者による承認は，その計画が意味する業績をもたらすような下位者の努力が期待されていることを伝達していることになっている，と言った．その努力水準の伝達ないし認知がここで言っていることである．
 11)　ある計画モデルと情報のパターンを仮定して，そうした事後基準を計算する試みを行っているのが，Demski(1967)とItami(1977)である．

第III部　インセンティブ・システムのモデル分析

第6章 インセンティブ・システム分析の基礎モデル

6.1 はじめに

　第II部では，第2章のマネジメント・コントロールの概念枠組みや第3章のエイジェンシーの理論をもちいて，現実の経営管理制度の機能をどのように理解できるかを論じてきた．いわば，第I部の概念枠組みで現実がどの程度切れるのかを確かめたという面もある．比喩的にいえば，第I部からさらに現実に直接に近づくような方向へ分析を進ませたのが第II部であった．
　第III部では，その方向は逆になる．第I部の概念枠組みからさらに概念と抽象の世界の方へ向かい，そこで深掘りをするように分析の方向を変える．現実を無視するというわけではない．第2章に登場しさらには第3章でふれられた概念やシステムの背後にある理論的な意味をさらに深く考えてみようというのである．そうした，一見現実から遠ざかるような抽象的理論的分析をしてこそ，実は現実の本質がどこにあるのかがはっきりしてくることがよくある．そうしてはじめて，現実をよりよく理解できるようになる．私はそう思っている．その意味では，第III部は，第I部から現実へ迂回的に近づくための分析の試みといえるであろう．直接的に現実に近づくのと迂回的に近づくのと，結局はどちらが有効か．先験的にはだれにも分からない．
　そういう趣旨の分析の対象として第III部でとりあげるのは，第1章で引用したバーナードの言葉にもあったように，「組織にとってもっとも重要」とよくいわれるインセンティブ・システムである．インセンティブ・システムのエイジェンシーの理論によるモデル分析，それが第III部の主題である．
　もとより，インセンティブ・システムの理論的側面のすべてを第III部で論じるわけではない．私自身の興味にもとづいて，その一部を分析の対象と

するにすぎず,しかも私自身のモデルとその分析結果を報告するにすぎない.インセンティブ・システムの理論の包括的な取り扱いはここでは企図されていない.

この章の役割は,そういう意図をもった第III部の序論として,インセンティブ・システムの経済分析の基礎モデルを説明するとともに,私自身の興味がどのようなところにあるかを読者につたえることである.より具体的には,インセンティブ・システムの役割と効果は何か,それらを十分に議論できるためには分析枠組みやモデルとしてどのようなものを設定する必要があるのか,その分析枠組みを用いて現実の組織によく見られるインセンティブ・システムの効果の分類を行ってみるとどうなるか,といったような問題を論じることがこの章の内容である.次につづく第7章と第8章が,このモデルの枠組みの中での数理的な分析を実際に行い,インセンティブ・システムの本質についての理論的洞察を深めようと努力している.

このようなモデル設定とその分析の試みを通して私が究極的に意図するものは,現実の組織体において用いられているインセンティブ・システムが,なぜその組織によって採用されるのかを説明できるような理論作りである.組織による経営管理制度の選択のポジティブ・セオリーの一部分を目指しているといってよい.

6.2 インセンティブ・システムとは

第3章で私は,マネジメント・コントロールの基礎理論としてのエイジェンシーの理論の説明をした.第III部の分析はすべてこの理論の枠組みの中で行われる.第3章でも述べたように,インセンティブ・システムとはプリンシパルがエイジェントに対して与える(あるいは組織がエイジェントに対して与える)広い意味での報酬のシステムのことである.この報酬は,金銭的なものでも,金銭以外の物質的なものでもよく,また,バーナードがその重要性を強調するような非物質的あるいは精神的な報酬でもよい[1].

第6章 インセンティブ・システム分析の基礎モデル

このように広く解釈されたインセンティブ・システムが、組織の管理制度として、きわめて大きな拡がりと重要性をもつものであることは、すでにたびたび強調してきた。工場労働者の能率給制度、ボーナス制度、セールスマンの歩合給制度、アメリカの企業によく見られる利益分配制度とよばれる経営参加の一方式、ソ連の企業管理者のクォータとボーナスの制度、あるいは賃金の体系一般も一種のインセンティブ・システムである。さらには、さまざまな組織内部の昇進制度、あるいはインフォーマルな賞め言葉やねぎらいによるインセンティブ、等々、まさに枚挙に暇がない。また、税制も国と企業や個人との間の一種のエイジェンシー関係におけるインセンティブ・システムとして機能することがしばしばある。たとえば、租税特別措置法によるさまざまな優遇措置や「公害税」などに代表されるような抑制的税制措置もその一例である。

こうしたインセンティブ・システムは、プリンシパルの立場からすれば、意思決定を委託したエイジェントの行動に影響(プリンシパルにとって望ましい)を与えるためのシステムの一つであり、かつエイジェントに彼の行動の成果をなんらかの形で分配するためのシステムである。エイジェントの側からインセンティブ・システムを見れば、何よりもまず自己の行動の成果が自分に分配されるシステムとして捉えるであろう。

たとえば、スティグリッツ[2]が分析している農業経済における地主と小作人の間のエイジェンシー関係に例をとってみよう。その年の収穫と小作人の受け取る収穫の間に関係をもたせるという一種の出来高制度というインセンティブ・システムの場合を考えると、この制度は小作人の立場からすればその年の収穫を地主との間でどのように分配するかという制度である。そのことに彼の興味の中心があると言っていいであろう。つまり成果の分配システムである。その分配システムが、収穫との関係を強くもつものなら、小作人の努力の成果が反映されるという意味で、勤勉な質の高い小作人にとっては望ましいであろうし、労働意欲の低い小作人にとっては望ましくないであろう。しかし、農業収穫は天候等の不確実性の影響を強く受けるものであり、

小作人の収入があまりに強く収穫との関係をもつと，小作人は大きなリスクを自己の収入に関してもってしまうことになる．したがって，小作人の危険回避傾向が大きいときには，その年の収穫とあまりに強い関係をもつ出来高制度は好ましくないこととなる．

エイジェントにとっての成果分配システムとしてのインセンティブ・システムの検討にも，この例が示すようにさまざまな考慮が必要となるわけだが，委託された意思決定を自ら行う立場にあるエイジェントとしては「成果分配」に興味の中心があることは明らかであろう．

それに対して，意思決定を委託している立場にある地主(この場合のプリンシパル)としては，成果分配に興味があるのは当然であるとしても，たんにそれだけをインセンティブ・システムに求めているのではない．小作人の労働意欲をどのように高め，小作人が天候等の変化に対処して適切な手段をとるかどうかにも興味があるのが通常であろう．つまり，小作人のとる農業作業上のさまざまな意思決定(労働意欲の程度の決定もその一つ)がインセンティブ・システムの作られ方しだいで変化することに対する興味である．インセンティブ・システムのもつ，エイジェントの意思決定への影響システムとしての側面である．

したがって，インセンティブ・システムの分析のためには，成果分配と意思決定への影響という二つの側面を同時に論じることのできるフレームワークが必要となる．そのために(とくに意思決定への影響を論じるためには)，エイジェントに委託された意思決定は何で，それが行われる状況としてどのような想定をするかが重要な問題となってくる．そして，エイジェントの行動がどのような形で成果に反映されるかも重要な問題となるわけである．

それを次節でより厳密に定式化してみよう．

6.3 エイジェントの行動とプリンシパルの行動

一般に,組織においてエイジェントに委託される意思決定は,ある程度の期間にわたるものであるのがふつうであり,またその意思決定は不確実な環境の下で行われるのが通常である.不確実な環境の下での環境の変化に対応したダイナミックな適応的意思決定プロセスがエイジェントに委託されたものの一般形であるといってもよい.この見方はすでに第3章で説明した.エイジェントに委託されているのは業務プロセスのコントロールなのである[3].

地主と小作人の関係も農業組織における適応的意思決定プロセスの委託関係である.耕作期間中の農作業についての意思決定のダイナミックスは,植えるべき作物の種類の決定,自然環境の変化に対応した農作業の決定の一連のシリーズなど,まさしく小作人による適応的意思決定プロセスであろう.

さらに,組織におけるエイジェントの行動として,このような意思決定とその実行の他に,情報伝達活動とでもよぶべきものを含んで考えるべきであると第3章で述べた.情報伝達活動とは,エイジェントの直面する環境や自分のとろうとしている行動についての情報をプリンシパルに伝達する活動で,プリンシパルとしてはエイジェントに委譲していない彼自身の意思決定を有効に遂行するために必要となる情報であろう.この情報のもつ意義は,エイジェントの行動や環境が外部性をもつものであればあるほど大きくなる.

以上に述べたような状況を念頭に置いて,エイジェントとプリンシパルの行動を,所与の制度的要件(たとえばインセンティブ・システム)の下で叙述するモデルを考えてみよう.その後に,インセンティブ・システムの選択プロセスについて論じることとする.

まず,エイジェントに委託された意思決定プロセス(とその実行プロセス)がある期間全体にわたるものと考え,その期間中にエイジェントは次の三つの行動を行うものと考える.(このようにエイジェントの行動をとらえると

いう視点は，第4章4.2節で下位者の行動の説明をした際にもとられている．)

(1) 期間全体の活動計画(事前計画)の作成
(2) 自己の環境および期間計画についての情報の伝達
(3) 計画の実行と計画修正行動の決定および実施(このプロセスはダイナミックに行われるのが普通であろう)

(1)の計画作成は，プリンシパルとの交渉あるいは話し合いなしに，まったく独立にエイジェントによって行われることは通常はないかもしれないが，その計画作成についてかなりのイニシアティブをエイジェントがもつことも多いので，一応エイジェントの行動と考えておく．

この三つのエイジェントの行動に対して，プリンシパルは，(2)の情報伝達を受けた後，彼自身の選択行動を行うと考える．たとえば，多数のエイジェントをもつプリンシパルが，エイジェントたちの伝える情報や計画にもとづいて彼らの間の調整を行うのは，このプリンシパルによる選択の一例である．

エイジェントによる(3)実行および修正活動においては，二つの点に関して注意する必要がある．一つは，この活動を行うためにはエイジェントが自己の活動環境について情報を取得することが必要だ，という点である．情報のないところに，適応行動はない．第二は，計画の実行にせよ，その修正行動にせよ，あるいは情報の取得にせよ，エイジェントの努力(や能力)が大きな要素になるということである．あらかじめ決められた計画を，生半可に実行し，何の修正も行わないエイジェントもありうるであろうし，努力して実行をし情報の取得に努めるエイジェントもありえよう．成果を決めるのは，事前計画の良悪だけでなく，エイジェントの努力の大小によるところも大きいはずである．

記号の定義と仮定

今，次のように記号を定め，上に述べたことを図式化して見よう．

x……エイジェントの期間活動の事前計画

第6章 インセンティブ・システム分析の基礎モデル 175

m……プリンシパルにエイジェントが伝達するメッセージ
e……xの実行や修正行動に対するエイジェントの努力水準
y……環境についてエイジェントが取得するメッセージ
s……環境の状態
t……プリンシパルによる選択行動
z……エイジェントのパフォーマンス(組織に対する成果)
v……エイジェントに与えられるインセンティブ・ペイメント(たとえば金銭的報酬の額,非金銭的報酬の大きさ)
f……x, e, t, sとzを結ぶ関数 $z = f(x, e, t, s)$
I……インセンティブ関数.vを定める関数でz, m, s等に一般に依存すると考えられる.
M……エイジェントからプリンシパルに報告させるメッセージの種類(あるいはmの属すべき集合)

ここで,最後の二つ,IとM,がこのエイジェンシー関係の制度となるもので,通常はIとMの選択はプリンシパルによって行われると考えられるであろう.IとMの選択については後述するとして,以上のエイジェントとプリンシパルの活動等は時間的順序にしたがって,逐次的に起こってくると考えられる.その順序としては,次のような想定が一般的であろう.

(1) エイジェントによるmの報告
(2) プリンシパルによるtの決定
(3) xの決定(エイジェントが行うか,もしくはプリンシパルとの合議)
(4) エイジェントによるxの実行開始とyの取得
(5) エイジェントによるeの決定
(6) sの確定と期間のパフォーマンスzの確定

現実の長期間にわたるエイジェンシー関係では,(1)から(6)までのプロセスがダイナミックに繰り返されるわけであろうが,(1)-(6)までのプロセスは,その過程の中の一つのサイクルを取りだしたものと考えてよい.また,実際のエイジェンシー関係には,(1)-(6)までの各ステップ内の全部が必ず

しも存在しないかもしれない．たとえば，(3)x の欠けるエイジェンシー関係もあろうし，(1)m や(2)t はしばしば重要でないかもしれない．あるいは，(5)e の決定があまり重要でなく，エイジェントによる修正行動的努力の余地の小さいエイジェンシー関係もありうるであろう．しかし，一般的なモデルとしては，一応(1)-(6)までのステップを考慮しておく必要があろう．

このようなエイジェンシー関係において，エイジェントとプリンシパルの効用を次のように想定しよう．

$A(v, e)$……エイジェントの効用関数．インセンティブの大きさ v と努力 e に依存して定まる．

$P(z, v)$……プリンシパルの効用関数．エイジェントが組織にもたらす成果 z とエイジェントに与えられるインセンティブの大きさ v に依存して定まる．

各々の関数の微係数を A_v, A_e, P_z, P_v とすれば，

$A_v > 0, \ A_e < 0$

$P_z > 0, \ P_v < 0$

と想定するのが一般的であろう．プリンシパルの効用関数については，z と v が同じ金銭単位で計られ，しかも，v が z の中から支払われプリンシパルは残余としての $z-v$ を受け取るような場合，$z-v$ を変数とする $P(z-v)$ のごときものを考えるのがよく見られる想定である．しかし，z と v とは必ずしも同一次元のものとは限らない場合がある(たとえば，v がステイタス・シンボルとしての地位の上昇である場合)ので，ここではより一般的に z と v を P の別個の変数と考える．

これらの効用関数にもとづいて，(1)-(6)までのプロセスでエイジェントとプリンシパルは各々の期待効用最大化を基本的な行動原理として行動するものと仮定しよう．(1)m の報告においては，エイジェントは自分の報告するメッセージによってプリンシパルのとる行動 t が変化し，それが z (組織の成果)に影響を与え，したがって究極的には v (自己のインセンティブの大きさ)に関わりをもつことを考えて，報告すべきメッセージを M の中から選

第6章 インセンティブ・システム分析の基礎モデル

択する。時として、虚偽の報告をすることがエイジェントの効用の増大につながることがありうるわけである。

(2) t の決定においては、プリンシパルは自分の選ぶ t に対するエイジェントの反応（つまり x と e の選択）を考慮した上で、t の決定を行う。そのとき、プリンシパルは自己の効用 P の期待値を最大にしようとする。(3) x の決定は、仮にエイジェントによってこの決定が実質的に行われるとすれば[4] すでに決まった m と t を受けて、また将来に決定すべき e のことも考慮して、エイジェントは x の決定を行うであろう。彼の行動原理は、自己の効用 (A) の期待値の最大化である。

(4) 情報 (y) の取得については、一応エイジェントにとって利用可能な情報システムがあるものと仮定する。したがって、メッセージの質などについては、エイジェントの努力等でとくに影響を及ぼすことはできないとする。ただしそのメッセージを e の決定(5)において、努力の大小によって同じメッセージでも異なった成果につながりうるものと仮定する。e の決定は、新たな情報 y の取得後に行われるエイジェントの最後の意思決定であるが、まだ環境の不確実性は完全になくなっていないと仮定するのが一般的であろう。e の決定も、エイジェントの期待効用最大化（ただし、y によって修正された環境の確率分布による）と考えられる。x の実行や修正には、努力が必要とされる。その努力 e の成果 z やエイジェントのインセンティブ v への影響はもちろん努力が大きければ成果もインセンティブも大きいというものであろうが、同時に e は負の効用をエイジェントにもたらすと思われる。これが A_e が負であることの含意である。

以上に叙述した四種の決定問題 (m, t, x, e) が所与の I と M の下で逐次的に解かれるというのが、この章で提示する基本的フレームワークである。これらの問題をより厳密に定式化したものを以下に述べるが[5]、その際プリンシパルとエイジェントのもつ情報として次のような仮定をおく。

(a) f, A, P の三つの関数については二人とも知っている。z の観察も二人ともコストなしに可能。

(b) y の取得，s の観察はエイジェントにとってコストなしに可能であるが，プリンシパルにとってはコストがいる．

(c) エイジェントは t をコストなしに知ることができるが，プリンシパルは x と e の真の値を知ることはできない．(あるいは，その観察に大きなコストがいる．)

(d) メッセージの発生確率分布，s の事前確率分布については，二人は共通の分布をもっている．

仮定(d)は以下の定式化にとって本質的な仮定ではないが，いたずらに問題の記号的複雑さを増大させないために設けられる仮定である．仮定(b)と(c)は本質的で，二人の間のこの情報格差と仮定(a)の効用関数の相違の存在が，エイジェンシー関係の本質的問題を生み出している．とくに，仮定(c)のゆえに，インセンティブ関数 I はエイジェントの努力水準を明示的に変数とすることはできないことが多くなり，以下でもそのように仮定される．また，仮定(b)のような事態が一般的であるために，インセンティブ関数 I は s に依存しないように作られることも多い．ただし，以下では I は一応 s にも依存できるものと仮定される．(実際に I が s を変数として含むかどうかは，s を変数とすることのメリットが s を観察するコストを上回るときのみである．)

四つの決定問題の定式化

では，モデルの叙述を時間軸をさかのぼる順序で行おう．ただし，以下のモデルで E は期待値記号を示す[6]．

(1) エイジェントによる e の決定
$$\max_e \{\mathrm{E}_s A(v, e) | v = I(z, m, s),\ z = f(x, e, t, s)\}$$

ここで，期待値をとる際の s の確率分布は，エイジェントが取得したメッセージにもとづく条件付確率分布(事後分布)である．この問題の最適解を e^o と表せば，e^o は I, M, m, t, x, y という所与あるいは決定済みの変数の関数

となる．よって最大化された期待効用をこれらの関数として $Q(I, M, m, t, x, y)$ と書くとする．

(2) エイジェントによる x の決定
$$\max_x \{ \mathop{\mathrm{E}}_y Q(I, M, m, t, x, y) \}$$
この問題の最適解を x^o と書く．x^o は I, M, m, t の関数となる．

(3) プリンシパルによる t の決定
$$\max_t \{ \mathop{\mathrm{E}}_{y,s} P(z, v) | v = I(z, m, s), \ z = f(x^o, e^o, t, s) \}$$
プリンシパルによる t の決定は，この段階ではどのメッセージ y をエイジェントが受け取るか不確実で（したがって，エイジェントのとる e が何であるかも不確実）さらに現実の環境の状態 s が何になるかも不確実であるので，y と s とに関する期待値をとる必要が出てくるわけである．この問題の最適解を t^o と書けば，t^o は I, M, m の関数となる．この問題の最大化された期待効用を $R(I, M, m)$ と書くこととする．

(4) エイジェントによる m の決定
$$\max_m \{ \mathop{\mathrm{E}}_y Q(I, M, m, t^o, x^o, y) \}$$
この最適解を m^o と書けば，m^o は I と M の関数ということになる．

以上が，所与の I と M との下でのエイジェントとプリンシパルの行動のモデルである．先に述べた小作農と地主の例について，このモデルの各変数が何を表すかを，ごく簡単に例示しておこう．

まず，I は小作人に与えられるインセンティブ・システム，M は地主が小作人に耕作期間の始まる前に出させる報告の種類を表す．たとえば，今期の収穫目標，植える予定の作物の種類，予想される天候状況，等々がその例である．m がその報告の具体的内容を表す．m が今期の収穫目標であったりする場合でその目標の達成のいかんがインセンティブに影響するような場合，

小作人としては m を実際に可能なよりも低めに報告しようとする動機をもつことがありえよう．

　t の例としては，たとえば地主による小作人への機械の貸与をあげておこう．地主の持つ希少資源の，多数の小作人への資源配分の決定が，t の好例なのである．x の例としては，作物の種類の決定，耕法の具体的決定などがいい例であろう．s を自然環境（とくに天候）の状態を表すものとすれば，s についての情報 y を手にいれる前に，小作人としては決定しておかねばならないことが多く存在するはずである．それが x である．e は耕作過程における努力水準で，z を収穫の量とすれば，e を多くすれば z が増えることが一般に期待される．e の例としては，耕地の状態を一定に保ち作物を保護する努力があげられる．

　地主の効用は，その年の収穫と小作人に与えるインセンティブに依存し，小作人の効用は取得するインセンティブ・ペイメントの大きさ（つまり自分の取り分）と，努力水準に依存するわけである．

　例としてここでは小作農のケースを取ったが，企業組織における上司と部下の間の関係，国の行政監督機関とその監督の下で行動する経済主体の間の関係，等のエイジェンシー関係でもこのモデルに登場するいろいろな変数の実例を考えることは容易である．

6.4　インセンティブ・システムの選択プロセス

三つの選択プロセス

　制度の選択は，それが複数の個人からなる社会における制度という個人行動の枠や環境与件の選択であるので，常に「何をもって望ましい制度とするか」という定義のレベルで大きな問題をもたらす．一般に社会的選択の困難さとよばれているものの一つの例である．

　エイジェンシー関係におけるインセンティブ・システムの選択も，原則的

第6章　インセンティブ・システム分析の基礎モデル

にこの難から逃がれることはできない．前節のモデルで，制度的与件は I と M であったわけだが，ここではインセンティブ・システムに焦点を絞るために，I だけを明示的に考慮の対象として，エイジェンシー関係における I の選択へのアプローチについて，簡単に述べておこう．

あるインセンティブ・システム I がプリンシパルにもたらす期待効用を $p(I)$, エイジェントにもたらす期待効用を $a(I)$ と書くとすれば，二つの関数は前節の議論から，次のように表せるだろう．ただし，M は所与であると仮定する．

$$p(I) = R(I, M, m^o)$$
$$a(I) = \mathop{E}_{y} Q(I, M, m^o, t^o, x^o, y)$$

つまり，プリンシパルとエイジェントが一連の最適行動を状況に応じてとると仮定した場合の二人の期待効用である．

エイジェンシー関係においては，一般にプリンシパルが I の選択の権限をもつ場合が多いであろうが，必ずしもすべての場合にそうだと言い切れるものではないであろう．さまざまなケースを考慮すると，次の三つのアプローチが，I の選択の基本的アプローチとして考えられる．

(1) $\max_{I} p(I)$, 制約：$a(I) \geq \alpha$

　　$\alpha =$ エイジェントに与える必要のある最低限の効用

(2) $\max_{I} u(p(I), a(I))$

　　u : 社会的厚生関数

(3) 両者の間のバーゲニング(bargaining)

(1)は，プリンシパルが I の選択を自己の効用極大のために行うとし，その際エイジェントにとっての効用も，最低必要限度として考慮するというもので，インセンティブ・システムの経済分析においてよく見られる仮定である．α は，バーナード＝サイモン流の組織均衡の理論において組織維持のために必要とされる誘因の量と概念としては同様なものである．エイジェンシー関係を維持するに必要なエイジェントの効用である．(1)の特殊なケースとして，α が負の無限大になるケースは，プリンシパルがエイジェントの効

用を一切考慮せずに，独裁的に I の選択を行う場合で時にはありうるケースであろう．エイジェントにとって，このエイジェンシー関係に属する以外に途がない場合にこのような事態が発生しうる．

(2)は，二人の効用を変数とする社会的厚生関数が最大化される場合で，u の微係数は p についても a についても正であるのがふつうであろう．u が，プリンシパルとエイジェントの間のなんらかの合意形成プロセスの結果としての社会的厚生関数である場合，I の選択は二人の合意の下に行われることになり，u が第三者の組織設計者とでもいうべき人間による I の評価を示す関数である場合には，I の選択はこの第三者によって行われることとなる．エイジェンシー関係の重合としての大規模組織では，あるエイジェンシー関係の I の選択がプリンシパルでもエイジェントでもない人間(たとえば，もっと組織上層部の人間)によって行われることは十分にありうる．

(3)は，現実のエイジェンシー関係によく見られるのではないかと思われる I の選択プロセスである．二人がバーゲニングの切札として各々何をもっているか，どのような交渉経過を想定するかによって，さまざまなバーゲニングのモデルが考えられることとなる．バーゲニングの結果が，(2)の厚生関数最大化に落ち着く場合も多いであろう[7]．

協力的パレート最適性

以上の三つの選択プロセスは，いずれも m, x, t, e 等の決定が二人によってまったく利己的に行われるものと仮定した上での期待効用 $p(I), a(I)$ にもとづくものであった．その意味で，エイジェンシー関係を非協力ゲームとして定式化するという考え方にもとづいているといえる．非協力という意味は，次のような点を指す．

- 二人が自己の効用だけを考えている．
- 二人の間に情報の差があってもそれを伝達しあおうとはせず，むしろ自分の持っている有利な情報を自己の利益のために隠そうとする．
- 意思決定の際に二人の間に相談，調整はない．

第6章 インセンティブ・システム分析の基礎モデル

この非協力ゲームという点は,エイジェントに意思決定を委託せざるを得ないようなエイジェンシー関係の本質の一つとも思われるが,この非協力的ゲームをあたかも協力ゲームのように変換させてしまう効果をインセンティブ・システムがもっているかどうか,という I の評価基準とする考え方について最後に述べておこう.協力的パレート最適性とでもいうべき考え方である.

今,ある I の下で,m, x, t, e 等の決定が,すべてプリンシパルとエイジェントの合意の下で行われ,$P(z, v)+\lambda A(v, e), (\lambda>0)$ の期待値を目的関数として行われると仮想的に考えてみる.つまり,ある I の下で,二人の協力ゲームとして適応的意思決定プロセスが行われることを意味する.その時のプリンシパルとエイジェントが得る期待効用をそれぞれ $p'(I;\lambda), a'(I;\lambda)$ としよう.λ を動かして,$p'(I;\lambda)+\lambda a'(I;\lambda)$ を I について最大化していくと,p と a の平面にパレート最適フロンティアが描ける.図 6-1 の A がそれである.これを協力的パレート最適フロンティアとよぶ.

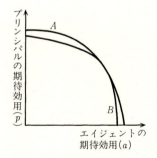

図 6-1 パレート最適フロンティア

次に,前述のモデル(1)において,a を順次動かしてプリンシパルによる最適な I の決定を行うことにより,非協力的な m, x, t, e の決定プロセスの $p(I)$ と $a(I)$ のパレート最適フロンティアが描ける.これが図 6-1 の曲線 B である.二つの曲線の導出プロセスから,明らかに A は B の外側に来る.(あるいは部分的に一致する.)協力は非協力より悪い結果を生むことはないからである.

ある I の下で,非協力的なエイジェンシー関係により得られる $(p(I),$

$a(I)$ が,曲線 A の上の点となるとき,この I は協力的パレート最適性を満たすという.つまり,この I の下では,非協力的に二人が行動するときの二人の効用が,仮に協力的に行動したとしてもパレート的に改善の余地がないほどになっているわけである.その意味で,非協力ゲームをあたかも協力ゲームと同値なもののように変換する働きをインセンティブ・システムがしていることになる.すでに述べたように,エイジェンシー関係の本質は意思決定の委譲であり,それを行わざるを得ない事情がプリンシパルの側にあるときにのみこの関係は発生する.協力ゲームとして二人の意思決定を捉えるということは,本質的にはエイジェンシー関係の消滅を意味する.したがって,ある I が協力的パレート最適であるということは,本質的に非協力的ゲームの結果を,協力ゲームとパレート的に劣らないものにしている(つまりエイジェンシー関係がありながら,あたかもそれがないような効用をもたらしている)ということとなり,この I の性質は望ましいものであると言ってよいであろう.

図6-1に例示されたように,A と B が合致する部分に I があるときにのみ,I の協力的パレート最適となる.一般には,A と B が合致するケースは特殊なケースであることが多い[8].A と B が合致する部分が複数個以上の点からなる場合(つまり協力的パレート最適な I が複数個ある場合)の I の選択は,再び(1)-(3)のプロセスに依存することになるであろう[9].

もとより,(1)-(3)のプロセスのいずれかをエイジェンシー関係の最適インセンティブ・システムの定義として用いる場合,その最適な I が協力的パレート最適である必要はない.非協力的な部分があることにエッセンスの一部があるエイジェンシー関係では,非協力的パレート最適フロンティアが通常は問題となるのであって,その上から選ばれた最適な I がいくつかの協力的パレート最適フロンティア上の点にドミネイトされたとしても,エイジェンシー関係の存続を否定する可能性を論じない限り,そのドミナンスは問題とはならない.協力的パレート最適の概念は,(1)-(3)の選択プロセスが明瞭でない際に用いる I の評価基準であることを銘記すべきであろう.

6.5 インセンティブ・システムの効果

　前節で最適な I の選択プロセスについて述べたわけだが，どの選択プロセスをとるにせよ，I をさまざまに変化させるときそれが $p(I)$ や $a(I)$ にどのような影響を及ぼすかを的確に理解する必要があろう．そのためには，I の $p(I)$ や $a(I)$ への効果をより具体的に論じるための，インセンティブ・システムの効果のタイプ分けといったようなものがあれば好都合であろう．この本では，すでに第3章で，インセンティブ・システムのモチベーション効果とか，危険分担効果とかいう概念が説明された．ここでは，これらの概念のより厳密な定式化を行ってみよう．

　すでに述べたように，インセンティブ・システムには成果分配システムとしての側面と，意思決定への影響システムとしての側面がある．まず成果分配の側面にかかわるインセンティブ・システムの効果から論じよう．

　成果の分配というとき，注目の対象となるのは v（インセンティブ・ペイメント）の大きさであろう．I を変化させると，それにともなうエイジェントの意思決定の変化が仮になくても，v の大きさへの影響はある．ボーナスの計算方式を変えるとボーナスの受給額が変わるといったようなものである．これが純粋な成果分配面での効果であろう．

　v は事前的には確率変数であるのが一般的なので，その確率分布の期待値を μ_v，リスクの尺度を σ_v とする[10]．μ_v, σ_v はともに $a(I)$ の主要な構成要素であろう．今，インセンティブ・システムの変化を仮に ΔI と書くと，ΔI が μ_v に与える直接的影響を所得分配効果，σ_v に与える直接的影響を危険分担効果とよぶべきであろう．ここに直接的とは，ΔI のエイジェントの行動への影響を考慮しない前という意味である．

　ΔI が μ_v の増加をもたらせば，それはエイジェントの所得が増えたことであり（これを正の所得分配効果とよぶ），σ_v が増えればエイジェントの負担するリスクの量が増えたことを意味する（これを正の危険分担効果とよぶ）．

確実性下の成果分配の議論であれば，所得分配効果だけを論じてそれが公平と効率にどういう影響をもつかに注目すればよいのであるが，不確実性のある場合には I の危険分担効果が大きな問題となる．正の所得分配効果をもつような ΔI は，それが正の危険分担効果さえもたなければ明らかにエイジェントの期待効用の増加を直接的にはもたらすであろうが，しばしばそれがもつ危険分担効果のゆえにエイジェントの危険回避度のいかんによっては期待効用を減少させることにもなりうる．この二つの効果の間のトレード・オフが，成果分配システムとしてのインセンティブ・システムの分析のキイポイントである．

インセンティブ・システムの意思決定側面については，ΔI がどのようなエイジェントの行動の変化をもたらし，それが究極的に成果変数たる z の大きさにどのような影響を与えるかに着目するのが良いであろう．v の場合と同様に，μ_z, σ_z を定義すると，ΔI が μ_z に与える影響をモチベーション効果，σ_z に与える影響をリスク決定効果とよぶことができるであろう．μ_z, σ_z はプリンシパルの効用 $p(I)$ の主要な構成要素であり，この二つの効果は，プリンシパルにとってのインセンティブ・システムの効果ということになる．

ΔI が μ_z の増加をもたらすとすると，これはエイジェントが μ_z を増加させるような行動を取るモチベーションを ΔI によって惹き起こされたからである．たとえば労働供給の理論で，賃金率の上昇が労働供給を増加させるモチベーション効果をもたらし，したがって産出量が増大する，といったケースの効果と性格は同じものである．ΔI が σ_z の増加をもたらす場合はエイジェントのとる決定がよりリスキーなものになるというわけで，積極的な意思決定を行うようになる場合である．したがってこの効果をリスク決定効果といおう．しばしば，企業組織内のインセンティブ・システムは負のリスク決定効果が強すぎ，保守的な決定しかエイジェントがしなくなる場合がある．それは，第一義的には I の危険分担効果がエイジェントの危険負担能力に比して大きすぎるために，v の基礎になる z のレベルでリスクを小さくしようとする動機が働くからである．

モチベーション効果とリスク決定効果は，通常は相反する方向に現れる．モチベーション効果の大きい I は，同時にリスク決定効果が小さく，保守的な決定を招きやすい．このトレード・オフが，エイジェントへの成果の分配の効果を考慮した後で，プリンシパルにとって真に重要な判断となるわけである．

インセンティブ・システムの意思決定への影響の側面は，エイジェントのとる行動そのもののうちのどの部分に影響を与えるかによって，その効果を分類することも可能である．6.3節のフレームワークにしたがえば，m の決定への影響，x の決定への影響，e の決定への影響である．各々の変数の性格を考慮して，これらの効果を順に，情報伝達効果，事前決定効果，適応努力効果，とよぶことができるだろう．おそらく，事前決定効果はリスク決定効果と深い関連をもち，適応努力効果は，まずもってモチベーション効果とつながるであろう．

6.6 結 び

前節で述べたような多岐にわたる効果をインセンティブ・システムはもつものと考えられ，したがってその十分なる分析のためのフレームワークは6.3節のようなかなり厄介なものとならざるを得ない．しかし，このような複雑なモデルを一般的な形で分析するためには，われわれにとって利用可能なツールはまだ十分ではない．いきおい，このフレームワークのうちのある一部を取り上げて，分析の中心とする必要が生じるであろう．

現に，これまで行われてきた，あまり数多くないインセンティブ・システムの分析例は，本章でのフレームワークの一部分として位置づけることは可能である．たとえば，スティグリッツは主として適応努力効果のレベルに焦点を合わせ，ロスは事前決定効果の問題を中心に分析している．ワイツマンは情報伝達効果に的を絞ったものであるし，青木はインセンティブ・システムの成果分配側面に注意を集中している[11]．しかし，これらの分析のいずれ

もが，エイジェントの行動を事前の決定(リスク決定になることが多い) x と努力決定に分けずに議論をしている．そのために前節で述べたインセンティブ・システムのさまざまな効果が混同して議論されていることもある．

おそらく，今後のインセンティブ・システムの分析も，数理的分析に関する限り，ここでのフレームワーク全体を同時に分析するのは困難で，やはり各部分に個別的注意を集中せざるを得ないであろう．本書での次章からの分析例もやはり，いくつかの部分の個別的な分析である．しかし，そのようにしてインセンティブ・システムの基礎理論の積み上げ作業を行う際にも，この章で提示したようなより広い視野からの見通しを常に持っていることは重要である．

第6章 注

1) Barnard(1938), Chapter 11.
2) Stiglitz(1974).
3) もちろん，このダイナミックな適応プロセスが完全にエイジェントに委託されきっていて，プリンシパルが全く関与しないようなケースはまれかもしれない．プリンシパルに指示をあおぐという形でエイジェントが自己に委託されたプロセスの運営についてプリンシパルの関与を適宜もとめることも多いであろう．しかし，プリンシパルの指示をあおぐことが間断なく起こり，プリンシパルの指示どおりにエイジェントが行動する(労働への努力水準の決定も含めて)のであれば，この二人の間には意思決定の委託関係は実質的に生じていないわけで，エイジェンシー関係ではない．したがって，エイジェンシー関係において委託されているものの本質は，適応的意思決定プロセスであるといってよいであろう．
4) この x は，エイジェントが実行を開始する事前計画であるから，たとえその決定がプリンシパルとの合議の形をとったとしても，実行に移る瞬間から，その合議の結果どおりに実行するかどうかはエイジェントの決定に実質的には委ねられてしまうこととなろう．プリンシパルとしては，エイジェントが実行開始する事前計画が本当に合議の結果のものどおりであるかどうかを検証する手段は，よほど特殊なモニタリング・システムをとくに設けない限り，まずありえないのが一般的な状況であろう．したがって，x の決定が実質的にエイジェントによって行われると仮定するのは，決して無理な仮定ではない．
5) 以下のモデルでは，各々の決定は自己の期待効用だけを考慮の対象とすると仮定してある．エイジェンシー関係を維持するために相手に与えるべき最低限の効用は何か，といったような考慮はなされないと仮定してある．(ただし，相手に与える最低限の効用を，制約条件として各モデルに付け加えることは，定式化としては簡単である．)その理由は，

この四種の決定はいずれもエイジェンシー関係の成立を前提とした上での決定だからである。しかし，プリンシパルによる I と M の選択という，後述する選択モデルにおいては，それがエイジェンシー関係をそもそも成立させる基本的誘因の決定問題となるものであるだけに，プリンシパルがエイジェントに与えるべき最低限の効用という制約条件を明示的に考慮する必要が生じるであろう。次章のモデルはその制約を考慮する。

6) 以下のモデルでは，エイジェントやプリンシパルの行動へのさまざまな技術的，制度的制約条件を明示的に考慮しない。たんに記号的複雑さを避けるためである。

7) たとえば，青木はヅーテンによるバーゲニング・モデルを用いて，企業内の株主と労働者の間の利益分配方式(つまり I)の選択プロセスを叙述している。青木昌彦(1984)。

8) プリンシパルのインセンティブ選択モデル(1)の最適な I が，一般には協力的パレート最適でないこと，A と B の合致のある場合の分析については，Ross(1973)また，類似の点の興味深い議論として，Zeckhauser(1971)。

9) (1)-(3)のプロセスが，まず第一に非協力的パレート最適点のうちから一つの I を選択するプロセスであることは明らかであろう。

10) このリスクの尺度はとくに何であってもかまわない。標準偏差と考えるのがもっとも常識的であろうか。

11) Stiglitz(1975), Weitzman(1976), Aoki(1979)。

第7章 線型インセンティブ・システムの最適分析

7.1 分析の目的

　前章では，エイジェンシーの理論によるインセンティブ・システムの分析の基礎的なモデルと分析視角の一般論についてくわしく考えてみた．この章では，そのフレームワークにもとづいて，かなり一般的な状況のもとで線型のインセンティブ・システムの最適なシステムがどのような特性をもっているのか，分析してみよう．その分析を行うことによって，最適なインセンティブ・システムがどのようにして決まるのかについての理論的な洞察が得られるばかりでなく，エイジェンシーの理論の力と限界についても理解が深められるであろう．

　線型のインセンティブ・システムを分析の対象として取り上げる意味は，少なくとも二つある．一つは，線型のインセンティブ・システムが，近似的にせよ世の中に多く見られるということである．たとえば，売上比例の歩合給のセールスマンの報酬制度，企業の業績に比例したボーナスの制度などがそれである．第二の理由は，線型であるがゆえにモデル分析がそれだけ簡単になり，洞察に富んだ分析結果が得やすい．ただし，この章での分析は線型なインセンティブ・システムという範囲に分析を限定した上での最適分析であり，そもそもインセンティブ・システムが線型であることが最適かどうかは考慮の外である．

7.2 基本モデル

　前章と同じように，エイジェントの意思決定は二段階であるとする．彼の

第一段階の意思決定はリスク決定とよばれ，x で表される．第二段階の意思決定は努力決定とよばれ，e で表される．エイジェントが x を決めた後，彼は自然の状態 s を観察し，それにもとづいてその後の対応である自分の適応努力の水準を決める．これが e である．e の決定は x と s を所与のものとするものであり，s の観察は完全であると仮定する．つまり，e の決定の際にはもはや不確実性は残っていない．エイジェントの行動に関して前章の一般モデルとちがうのは，エイジェントには自分の環境についての情報をプリンシパルにメッセージとして伝達する義務がないことである．

エイジェントのアウトプットは，x, e, s の関数として
$$z = f(x, e, s)$$
と決まる．この z から，エイジェントのインセンティブの支払い v が行われ，エイジェントの効用は $A(v, e)$ で与えられる．このインセンティブはアウトプットと同じ測定単位のものであると仮定する．したがって，プリンシパルはエイジェントにインセンティブを支払った残額 $w = z - v$ にたいして効用をもつとする．つまり，プリンシパルの効用は $P(w)$ で表される．

x と e をそれぞれリスク決定，努力決定とよべるためには，これらは z というアウトプットをもたらすについて，いくつかの特徴をもっている必要がある．たとえば，努力決定については，e を大きくすると z も大きくならなければ e は努力という名に値しないであろう．あるいは，リスク決定については，x を大きくすることがより危険の大きい意思決定につながる場合には x をリスク決定とよんで自然であろう．これらの特徴を定式化した一つの仮定が次のものである．

  （仮定1）すべての x と s に対して $f_e \geq 0, \ f_{ee} \leq 0$

  （仮定2）すべての x と e に対して $f_s \geq 0$

  （仮定3）f_x は s の増加関数で，小さな s に対しては負，大きな s に対しては正の値をとる[1]．

仮定1の意味は，努力 e は費やせば費やすほどいかなる状況のもとでもアウトプットを増加させる．しかし，限界生産力逓減の法則が働く，ということ

である.仮定2と仮定3はリスクの決定の特徴付けのために必要な仮定である.仮定2の言わんとするところは,自然の状態sが,より大きなsがより良い自然の状態であると言えるように順序よく並べられている,ということである.そのように順序付けられた自然の状態に対して,仮定3が「リスク決定」ということの意味をはっきりと定式化している.つまり,f_xがsの増加関数であるということは,xの値を大きくしていくときの効果がsの大きいときには大,sが小さいときには小,しかも負になる.従って,より大きなxをとることの影響は自然の状態が良いときには好ましい方向に大きいが,自然の状態が悪いときにはマイナスの大きな影響となる.だから,より大きなxがより危険な意思決定ということになるのである.これらの仮定は努力決定とリスク決定の特徴付けを行う唯一の方法ではないが,次節以降での分析に必要な仮定である.

エイジェントとプリンシパルの効用関数については次のような仮定をおく.いずれもよくある,妥当な仮定である.

(仮定4) $A_v > 0$, $A_e < 0$, $A_{vv} \leq 0$, $A_{ee} \leq 0$, $A_{ve} \leq 0$

(仮定5) $P_w > 0$, $P_{ww} \leq 0$

こうした基本モデルのなかで,プリンシパルは線型のインセンティブ・システムのパラメターの値を決めることになる.その線型のインセンティブ・システムとは次のような式で表される.

$$(7\text{-}1) \quad v = a + bz$$

ここで,a, bがインセンティブ・システムのパラメターである.

プリンシパルの決めるインセンティブ・システムの下で,エイジェントの意思決定は努力決定とリスク決定である.第二段階の意思決定であるeの決定の最適条件は,すでに第一段階で決めたxとその後に観察したsとを所与として,エイジェントの効用関数のeに関する最大化条件から求められる.

$$(7\text{-}2) \quad A_v \cdot \frac{\partial v}{\partial e} + A_e = 0$$

リスク決定はもう少し複雑である．エイジェントが自己の期待効用を最大にしようと x を決めるとき，彼が考慮しなければならないことが二つある．一つは，x が z に影響を与え，それが v に与える影響への考慮．もう一つの考慮は，x が第二段階の努力決定の際のパラメターになり，したがって e の決定が x の決定から間接的な影響を受けることの考慮．e への影響は，努力の負の効用という意味と努力からインセンティブ・ペイメント(v)が増えるという正の効用と，二通りの仕方で効用に影響が及ぶ．

(7-2)式によって，x から最適な努力決定 e^o への影響を示す関係が与えられている．微分可能性を仮定して，$\frac{\partial e}{\partial x}$ が(7-2)の与える最適努力関数 $e = e^o(x, s)$ の偏微係数を表すものとする．このとき，上記の二つの考慮をした上での x の決定のための最適条件は

$$E\left\{A_v\left(\frac{\partial v}{\partial x} + \frac{\partial v}{\partial e} \cdot \frac{\partial e}{\partial x}\right) + A_e \cdot \frac{\partial e}{\partial x}\right\} = 0$$

となる．ここで E は s についての期待値の記号である．この式に(7-2)を代入して，

$$(7\text{-}3) \qquad EA_v \cdot \frac{\partial v}{\partial x} = 0$$

が得られる．これが以降しばしば使われる最適条件である．(7-3)式の e は，x と s を所与としたときの最適努力 $e^o(x, s)$ でなければならないことに注意せよ．

(7-3)式を導出するプロセスで，x についての制約条件の存在については明示的にふれなかった．仮に x に制約条件があるときには，その制約集合の内点で最適な x が定まると仮定することにする．

7.3　リスク決定効果と努力決定効果

線型インセンティブ・システムの議論，とくに分配パラメターである b の最適水準の議論では，b が危険分担とモチベーションの二つの効果をもつと

よくいわれる。b の値が大きいと，エイジェントは z の不確実性のリスクを分担させられる割合が大きくなるが，それと同時に大きな努力を注ぎ込むモチベーションも出る。b が小さいと，ちょうどそれと逆の効果が出ることになる。もしインセンティブ・システムのためにエイジェントが大きな危険を負担することになれば，エイジェントにとってそれは分配上の危険分担という観点から見て望ましいことではない可能性がある。さらに，その危険負担ゆえにエイジェントのとる行動はきわめて保守的なものとなる可能性もある。そうすれば，仮にモチベーション効果はあるにせよ，プリンシパルの立場から見てそれは望ましい事態ではない。

以上の立論に隠されている仮定は明らかに，大きな b がエイジェントの行動を保守的にすると同時により大きな努力注入をもたらす，ということである。しかし，その仮定は一般的な条件の下で，本当に正当な仮定なのだろうか。この節では，インセンティブ・パラメターのもつこうした意思決定への影響を，われわれの基本モデルの枠の内で分析してみよう。その分析から得られる洞察が，最適なインセンティブ・システムがどのようにして決まるか，という次節で扱う問題の本質の理解に役立つはずである。

まず手始めに，基本モデルの二段階意思決定プロセスにおけるインセンティブ・パラメターの影響を示す比較静学的な基本式を導こう。

y をインセンティブ・パラメターを表す変数とする（$y=a$ あるいは b）。(7-2), (7-3) から

$$G(x, y) = 0$$
$$F(x, e, y, s) = 0 \quad (\text{すべての } s \text{ に対して})$$

となる。ただし，$G(x, y) = \mathrm{E}\dfrac{\partial A}{\partial x}$, $F(x, e, y, s) = \dfrac{\partial A}{\partial e}$ と定義する。y が微小変化するとき，x と e はともに上の二式を同時に満たすよう変化しなければ最適な x, e でなくなってしまう。したがって，y, x, e の全微分はつぎの連立方程式を満たす必要がある。

$$G_x \cdot dx + G_y \cdot dy = 0$$
$$F_x \cdot dx + F_e \cdot de + F_y \cdot dy = 0$$

これから,インセンティブ・パラメターの変化が x と e に与える影響を示す関係として,

$$\frac{dx}{dy} = -\frac{G_y}{G_x}$$

$$\frac{de}{dy} = -\frac{F_y}{F_e} + \frac{dx}{dy}\left(-\frac{F_x}{F_e}\right)$$

が得られる. $\frac{dx}{dy}, \frac{de}{dy}$ は y の変化によって x と e に起こる影響を, 二段階決定プロセスでの直接, 間接の影響をすべて考慮したものを表す. これに対して, 以下で $\frac{\partial x}{\partial y}, \frac{\partial e}{\partial y}$ という記号を用いることがある. これは, y の第一次的影響(直接的影響)しか考えていないときの y の x, e への影響を示すものである.

ここで, H_{xx} を $A(v, e)$ の x についての通常の2次偏微係数を表すものとする. つまり, x の変化→e の変化→それによる $A(v, e)$ の変化という因果の鎖は一応無視し, x の変化→v の変化→$A(v, e)$ の変化, という因果だけが考えられた偏微係数という意味である. 同様に H_{xe}, H_{ey} も定義する. さらに, $\frac{\partial e}{\partial y}, \frac{\partial e}{\partial x}$ を, y や x の変化によって, 第二段階の意思決定で e にどのような影響が及ぶかを示す偏微係数とする. やはりここでも, y の変化→x の変化→e の変化, という第一段階の意思決定との相互作用の結果は一応無視した微係数である. 同じように $\frac{\partial x}{\partial y}$ を, y の変化が, 第一段階の意思決定だけを考えたときにどのような影響を x に与えるかを示す微係数としよう. これらの記号を用いれば

$$G_x = \mathrm{E}\left(H_{xx} + H_{ex} \cdot \frac{\partial e}{\partial x}\right)$$

$$G_y = \mathrm{E}\left(H_{xy} + H_{xe} \cdot \frac{\partial e}{\partial y}\right)$$

$$\frac{\partial e}{\partial y} = -\frac{H_{ey}}{H_{ee}} = -\frac{F_y}{F_e}$$

$$\frac{\partial e}{\partial x} = -\frac{H_{ex}}{H_{ee}} = -\frac{F_x}{F_e}$$

$$\frac{\partial x}{\partial y} = \frac{\mathrm{E}(H_{xy})}{\mathrm{E}\left(H_{xx} - \frac{(H_{ex})^2}{H_{ee}}\right)}$$

したがって,最終的に次の二式を得ることになる.

(7-4) $$\frac{dx}{dy} = \frac{\partial x}{\partial y} + \frac{\mathrm{E}\left(H_{xe} \cdot \frac{\partial e}{\partial y}\right)}{\mathrm{E}\left(H_{xx} - \frac{(H_{ex})^2}{H_{ee}}\right)}$$

(7-5) $$\frac{de}{dy} = \frac{\partial e}{\partial y} + \frac{dx}{dy} \cdot \frac{\partial e}{\partial x}$$

これらの式は,消費者行動の理論における比較静学の基本方程式である,スルツキー方程式のようなものである.両式の右辺の第一項は y の変化の直接的影響を示し,第二項が二段階逐次決定プロセスでの波及効果,間接的影響を表している.スルツキー方程式の場合と同じように,第一項は若干のゆるい条件の下でその符号を確定できる.しかし,第二項は正にも負にもなりうる.最終的な影響(つまり第一項と第二項の和)は,結局正にも負にもなりうるのである.つまり,この節の冒頭でかかげた質問(b を大きくすると,リスク決定はより保守的になり,努力水準はより大きくなるか)への答えは,決して単純なイエスではないのである.リスク決定と努力決定が逐次的,適応的に行われるというエイジェントの行動の本質を明示的に考えると,話はそれほど単純ではないのである.

しかし,インセンティブ・パラメターの直接的な効果,$\frac{\partial x}{\partial y}, \frac{\partial e}{\partial y}$ については,もっと明確な結論が導ける.その分析がこの節の中心課題である.そのために,次のような仮定をおく.もちろん,$b \geq 0, a \geq 0$ と仮定する.

(仮定 6) $R_A = -\frac{A_{vv}}{A_v}$ は e に依存しない.

(仮定 7) R_A は v に関して減少関数,かつ,vR_A は v に関して増加関数.

(仮定 8) $\left.\frac{\partial v}{\partial x}\right|_{x=x^0}$ は s の関数として s が増加するにつれて負から正へその符号をただ一度変える.

(仮定 9) $f_{es} \geq 0$

仮定7は絶対危険回避度逓減,相対危険回避度逓増,というよくおかれる

仮定である．これを v に関して仮定できるためには，仮定 6 のような仮定が必要となる[2]．

仮定 8 については若干の説明が必要であろう．$\frac{\partial v}{\partial x}$ の $x=x^o$ での値は，s が変化することによって二つのルートで変化して行く．まず第一に，s が f 関数の第三の変数であるがゆえに，f_x が s とともに変化する．第二に，s が変化すればエイジェントはそれに応じて自分の努力水準 e を変えていく．そうすれば当然 $\frac{\partial v}{\partial x}$ に変化が起きる．仮定 8 の言わんとするところは，この二つのルートによる s の $\frac{\partial v}{\partial x}$ への影響が，$\frac{\partial v}{\partial x}$ の符号がただ一回変わるという形になっている，ということである．したがって，ある s について $\frac{\partial v}{\partial x}>0$ であれば，その s より大きな s についてはすべて $\frac{\partial v}{\partial x}>0$ と言える．仮定 8 が成立するための十分条件は $\frac{\partial v}{\partial x}$ が s の増加関数であることである．仮定 9 のように $f_{es} \geqq 0$ であるし

$$\frac{\partial^2 v}{\partial x \partial s} = b\left(\frac{\partial^2 z}{\partial x \partial s} + \frac{\partial^2 z}{\partial x \partial e} \cdot \frac{\partial e}{\partial s}\right)$$

であるから，$\frac{\partial v}{\partial x}$ の単調増加は $f_{xe} \cdot \frac{\partial e}{\partial s}$ が非負か，負であっても十分に小さな値であれば保証される．その一つの場合が $f_{xe}=0$ である．

仮定 9 は，大きな $s \longleftrightarrow$ よりよい環境という対応関係があるように s が並べられていることから，もっともな仮定であることが納得されるだろう．つまり，より望ましい s の下では，努力の限界生産力はより大きいのである．

これらの仮定の下で，まず s の関数としての v について，次の補題が証明できる．(証明はすべて章末の数学的付録を見よ)．

$$v(s) = a + bf(x^o, e(s), s)$$

とすれば(ただし，$e(s)$ は x^o と s を所与としたときの最適努力水準)，これが x^o というリスク決定の下で s という自然の状態になったときにエイジェントが受け取るインセンティブ・ペイメントの量である．

補題 7-1 $v(s)$ は s についての増加関数である．

この補題は, s が z というアウトプットの観点から見て望ましい状態にあれば, エイジェントのインセンティブの観点から見ても望ましくなっている, ということを言っている. この補題を用いて, 次の命題が証明できる.

命題 7-1

(7-6) $\quad \dfrac{\partial x}{\partial a} \geq 0 \quad \dfrac{\partial x}{\partial b} \leq 0$

(7-7) $\quad \dfrac{\partial e}{\partial a} \leq 0$

(7-8) $\quad \dfrac{\partial e}{\partial b} \geq 0 \quad$ ただし $bz \leq \dfrac{1}{(1+t)R_A}$ のとき

$\quad\quad\quad \dfrac{\partial e}{\partial b} \leq 0 \quad$ ただし $bz \geq \dfrac{1}{(1+t)R_A}$ のとき

ここで, $t = \dfrac{A_{ve}}{A_{vv} \cdot \dfrac{\partial v}{\partial e}} \geq 0$

すでに述べたように, 大きな x はより大きなリスクを取ることと解釈してよい. とすれば, (7-6)は大変妥当な結果である. この結果はポートフォリオ理論や最適税制の理論で得られている結果をより一般化したものと考えられる[3]. a を大きくするというのは, 初期資産を大きくすることと似ているし, b を大きくすることは税率を下げることと同じである. 通常, 保有資産が大きくなればリスクをより多く取れるようになり, 税率を下げるとより保守的な行動をとる, という結果がこれらの理論では得られている. (7-6)もそれと同じことを言っている.

インセンティブ・パラメーターのリスク決定への直接的な効果はこうしてはっきりとしているが, 努力決定への影響についてはそれほどはっきりとはしていない. (7-7)の言うように, 固定給を増やすことははっきりと努力水準にマイナスの効果がある. しかし, 分配のパラメーター b を大きくしても努力水準が必ず大きくなるとは限らない. bz の値が十分に大きいとそれ以上 b

を大きくするとかえって努力水準が下がるのである．ただし bz の値が十分小さければ，b の努力決定への影響は必ずプラスである．これは賃金理論における逆向き労働供給曲線を思い出させる．分配パラメター（つまり賃金率）を大きくすると，ある点までは労働の供給は増加するが，そうして所得が増えていくと逆に労働供給と賃金率の間に負の関係が生まれることになる．(7-8) もまさにそういうことを言っている．

t の定義から，次の変形ができる．

$$\frac{1}{1+t} = \frac{A_{vv} \cdot \frac{\partial v}{\partial e}}{A_{vv} \cdot \frac{\partial v}{\partial e} + A_{ve}}$$

つまり，$1/(1+t)$ は努力水準を大きくしていくときに所得の限界効用が減少していく中で，「所得飽和」によって減少する比重の大きさを示している．この比重が高ければ，b の増加が努力水準の上昇につながりやすい．

簡単なケースの分析例

上で述べてきたような結果をもう少し具体的に見てみるために，次のような簡単なモデルで分析をしてみよう．

$z = sx + e$ 　　E$s > 0$, $1 \geqq x \geqq 0$

$v = a + bz$

$A_{ve} = 0$, $R = -\dfrac{A_{vv}}{A_v}$ と $Q = \dfrac{A_{ee}}{A_e}$ はともに一定

このモデルでは，第一段階の意思決定，第二段階の意思決定，それぞれの最適化条件は

E$A_v \cdot s = 0$

$A_v \cdot b + A_e = 0$ つまり $b = -\dfrac{A_e}{A_v}$

$A(v, e)$ の二次微係数は

$H_{xx} = A_{vv}(bs)^2$, $H_{xe} = A_{vv}b^2 s$, $H_{ee} = A_{vv}b^2 + A_{ee}$

第7章 線型インセンティブ・システムの最適分析

$$H_{xa} = -b \cdot A_v \cdot sR, \quad H_{xb} = A_v \cdot s(1-bzR)$$
$$H_{ea} = A_{vv} \cdot b, \quad H_{eb} = A_v(1-bzR)$$

となる．ここで上の最適化条件を使えば，

$$H_{xa} - H_{xe} \cdot \frac{H_{ea}}{H_{ee}} = -\frac{bQR}{Q+bR} A_v s$$

$$H_{xb} - H_{xe} \cdot \frac{H_{eb}}{H_{ee}} = \frac{Q}{Q+bR}(1-bzR) A_v s$$

$$\frac{H_{xe}}{H_{ee}} = \frac{bR}{Q+bR} s$$

$$\frac{H_{ea}}{H_{ee}} = \frac{R}{Q+bR}$$

$$\frac{H_{eb}}{H_{ee}} = \frac{1}{(Q+bR)b}(1-bzR)$$

(7-4), (7-5)へこれらを代入し，最適化条件を再び用いて整理する．そのとき $Es > 0$ に留意すると，

$$\frac{dx}{da} = \frac{\partial x}{\partial a} = 0$$

(7-9) $\quad 0 \geqq \dfrac{dx}{db} = \dfrac{Q}{Q+bR} \dfrac{\partial x}{\partial b} \geqq \dfrac{\partial x}{\partial b}$

(7-10) $\quad \mathrm{E}\dfrac{\partial e}{\partial x} < 0$

$\quad\quad\quad \mathrm{E}\dfrac{de}{da} = \mathrm{E}\dfrac{\partial e}{\partial a} < 0$

(7-11) $\quad \mathrm{E}\dfrac{de}{db} \geqq \mathrm{E}\dfrac{\partial e}{\partial b}$

が得られる．

ここで，とくに面白いのは(7-9), (7-10), (7-11)である．(7-10)の意味は，x と e は平均的にいって代替的な存在である，ということである．つまり，リスク決定がより危険なものになれば，努力水準は下がる．そして，(7-9)と(7-11)が直接的な決定効果と全体的な決定効果との違いについての示唆を与えている．リスク決定についても努力決定についても，全体効果は直接的効

果よりも大きい．したがって，リスク決定と努力決定を同時に考慮しない従来のインセンティブ・システムの分析では，負のリスク効果が過大に見積もられており，さらに正の努力効果は過小に見積もられている可能性が強い．とすると，リスク決定か努力決定のどちらか一方だけを考えてインセンティブ・システムを設計する場合と比べると，二つの決定をしっかりと考えた分析では，最適な b の値はより大きなものとなるであろう．この結論は，もとよりここで用いた簡単な例について言えたことだが，より一般的な場合についても十分成り立ちうる洞察だと思われる．

7.4 最適なインセンティブ・システム

前節では，インセンティブ・パラメターの意思決定への効果を詳しく分析してみたが，そうした効果のことを考えた上で，プリンシパルはどのような最適なインセンティブ・システムを選択するのだろうか．ここではプリンシパルの選択原理が，エイジェントに一定の最小期待効用を保証した上でプリンシパル自身の期待効用を最大化することにあるとして分析を行ってみよう．前章の議論で言えば，インセンティブ・システムの選択がプリンシパルとエイジェントの間のバーゲニングで行われるのでもなく，二人の社会的厚生の最大化やパレート最適を目指して行われるのでもなく，プリンシパルの効用の最大化のために行われる．上下の権限関係が基本にある経営組織でのインセンティブ・システムのあり方を考える際には，もっとも自然な選択原理である．

そのとき，最適なインセンティブ・システムは，次の最適化問題の最適解である．

$$\max_{a,b} \mathrm{E}P(w)$$
$$\text{s.t.} \ \mathrm{E}A(v) \geq \bar{A} \quad v = a + bf(x^o, e^o, s)$$

以下の分析では，仮定1, 仮定3, 仮定4, 仮定9を前提とする．それ以外

第7章　線型インセンティブ・システムの最適分析　　　203

の仮定は必要でない．ただし，時に $A_{ve}=0$ を仮定するときがあるがそのときははっきりと明示する．

　上の最大化問題にある，エイジェントに与えられるべき効用の最低水準についての制約条件のために，プリンシパルは a と b を独立には選択できない．この不等式制約は事実上等式制約になってしまうので，結局プリンシパルは a か b のどちらかを選択し，しかる後にこの効用制約を満たすように他方のインセンティブ・パラメーターを決めるものと考えてよい．以下では，プリンシパルはまず分配パラメーターの b を選択するものと考えて分析を進めることとする．そのとき，Stiglitz(1974)にしたがって効用制約を満たす a と b の組み合せを効用等価インセンティブ・システムとよぶことにすれば，そこでは次の関係が成り立っている．

$$(7\text{-}12) \qquad \frac{\partial a}{\partial b} = -\frac{\mathrm{E}A_{vz}}{\mathrm{E}A_v}$$

最適分配パラメーターの決定

効用等価インセンティブ・システムの中からの選択の最適化条件は

$$(7\text{-}13) \qquad \mathrm{E}P_w\left\{\left(\frac{\partial w}{\partial b}\right)_{\bar{A}} + \frac{\partial w}{\partial x}\left(\frac{dx}{db}\right)_{\bar{A}} + \frac{\partial w}{\partial e}\left(\frac{de}{db}\right)_{\bar{A}}\right\} = 0$$

ただし $\left(\frac{\partial w}{\partial b}\right)_{\bar{A}}$, $\left(\frac{dx}{db}\right)_{\bar{A}}$ は効用等価微係数で，たとえば

$$\left(\frac{dx}{db}\right)_{\bar{A}} = \frac{dx}{db} + \frac{dx}{da}\cdot\frac{\partial a}{\partial b}$$

$$(7\text{-}14) \qquad \left(\frac{de}{db}\right)_{\bar{A}} = \frac{de}{db} + \frac{de}{da}\cdot\frac{\partial a}{\partial b} = \left(\frac{\partial e}{\partial b}\right)_{\bar{A}} + \left(\frac{dx}{db}\right)_{\bar{A}}\frac{\partial e}{\partial x}$$

$$\left(\frac{\partial e}{\partial b}\right)_{\bar{A}} = \frac{\partial e}{\partial b} + \frac{\partial e}{\partial a}\cdot\frac{\partial a}{\partial b}$$

ここで(7-14)を得るのに，(7-5)が使われている．

　(7-12),(7-14)を用いて(7-13)を整理し直すと，

$$(7\text{-}15) \qquad \mathrm{E}P_w\left[\left\{(1-b)\left(\frac{\partial z}{\partial x} + \frac{\partial z}{\partial e}\cdot\frac{\partial e}{\partial x}\right)\right\}\left(\frac{dx}{db}\right)_{\bar{A}} + (1-b)\frac{\partial z}{\partial e}\left(\frac{\partial e}{\partial b}\right)_{\bar{A}}\right]$$

$$= \mathrm{E}P_w\left(z - \frac{\mathrm{E}A_v z}{\mathrm{E}A_v}\right)$$

この最適化条件をいろいろと書き直すことによって，最適インセンティブ・システムについての洞察を深めていこう．そのために，まず次のようなパラメターを，プリンシパルとエイジェントの効用関数の性質やアウトプット関数 $z = f(x, e, s)$ の性質を示すものとして定義しよう．

$$q_P = \frac{P_w}{\mathrm{E}P_w}, \quad q_A = \frac{A_v}{\mathrm{E}A_v}$$

$$\theta_P = 1 - \frac{\mathrm{E}P_w \cdot z}{\mathrm{E}z\mathrm{E}P_w}, \quad \theta_A = 1 - \frac{\mathrm{E}A_v \cdot z}{\mathrm{E}z\mathrm{E}A_v}$$

$$m = \mathrm{E}q_P \cdot \left(\frac{\partial z}{\partial x} + \frac{\partial z}{\partial e} \cdot \frac{\partial e}{\partial x}\right)\left(\frac{dx}{db}\right)_A$$

$$n = \mathrm{E}q_P \cdot \frac{\partial z}{\partial e}\left(\frac{\partial e}{\partial b}\right)_A$$

これらのパラメターの直観的な意味付けは次のようなものである．q はそれぞれの効用関数の限界効用の相対的な分布を示すパラメターである．この変数は s に依存しており，その意味で確率変数である．θ はある意味で，それぞれの効用関数の凹性の度合いを測っている．それは，θ を次のように書き替えてみるとはっきりする．たとえば，A についていえば，

$$\theta_A = -\frac{\mathrm{cov}(z, A_v)}{\mathrm{E}z\mathrm{E}A_v}$$

となる．ただし cov(,) は共分散を意味する．

つまり，θ は限界効用とアウトプットとの間の「正規化された」共分散のマイナスである．θ がゼロなら，その効用関数は線型である．θ が大きいほど凹関数としての湾曲度が大きい．m と n は，分配パラメター b の変化に対応して，アウトプットがどの程度敏感に反応するかを示す尺度である．m がリスク決定の変化を通してのアウトプットの反応度を q を使った加重平均の形で表現している．n は b の変化によって惹き起こされる努力水準の変化がアウトプットにどのくらいの変化を平均的に与えるかを測っている．

これらのパラメターを用いると，(7-15) はきわめて簡単な式になる．

(7-16)　　$(1-b)(m+n) = (\theta_A - \theta_P)\mathrm{E}z$

この式が，最適な分配パラメターの性質を示す基本式である．プリンシパルの効用関数の補償弾力性という概念を用いると，この式はさらに簡単になり，われわれは次の命題 7-2 を得ることとなる．

命題 7-2

$m' = bm/\mathrm{E}z, n' = bn/\mathrm{E}z$ とおけば，

(7-17)　　$b = \dfrac{m' + n'}{m' + n' + \theta_A - \theta_P}$

m' と n' の意味は，次のような書き替えを行うことによって直観的に理解しやすくなる．n' については，

$$n' = \frac{b}{\mathrm{E}P_w \cdot (1-b)\mathrm{E}z} \mathrm{E}P_w \cdot \frac{\partial w}{\partial e} \cdot \left(\frac{\partial e}{\partial b}\right)_A$$

となる．ここで，$\mathrm{E}P_w(1-b)\mathrm{E}z$ はプリンシパルの期待効用にちょうど等しくなっているわけではないが，それの近似値と考えられる．とすれば，n' は b の変化に対応してエイジェントの努力水準が変化するとき，それによってプリンシパルの期待効用がどの程度反応するかを示す弾力性ということになる．その弾力性は，エイジェントに必要な期待効用をきちんと与えるという補償を行った上での弾力性となっている．その意味で補償弾力性なのである．あるいは，n' はエイジェントの努力水準を通してのアウトプットの弾力性の加重平均値と考えることもできる．それを見るには，n' を次のように書き替えて見ればよい．

$$n' = \frac{b}{\mathrm{E}z} \mathrm{E}q_P \cdot \frac{\partial z}{\partial e} \cdot \left(\frac{\partial e}{\partial b}\right)_A$$

加重平均の加重は，q_P となっている．m' の解釈についてもまったく同じようなことがいえる．m' の場合は，b の影響がリスク決定を通して出ることが n' のときと違うだけである．

命題 7-2 の結果は Stiglitz(1974) の結果を一般化したものである．一般化

は三つの面で行われている．一つには，プリンシパルが危険回避的な意思決定者でありうること．スティグリッツは危険中立的なプリンシパルの場合の分析を行っている．第二の一般化は，ここではリスク決定と努力決定の両方が明示的に逐次的な意思決定という形で考慮されていること．スティグリッツは努力決定とリスク決定の混合されたような意思決定を努力決定という変数として考えている．第三の一般化は，きわめて一般的なアウトプット関数が仮定されていることである．スティグリッツでは，前節の最後に例として分析したきわめて簡単なアウトプット関数が仮定されている．

命題7-2は最適な分配パラメーターと問題の構造を示す変数の間の関係が驚くほど簡明であることを物語っている．m'とn'は分配パラメーターがアウトプットやプリンシパルの効用にどの程度の影響を与えるかを示す変数であるし，θはプリンシパルとエイジェントの危険への態度を表す変数である．この命題によれば，これらの変数の比率として最適な分配パラメーターは決められる．θ_Aがθ_Pより大きければ，そして$m'+n'$が正であれば，最適なbの値はゼロと1の間になる．θ_Aがθ_Pより大きいとは，エイジェントの方がプリンシパルよりも危険に対してより保守的であるような状況に置かれていることを意味している．もっとも一般的な状況と思われる．$m'+n'$が正であるとは，分配パラメーターの究極的な影響が，アウトプットあるいはプリンシパルの期待効用について正であることである．つまり，分配パラメーターがエイジェントの行動をいい方に導く役割を果たせていることを意味している．普通の状況では，そうなっているのが自然である．

最適な分配パラメーターの値がゼロと1の間に定まるということは，エイジェントは必ずアウトプットの分配を歩合の形で貰うことになることを意味し，また，その歩合はアウトプットを全部自分のものとして(つまり$b=1$)プリンシパルには固定の地代収入のようなもの(つまり$a<0$)が渡されることにもならない．プリンシパルとエイジェントはまさにアウトプットを分配し合うのが最適なのである．

最適分配パラメーターの意味

その分配の仕方がどの程度に定まるのかについて洞察をさらに深めるために，それが二人の危険回避の態度とどのように結び付いているのかを分析してみよう．そのためには，二人の効用関数が次のような一次的近似を限界効用について許すような関数であることを仮定する．

$$A_v = \bar{A}_v + \bar{A}_{vv}(v-\bar{v}) + \bar{A}_{ve}(e-\bar{e})$$

ただし，$\bar{v}=Ev$, $\bar{e}=Ee$，で $\bar{A}_v$ などは各関数が $v=\bar{v}$, $e=\bar{e}$ の点でとる値を示す．

さらに，$A_{ve}=0$ あるいは e と z との間の共分散が小さいと仮定すると，次のような近似が成立することとなる．

$$\theta_A = R_A \cdot \frac{\sigma^2}{Ez} b = \frac{R_A \cdot \sigma_v^2}{b Ez}$$

$$\theta_P = R_P \cdot \frac{\sigma^2}{Ez}(1-b) = \frac{R_P \cdot \sigma_w^2}{(1-b)Ez}$$

ただし，σ^2 は z の分散，σ_v^2 と σ_w^2 はそれぞれ v と w の分散である．また R_A, R_P は A と P の危険回避度を表し，その値が v と e の期待値のところで評価されているものとする．

こうした近似結果から，θ_A と θ_P の解釈がさらに鮮明になってくる．$R_A \sigma_v^2/2$ はアロウ＝プラットの危険プレミアムのことである．それをアウトプットの自分の取り分の期待値で割ったものは，いわば「正規化された」危険プレミアムということになる．正規化されているから，この危険プレミアムは相対比較が可能である．この意味でも，θ は危険に対する態度を示す尺度になっているのである．

この近似式を(7-17)に代入して整理をすると，次の命題が得られる．

命題 7-3

$b^0 = R_P/(R_P + R_A)$ とする．上記の近似の仮定の下で，

(7-18)　　　$b = \dfrac{m+n+\sigma^2 R_P}{m+n+\sigma^2(R_A+R_P)}$

さらに，

$R_A = 0$ のとき　　　　　　$b = 1$

$m+n > 0$ のとき　　　　$1 \geqq b > b^0$

$m+n = 0$ のとき　　　　$b = b^0$

$0 > m+n > -\sigma^2 R_P$ のとき　　$b^0 > b > 0$

$m+n = -\sigma^2 R_P$ のとき　　　　$b = 0$

　この命題では，b が 1 を越えたりマイナスになる場合にはふれてないが，もちろん $m+n$ が極端な値をとるような場合にはそうなりうる．しかし，そのような極端な場合を網羅的に議論するよりも，よくありそうな状況で最適な b がどうなるかについての洞察を深める議論をする方が生産的であろう．
　たとえば，命題 7-3 の一つの発見は，$m+n$ が正である限り，最適な b には b^0 という下限が存在するということである．この b^0 は，従来の研究でもよく登場してきた数値である．それは，リスク決定についてプリンシパルとエイジェントの間に意見の一致が見られる（つまりエイジェントが選択する x がプリンシパル自身が選択したとしても選んだであろう最適な x になっていて，その意味で意思決定をエイジェントに委譲していることによってプリンシパルにとって望ましくない決定がとられる心配がない）場合の，二人の間の最適な危険分担の水準を示す分配パラメターの値なのである．二人の間に決定についての意見の一致があるとき，あるいは b の操作によって意見の一致を十分に作りだせるとき，インセンティブ・システムの本質的な役割は不確実なアウトプットを二人の間にどのように分配するのが二人の危険負担能力あるいは性向からして最適となるか，というまったく分配面の役割に限られてくる．Wilson(1969) や Ross(1973) がそのような一致のある状況の下で，b^0 を最適な分配パラメターの値として導いている．このような意味で，b^0 を b の危険分担プレミアムとよぶことにしよう．

しかし $m+n$ が正であれば,最適な b の水準は危険分担プレミアムよりも大きくなる. $m+n$ が正であるとは,最適な b の水準でもまだ b のアウトプットへの好ましい影響が残っていることを意味している. プリンシパルがそれをもっと追求して b をさらに大きく設定しない理由は,それによってエイジェントにたいするインセンティブ・ペイメントがかえって大きくなりすぎて自分の取り分が減る場合か,大きな b がエイジェントに危険を負担させすぎてエイジェントに保証された最低効用水準を与えられなくなってしまうか,どちらかである. いずれにしても,アウトプットをさらに増やせる機会をみすみす逃がしてまでも b をその水準に設定する十分な理由のあるときである. そんなときには,最適な b は危険分担プレミアムを上回る水準に設定される. 危険分担プレミアムを下回る水準には最適な b が定められることはないことを命題7-3は教えてくれている.

$m+n$ がゼロであるように最適な b が決められるというときは,プリンシパルにとってもエイジェントにとっても z というアウトプットの観点からすれば望ましい状況の場合である. そのときには,最適な b は同時に最適な危険分担をも果たせる水準に決められているはずになる. それも,命題7-3の含意の一つである.

では, $m+n$ が負になる場合はどうか. このときは, b を小さくすればアウトプットを増加させることができるはずなのに,それをしていない場合である. そのときは最適な b は危険分担プレミアムよりも小さいはずである,と命題7-3は言う. つまり,なぜ b をもっと大きくしないかといえば,それはアウトプットに悪影響が及ぶからである. かといって b をもっと小さくするとアウトプットには好影響が出るかもしれないがプリンシパルが自分で分担する危険が大きくなりすぎる. 最適な危険分担プレミアムをすでに超えてプリンシパルは危険を分担してしまっているのである. そんな状況におかれたときにのみ,最適な b は危険分担プレミアムを下回る水準に設定される.

命題7-3から出てくる含意は,プリンシパルかエイジェントのどちらかが危険中立的である場合にも面白い. プリンシパルが危険中立的な場合, R_P

はゼロになる．そのときにはb^0もゼロになる．危険分担プレミアムの観点からすれば，プリンシパルがすべての危険を分担するのである．そのとき，$m+n$も同時にゼロになっていれば，最適なbはゼロになり，エイジェントは固定給を貰うだけとなる．しかし，$m+n$が正でありかつエイジェントが危険中立的でない限り，最適なbはゼロと1の間のどこかに設定される．bを正にすることによってエイジェントの意思決定に好ましい影響を与えられるからである．では，そのときなぜbを限度まで（つまり1まで）大きくしてしまわないかといえば，それはエイジェントに分担させる危険が大きくなりすぎるからである．

逆に，エイジェントが危険中立的であるときには，bは1となり，エイジェントがすべての危険を負担しプリンシパルは固定の地代のようなものをエイジェントから受け取ることとなる（つまり$a<0$）．プリンシパルも同時に危険中立的でも，結果は同じである．歩合にモチベーション効果がある以上，プリンシパルとしてはそうするのが最適になるのである．この場合には，危険分担プレミアムもやはり1となり，$b=b^0$となる．

こうして命題7-3の解釈を，最適なbと危険分担プレミアムとの間の関係という形で整理してみると，最適なインセンティブ・システムの設計においてインセンティブ・システムのもつ二つの効果（前章で議論した），つまりモチベーション効果と危険分担効果がどのように絡み合っているかがよりよく理解できるようになる．そこで，$b-b^0$を最適分配パラメーターのモチベーション・プレミアムあるいは決定プレミアムとよぶことにしよう．つまり，モチベーション効果のゆえに，最適なbが危険分担プレミアムとどの程度乖離するかの指標である．すでに上で議論したように，$m+n$の正負とモチベーション・プレミアムの正負とは一致する．

このモチベーション・プレミアムはさらに努力決定プレミアムとリスク決定プレミアムとに分けることができる．それが次式に示されている．

$$(7\text{-}19) \quad b = b^0 + (1-b^0)\frac{n}{\sigma^2(R_A+R_P)+n}$$

$$+ (1-b^0)\left(1 - \frac{n}{\sigma^2(R_A+R_P)+n}\right)\frac{m}{\sigma^2(R_A+R_P)+m+n}$$

この式の右辺の第二項が努力決定プレミアム,第三項がリスク決定プレミアムである.n の符号と努力決定プレミアムの符号とが一致し,m の符号とリスク決定プレミアムの符号とが一致することがこの式からよく分かる.

この式を言葉で書けば,

最適な b = 危険分担プレミアム+努力決定プレミアム+リスク決定プレミアム

となる.これは,図らずも最適な線型インセンティブ・システムについての研究の歴史的な経緯を表してもいる.まずウィルソンが最適な危険分担のあり方についての研究を行い,危険分担プレミアムを発見した.次いで,スティグリッツが努力決定の議論をインセンティブ・システムのフレームワークの中で行い(実際には彼の言う努力決定にはリスク決定の要素が混在している),モチベーション・プレミアムを議論した.そして,ロスがリスク決定についての議論をしたが,努力決定は考慮されていない.

前節でわれわれは b が x と e に与える影響を議論したが,そこで得られた結果によれば,$n>0$, $m<0$ と仮定してもかなり妥当であろう.とすれば,(7-19)に述べられた最適な b の決まりかたは次のように言葉で言い換えることができるだろう.まず第一に,危険分担プレミアムが分配面の最適性から決められる.次に,意思決定への影響という観点から,努力決定プレミアムがこの危険分担プレミアムに加えられる.しかし,そうして得られる b の水準はしばしば大きすぎてエイジェントのリスク決定を保守的にしすぎる.そこでリスク決定プレミアムを差し引いて,最適な b がはじめて得られる.したがって,もしエイジェントのリスク決定の存在を忘れると,そこで決まる b は真に最適な b より大きくなりすぎる.もしエイジェントが努力決定をすることを忘れると,そのときの b は最適な値よりも小さくなるだろう.

こうして定まる最適な b は問題の構造を示す変数が変わることによって,どう変わるか.この節を終えるに当たって,比較静学分析を行ってみよう.

そのためには，(7-18)を変形して次のように b の最適化条件を整理しておくと便利である．

$$\sigma^2(R_A+R_P)b\left(b-\frac{R_P}{R_A+R_P}\right) = \mathrm{E}z(m'+n')(1-b)$$

この式に比較静学的な分析を行うことによって，命題7-4を得る．証明は簡単なので省略する．

命題7-4

$m', n', \mathrm{E}z, R_P$ が大きくなると最適な b は大きくなる．σ^2, R_A が大きくなると，最適な b は小さくなる．

エイジェントの意思決定を通してのアウトプットへの影響の度合いの尺度である m' と n' の b への影響は予想どおりであろう．それらの影響が大きくなれば当然プリンシパルとしては b を大きくする動機が働く．アウトプットの期待値と分散の b への影響が正反対なのも，当然といえるだろう．σ^2 は環境の不確実性の尺度とも考えられるから，不確実な環境に置かれたエイジェントほど，分配パラメターは小さくなるべきということになる．プリンシパルとエイジェントの危険回避度の影響も納得がいく．危険回避度が小さくなれば，その人はより大きな比例分配にあずかることになる．危険を負担する性向が高まるからである．

7.5 結び

この章での数理的な分析の結果として得られた洞察はどのようなものであったのだろうか．

まず第一に，比例歩合にしろ固定給部分にしろ，それを動かすとエイジェントの意思決定がどう変わるか，必ずしも単純な予測はできないということがはっきりとした．その主な原因は，エイジェントの意思決定がリスク決定

と努力決定の逐次的な二段階の意思決定であることにある．二つの意思決定の間で相互作用が起こり，話が簡単でなくなるのである．さらに所得飽和に似た現象があり，エイジェントの取り分を増やすことが必ずしも彼のモチベーションにつながらないことも原因である．

この間の事情は，普通の需要曲線の傾きが，代替効果ばかりでなく所得効果もあるために必ずしも一意的に定まらないことが多いのに，似ている．インセンティブ・パラメターの意思決定への影響にもスルツキー方程式のようなものがあるのである．

第二の洞察は，それにもかかわらず，最適な分配パラメターはきわめて簡明な形で，プリンシパルとエイジェントの危険負担能力やアウトプット関数の性質といった問題の構造を示す変数に依存していることである．

その依存の具体的な形が分析的にはっきりと求められたことにより，最適な分配パラメターの性質についてさまざまな洞察が得られた（たとえば，命題7-4）．それらをここで繰り返すのはやめておくが，その洞察がこの章の分析の最大の成果であったろう．特に，危険分担プレミアムとモチベーション・プレミアムの間の絡み合いの関係がはっきりとしたことは意味があると思われる．

最後の洞察は，エイジェントのとる二つの意思決定のいずれかを無視してインセンティブ・システムを設計した場合，どのような誤りを犯しやすいか，傾向がある程度はっきりしたことである．努力決定を無視すれば分配パラメターは真の最適水準より小さくなるだろう．リスク決定を無視すれば，そのときの分配パラメターは大きくなりすぎるであろう．

第7章 注

1) 増加あるいは減少というときには，それぞれ単調非減少あるいは単調非増加を厳密には意味している．混乱の恐れのない限りこうした簡略化された言葉を用いる．
2) この条件は効用関数 $A(v, e)$ が次のような形であれば満たされている．
$$A(v, e) = C_0 + a_1 C_1(v) + a_2 C_2(e) + a_3 C_1(v) C_2(e)$$
3) たとえば，Arrow (1974, Chapter 3) あるいは Stiglitz (1974) を見よ．

第7章の数学的付録

1. 補題 7-1 の証明

$s_1 \geqq s_2$ とし，e^* を

(A-1) $\quad f(x^o, e^*, s_2) = f(x^o, e(s_1), s_1)$

を満たす e とする．

$\dfrac{\partial z}{\partial e} \geqq 0$, $\dfrac{\partial z}{\partial s} \geqq 0$ だから

(A-2) $\quad e^* \geqq e(s_1)$

$(\cdot)_{s=s_2}^{e=e^*}$ をある関数の e, s が e^*, s_2 であるときの関数値を表す記号とする．A_v と A_e は v と e の関数で，s には明示的に依存しないから (A-1), (A-2), $A_{ve} \leqq 0$, $A_{ee} \leqq 0$ より

$$(A_v)_{s=s_2}^{e=e^*} \leqq (A_v)_{s=s_1}^{e=e(s_1)}$$

$$(A_e)_{s=s_2}^{e=e^*} \leqq (A_e)_{s=s_1}^{e=e(s_1)}$$

$\dfrac{\partial^2 z}{\partial e^2} \leqq 0$ と $\dfrac{\partial^2 z}{\partial e \partial s} \geqq 0$ を用いて

$$\left(\frac{\partial v}{\partial e}\right)_{s=s_2}^{e=e^*} \leqq \left(\frac{\partial v}{\partial e}\right)_{s=s_1}^{e=e^*} \leqq \left(\frac{\partial v}{\partial e}\right)_{s=s_1}^{e=e(s_1)}$$

これらの不等式をまとめると，

$$\left(A_v \cdot \frac{\partial v}{\partial e} + A_e\right)_{s=s_2}^{e=e^*} \leqq \left(A_v \cdot \frac{\partial v}{\partial e} + A_e\right)_{s=s_1}^{e=e(s_1)} = 0$$

したがって，A が e の凹関数だから

$$e^* \geqq e(s_2)$$

これと (A-1) より

$$v(s_2) \leqq v(s_1)$$

したがって，$v(s)$ は s の増加関数である．

2. 命題 7-1 の証明

第一段階の意思決定の最適性の二次条件から,

$$\mathrm{E}\left(H_{xx} - \frac{(H_{ex})^2}{H_{ee}}\right) < 0$$

したがって

$$\frac{\partial x}{\partial y} \sim \mathrm{E} H_{xy}$$

ここで $\sim$ は「符号が同じ」という意味である. そして,

$$H_{xa} = -A_v \cdot \frac{\partial v}{\partial x} \cdot R_A$$

$$H_{xb} = -A_v \cdot \frac{\partial v}{\partial x} \cdot zR_A + A_v \cdot \frac{\partial z}{\partial x} = zH_{xa} + A_v \cdot \frac{\partial z}{\partial x}$$

仮定 8 から, 次のような s_0 が存在する.

$$\frac{\partial v}{\partial x} \geq 0 \quad s \geq s_0 \text{ のとき}$$

$$\frac{\partial v}{\partial x} \leq 0 \quad s \leq s_0 \text{ のとき}$$

$v(s)$ は s の増加関数だから, R_A は s の減少関数となる. R_{A^0} を R_A の $s=s_0$ における値だとすると(つまり $v=v(s_0)$), すべての s について次の関係が成立することとなる.

$$A_v \cdot \frac{\partial v}{\partial x} \cdot R_A \leq A_v \cdot \frac{\partial v}{\partial x} R_{A^0}$$

この式の期待値をとり, (7-3)を使うと,

$$\mathrm{E}\left(A_v \cdot \frac{\partial v}{\partial x} \cdot R_A\right) \leq 0$$

が得られる. これが(7-6)の前半を与えてくれる.

$b \neq 0$ とすれば, $zR_A = (v-a)R_A/b$ となり, vR_A は v の増加関数, R_A は v の減少関数だから, zR_A は s と z の増加関数になる. したがって, 上の証明と類似の議論を用いれば,

$$\mathrm{E}\left(A_v \cdot \frac{\partial v}{\partial x} \cdot z \cdot R_A\right) \geqq 0$$

となる．ここで再び(7-3)を使って，

$$b\mathrm{E}A_v \cdot \frac{\partial z}{\partial x} \leqq 0$$

を得る．これにより，(7-6)の後半が得られた．

次に，(7-7)および(7-8)について．

まず，A が e についての凹関数だから，$H_{ee}<0$ となる．したがって，

$$\frac{\partial e}{\partial y} \sim H_{ey}$$

さらに，式を適当に整理し直すと，

$$H_{ea} = -A_v \cdot \frac{\partial v}{\partial e}(1+t)R_A$$

$$H_{eb} = A_v \cdot \frac{\partial z}{\partial e}\{1-b(1+t)zR_A\} = zH_{ea} + A_v \cdot \frac{\partial z}{\partial e}$$

$$H_{ee} = -A_v \cdot \frac{\partial z}{\partial e}b(1+t)zR_A = zH_{ea}$$

を得る．これから，(7-7), (7-8)がただちに導かれる．

第8章　目標乖離を含む非線型
　　　　インセンティブ・システムの分析

8.1　は じ め に

　前章では，エイジェントに与えられるインセンティブ・ペイメントがエイジェントの行動から生まれるアウトプットに比例するという，もっとも簡単な線型インセンティブ・システムの分析を行った．しかし現実に見られる多くのインセンティブ・システムの一つの特徴は，アウトプットがあらかじめ定められた業績目標を上回るか下回るかに大きく依存していることである．つまり，目標からの乖離がインセンティブ・ペイメントを決める大きな要素になっていることが多いのである．もちろん，目標超過はプラスに評価され，目標不達成はマイナスに評価される(つまりペナルティ)．しかも，目標超過がプラスに評価される度合いより目標不達成のペナルティの度合いの方がよりきついのがふつうである．

　この章では，こうした目標乖離の評価を明示的に組み込んだインセンティブ・システムの分析を行ってみよう．インセンティブ関数がアウトプットの目標水準の点で折れ曲がっているという折れ線線型インセンティブ・システムの分析である．そういったより複雑なインセンティブ・システムの分析を行って十分な洞察を得るためには，エイジェントの行動のモデルや効用関数についてかなり単純化した仮定をおく必要がある．そのために，エイジェントの行動としてはリスク決定に限定し努力決定は考えない．したがって，エイジェントの意思決定は前章のような二段階意思決定ではなくなる．また，エイジェントの目的関数についても，比較的簡単な特定の目的関数を仮定する．

　目標乖離を業績評価の中心に据えようとするのは，第5章でも述べた目標

管理制度の一つの中心的特徴である．さまざまな意味で目標管理制度が経営組織におけるマネジメント・コントロールの基本的な制度であることはすでに第5章で強調した．この章の分析は，したがって，そうした重要性をもつ目標管理制度をインセンティブ・システムの観点から分析しようとする試みになっている．

もちろん，目標管理制度における業績評価がただちにエイジェントへのインセンティブ・ペイメントに直接に結び付いている制度ばかりではないだろう．評価の結果はもっと長期的にエイジェントの地位の昇進という形で具体化されることも多いであろうし，あるいは組織内部での社会的認知と称賛という形で評価の結果が現れることもあろう．そういったさまざまな形を取りうる目標管理制度での業績評価を，目標乖離を中心としたインセンティブ・システムという形で分析することが可能か，という疑問もありうるだろう．しかし，目標からの乖離を中心に評価が行われているということは目標乖離がエイジェントの大きな関心の的になることを意味し，したがって目標乖離がエイジェントの究極的なインセンティブの源を決める大きな要素になっていることを意味している．その意味では，折れ線線型のインセンティブ・システムの分析が目標管理制度の業績評価の分析に十分なりうるのである．ただ，その際のインセンティブ・システムは必ずしもボーナスの額を決めるといったような金銭的な支払いの大きさだけを示しているとは考えない方がよい．したがって，インセンティブの大きさ v は，アウトプットと同じ単位で測定される量ではないかもしれないのである．この章の v と z の取扱いはその点への配慮をしたものになっている．

目標管理制度の運用上でつねに問題になる点の一つは，目標を自己申告させた場合にエイジェントが自分に都合のいいように過少申告することの弊害である．その点の分析を多少ながら行うために，自己申告目標からの乖離を組み込んだインセンティブ・システムの分析では，申告バイアスの存在をモデルに明示的に組み込んである．さらに，もう一つのよくある問題点は，目標不達成へのペナルティがあるときには，エイジェントの行動が保守的なも

のになりがちだということである．それは，人々の本性なのだろうか，それとも組織の管理の仕組みゆえに人々の行動が彼らの本性以上に保守的になってしまうのだろうか．リスク決定に的を絞ったこの章のモデルによって，この点についての分析も行ってみよう．

8.2 状況設定とモデル

インセンティブとエイジェントの選択基準

この章でのエイジェントの意思決定はリスク決定 x だけである．この意思決定と自然の状態 s とによって，アウトプット z が $z=f(x,s)$ によって決まる．このアウトプットについては，なんらかの形で定まる目標水準 z_0 がある．目標の定まり方については，自己申告と天下りに定まる固定目標と，二つの定まり方をここでは考えるが，8.5節を除き，分析の中心は自己申告目標に置かれる．

エイジェントのインセンティブは次の折れ線式で表されるものを考える．

$$
\begin{aligned}
v &= bz+cz_0+p(z-z_0) & z \geq z_0 \text{ のとき} \\
v &= bz+cz_0+q(z-z_0) & z < z_0 \text{ のとき}
\end{aligned}
\quad (8\text{-}1)
$$

ここで，b はアウトプットそのものに対しての歩合のパラメター，c は目標水準に対して与えられるインセンティブのパラメター，p は目標超過を評価するパラメター，q は目標不達成にたいするペナルティを示すパラメターで

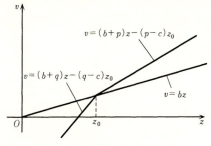

図8-1 折れ線インセンティブ

ある．このインセンティブ・システムをインセンティブ・パラメターの典型的な値を仮定して図に描いて見ると，図8-1のような折れ線のグラフになる．

これらのインセンティブ・パラメターの値については，$b>0$, $c≧0$, $q>0$を仮定するのは当然であろう．pについては，必ずしも正でないことも十分考えられる．たとえば，目標超過がマイナスの評価を受けることは，自己申告の目標設定であればありうることである．目標超過はもともとの申告目標が小さすぎたことによるものとみなし，そういう目標申告をしたことに対するペナルティを与えることがありうるからである．ただしそのときでも，$b+p>0$を仮定する．そうでないと，zを大きくしようとするモチベーションをエイジェントがもたなくなってしまう．

アウトプットzの確率的性格と目標水準の決まり方については，次のような仮定をおく．

(仮定1) zの確率分布の形は，xの値にかかわりなく正規分布であり，その期待値μと分散σ^2がxに依存する．

(仮定2) エイジェントは自己申告の目標水準を決めるに当たり，自分の意思決定xを決めた後で，$z_0=\mu-k\sigma$という形で決める．ここでkは申告バイアスの相対的な大きさを示すパラメターである．

kの大きさはエイジェントの個性を表しているものと考えてよく，xの決定とは独立に決まっているものとする．申告バイアスの絶対水準はアウトプットの標準偏差に比例すると仮定されている．アウトプットの不確実性が大きいほど申告バイアスは大きくなるという仮定で，もっともなものと考えられる．一般には，$k>0$であろう．zの確率分布として正規分布を仮定しているから，仮定2の意味するところは，エイジェントが実際のアウトプットが申告目標を一定の確率$1-N(-k)$で上回るように，申告目標を定めるということである．(ただし，$N(-k)$は標準正規確率変数が$-k$を越えない確率を示す関数である．より厳密な定義については下を見よ．)

エイジェントによるxの意思決定の際の選択基準については，次のような二つの特定の選択基準を仮定して分析を進める．二つの基準とも明示的には

第8章 目標乖離を含む非線型インセンティブ・システムの分析　221

期待効用最大化ではないが，簡単でかつ直観的に納得しやすい危険選択の基準である．分位数モデルについては，それが折れ線線型効用関数の期待値の最大化と等しいことが証明されている[1]．

分位数モデル

　　max θ

　　　s.t. $\Pr(v \geq \theta) \geq \alpha$　　　ただし α は定数

線型トレードオフ・モデル

　　max $\mu_v - \lambda \sigma_v$　　　ただし λ は定数

第一の分位数モデルは，エイジェントのインセンティブの確率分布の α-分位数とよばれる数値の最大化をエイジェントの目的関数とするものである．α-分位数とは，上のモデルでは θ で表されている．つまり，v の値が確率 α でその値を上回るような，そんな v の水準である．エイジェントがその θ の最大化を目指すとは，v の値が確率 α でそれ以下にならないような下限値を最大にするということである．一種の危険回避的な行動になっている．α が危険回避の尺度になっていて，α が大きいほど危険回避の度合いが大きい．α のことを，要求確率とよぼう．

第二の線型トレードオフ・モデルは，v の期待値と v の危険の尺度である標準偏差をもっとも簡単な形でトレードオフさせた目的関数である．エイジェントは危険回避的であろうから，$\lambda > 0$ である．この λ がエイジェントの危険回避の度合いを表すパラメターになっている．

分析のスタンス

こうした目的関数をもってエイジェントは x の決定を行うのだが，その決定をプリンシパルの立場にたって見直すと，どうなるだろうか．つまり，エイジェントによる x の危険選択の関数が「プリンシパル自身の危険選択関数だと仮定する」と，どんな危険選択関数がそこに陰伏的に意味されることになるのか．それを陰伏的危険選択関数とよべば，その関数の分析がこの章の主な課題である．陰伏的危険選択関数がプリンシパルの実際の危険選択関数

と同じか近いものであれば，プリンシパルは満足であろう．x の選択を任せたエイジェントが「プリンシパル自身が選択するであろうような危険選択」を行ってくれるからである．そして，陰伏的危険選択関数とインセンティブ・システムとの関係が分かれば，プリンシパルとしては陰伏的危険選択関数が自分の危険選択関数に近くなるようにインセンティブ・システムを操作することができるようになるであろう．この章ではしかし，プリンシパルにとっての最適なインセンティブ・システムは何かという問題にまでは立ち入らない．そのためにはプリンシパルの危険選択関数など，さらに仮定しなければならないものが増える．ここでは，そういった追加的な仮定をせずに，目標乖離を中心とするインセンティブ・システムの含意についての洞察をどこまで得られるか，プリンシパルの立場から分析してみようというわけである．

　その際，プリンシパルはどのような業績数字に興味をもつと仮定するのか．エイジェントの興味は v にある．アウトプットは z である．前章では，プリンシパルは $w=z-v$ に興味をもつと仮定した．ここでは，プリンシパルはアウトプット z そのものに興味をもつと仮定する．その理由は二つある．一つは，エイジェントに与えられるインセンティブ v は，必ずしもアウトプットの直接的分配という金銭的インセンティブばかりではないことが多いからである．この点はすでに述べた．そのとき，z と v は同じ測定単位で測れるものでもなく，ましてやプリンシパルに残るものがアウトプットから v を差し引いたものになるのでもない．むしろ，プリンシパルに残るのはアウトプットそのものである．

　第二の理由は，仮に v が金銭的インセンティブであるとしても，大規模な経営組織におけるインセンティブ・システムでは，エイジェントによって代表される個々の管理者たちに支払われるインセンティブの量は企業にとってのアウトプット z の大きさに比べて小さい場合も多い．そんなときはプリンシパルの興味は $z-v$ ではなく，z そのものになることは十分ありうることである．前章の分析を補完する意味でも，プリンシパルの興味が z そのも

のにあるときの分析を行っておくことの意味はあるであろう．

したがって，以下で分析される陰伏的危険選択関数は，エイジェントによる v についての危険選択を，z についての危険選択という立場から見直してみるとどうなるか，という関数になる．

8.3 陰伏的危険選択関数

陰伏的危険選択関数を ϕ で表せば，この関数は z の確率分布のパラメーターで表現されるはずの関数で，エイジェントの自分の目的関数を最大にしようとする x の選択が，実はこの関数を最大にするような x の選択になっている．α-分位数モデルを自分のモデルとするエイジェントを分位数エイジェントと呼び，線型トレードオフ・モデルを自分のモデルとするエイジェントをトレードオフ・エイジェントと呼ぶことにする．

いずれのエイジェントについても，陰伏的危険選択関数は α-分位数モデルになることが証明できる．二人のエイジェントの間の違いは要求確率 α に現れ，その確率にインセンティブ・パラメターが与える影響の仕方に現れる．それを詳しく見るために，まず補題8-1と補題8-2が必要となる．証明はすべて数学的付録に収録してある．

以後の分析で次の記号をよく使うので，ここで定義しておこう．s をこれ以後は標準正規分布をする確率変数を表すものとし，$n(s)$ を標準正規確率密度関数とする．

$$N(t) = \int_{-\infty}^{t} n(s)\,ds, \quad M(t) = \int_{-\infty}^{t} sn(s)\,ds, \quad L(t) = \int_{-\infty}^{t} s^2 n(s)\,ds$$

補題 8-1 分位数エイジェント
$a = N(1-\alpha)$ とする．分位数エイジェントの陰伏的危険選択関数は
$a+k \geqq 0$ のとき
(8-2) $\quad \phi = (b+c)\mu - \{(b+c)k - (b+p)(a+k)\}\sigma$

$a+k<0$ のとき

(8-3) $\quad \phi = (b+c)\mu - \{(b+c)k - (b+q)(a+k)\}\sigma$

補題 8-2 トレードオフ・エイジェント

トレード・オフ・エイジェントの陰伏的危険選択関数は

(8-4) $\quad \phi = (b+c)\mu - \{(c-p)k - (q-p)K + \lambda\sqrt{C}\}\sigma$

ただし，$K = kN(-k) + M(-k)$

$C = (b+p)^2 + (2b+p+q)(q-p)(L(-k) + kM(-k))$
$\quad + (q-p)^2(kK - K^2)$

ここで，μ と σ は z の期待値と標準偏差で，ともに x に依存している．つまり，エイジェントの選択は z の確率分布を，その期待値と標準偏差を決めるという形で決定しているのである．補題 8-1 と補題 8-2 の意味は，その z の確率分布の期待値と標準偏差の線型関数として陰伏的危険選択関数が書けるということである．z は正規確率分布に従う確率変数だから，μ と σ の線型関数を最大化するような意思決定モデルは α-分位数モデルである[2]．

したがって，この章の中心的な定理が得られる．

定理 8-1

分位数エイジェント，トレードオフ・エイジェントのいずれでも，陰伏的危険選択モデルは α-分位数モデルとなり，それぞれの要求確率は，

分位数エイジェントのとき

$\quad a+k \geqq 0$ であれば $\quad 1 - N((b+p)(a+k)/(b+c) - k)$

$\quad a+k < 0$ であれば $\quad 1 - N((b+q)(a+k)/(b+c) - k)$

トレードオフ・エイジェントのとき

$\quad 1 - N(\{(q-p)K - (c-p)k - \lambda\sqrt{C}\}/(b+c))$

折れ線インセンティブ・システムは，こうしてきわめて簡単な陰伏的危険

選択モデルをもっているのである.しかも,分位数エイジェントの場合には,陰伏的危険選択モデルも α-分位数モデルとなっている.つまり,エイジェントの危険選択のモデルが再生されているのである.ただし,陰伏的危険選択モデルの要求確率はもちろん変化する.エイジェント自身の要求確率は α だが,陰伏的危険選択モデルでは上のような a, k,インセンティブ・パラメーターの複雑な関数として要求確率が決まっている.プリンシパルとしては,インセンティブ・パラメーターを操作することによって,この陰伏的要求確率を自らの好みに合わせて変化させることができるのである.

この定理と補題8-1で $a+k$ の値が,陰伏的危険選択関数の場合わけの条件になっている. a は α という要求確率がどの程度厳しいものかを,標準正規変数の値として示すものと考えてよい. $\alpha=0.5$ なら $a=0$, $\alpha=0.7$ なら $a=-0.524$, $\alpha=0.9$ なら $a=-1.282$ というのがいくつかの例値である.ふつう, α は 0.5 を超えるであろうから, a は負の値になるであろう.

他方, k は申告バイアスの程度を標準偏差の割合として示すもので, μ を原点としてそれから標準正規変数に換算してどのくらい平均から離れた申告をするかを表している.その意味で, a と同じように標準正規変数と類似した変数である. $k>0$ とすれば, $a+k$ の符号は申告バイアスの大きさ(正の値)が要求確率の厳しさ(負の値)よりも大きいかどうかで決まる.つまり,要求確率で達成できるアウトプットの水準(つまり θ)と申告目標水準(z_0)の大小関係で $a+k$ の符号は決まる. $\theta>z_0$ なら, $-a<k$ となる. $\theta<z_0$ であれば, $-a>k$ である.ふつうは,申告バイアスはそれほど大きくなく, $a+k<0$ であろう.

したがって,(8-3)が陰伏的危険選択関数となるのがふつうであろう.このとき,インセンティブ・パラメーターのうち p が陰伏的危険選択関数に全然登場しないのは興味深い.目標超過へのインセンティブをどのくらいにするかは, $\theta<z_0$ である限りプリンシパルにとって関係のない問題になるのである.目標不達成へのペナルティの大きさだけがエイジェントの関心の的になるのである.現実によく見られそうな状態である.

こうして得られた陰伏的危険選択関数を分析することによって、プリンシパルがエイジェントの x の選択にどのような影響を与えることができるのか、理解を深めることができる。それが次節の分析である。

8.4 パラメトリック分析と経営的含意

前節の分析で明らかにされたように、分位数エイジェントでもトレードオフ・エイジェントでも、陰伏的危険選択関数は μ と σ の線型関数となっている。これらの関数で μ と σ の間のトレードオフを決めているパラメターは、分位数エイジェントでは

$$D = \{(b+c)k - (b+q)(a+k)\}/(b+c)$$

トレードオフ・エイジェントでは

$$F = \{(c-p)k - (q-p)K + \lambda\sqrt{C}\}/(b+c)$$

である。いずれも、μ と σ の間の代替率を示すパラメターで、危険回避度を示しているものと考えてよい。ただし、ここでいう危険回避度は、アロー＝プラットの危険回避度の尺度という意味では用いていない。

D も F も、それが大きくなればエイジェントの危険選択はより μ を重んじ大きな σ を避けるようになる。このパラメターに、インセンティブ・パラメターがエイジェントの意思決定に与える影響が集約されている。その影響をパラメトリック分析の形で示したのが、次の二つの定理である。

定理 8-2 分位数エイジェント

$a+k<0$ と仮定する。

$$\frac{\partial D}{\partial b} = \frac{\partial D}{\partial c} + \frac{\partial D}{\partial p} + \frac{\partial D}{\partial q}$$

$$\frac{\partial D}{\partial b} \sim c-q$$

$$\frac{\partial D}{\partial c} < 0$$

第8章 目標乖離を含む非線型インセンティブ・システムの分析 227

$$\frac{\partial D}{\partial p} = 0$$

$$\frac{\partial D}{\partial q} > 0$$

定理 8-3 トレードオフ・エイジェント

$\lambda \geqq 0,\ k \geqq 0,\ q-p>0,\ c-p>0$ と仮定する.

$$\frac{\partial F}{\partial b} = \frac{\partial F}{\partial c} + \frac{\partial F}{\partial p} + \frac{\partial F}{\partial q}$$

$$\frac{\partial F}{\partial q} > 0$$

$$\frac{\partial F}{\partial c} < 0 \quad \text{ただし } k \text{ が十分小さいとき}$$

$$\frac{\partial F}{\partial b} < 0 \quad \text{ただし } \lambda \text{ が十分小さいとき}$$

$$\frac{\partial F}{\partial p} < 0 \quad \text{同上}$$

定理8-2から,次のような洞察が得られる.すなわち,分配パラメター b の増加は,目標パラメター c と目標乖離パラメター p, q の三者の同時増加と同じ影響を陰伏的危険回避度に与える.その影響が危険回避度を大きくするかどうかは, $c-q$ の符号に依存する. c が十分大きくて q を上回っていれば, b を大きくすることによってエイジェントの決定はより危険回避的になる.もし目標管理制度が目標乖離に注意を集中して目標水準そのものを大きく申告することにインセンティブを与えないようなものであれば(つまり $c=0$), b を大きくすることによって危険回避度を小さくすることができる.目標水準そのものへの評価を大きくすると(つまり c を大きくする),やはり危険回避度を小さくできる.目標不達成へのペナルティを小さくすることによっても,エイジェントの危険回避度は小さくできる.しかし,前節でも述べたように,目標超過への評価を大きくしても小さくしても,エイジェント

の危険回避度にはまったく影響がない．

　以上の解釈を逆の方向から見れば，エイジェントの危険回避度を大きくするのは次のようなインセンティブ・システムであることがわかる．つまり，目標水準への評価が小さい，目標不達成のペナルティが大きい，そういった状況で分配パラメターが大きい．

　目標不達成のペナルティがふつうインセンティブ・システムに入っている最大の理由は，この章のモデルでは捨象したエイジェントの努力決定へのモチベーション効果を狙ってのことであろう．したがって，そのペナルティが大きいことを危険回避度の観点だけから非難するのは間違っている．しかし，大きなペナルティが危険回避度を大きくしてしまう危険決定効果も無視してはならない．努力決定効果の観点からペナルティを大きくしたければ，それと同時に目標水準そのものへの評価パラメター c をも大きくすればよい．そうすることによって，q の危険回避的効果はある程度相殺できる．目標管理である以上，高い目標水準を自らかかげるエイジェントに評価を与えるのは当然ともいえる．さらに，c が大きければ申告バイアスも小さくなる可能性が大きいだろう．

　定理8-3の意味付けも，定理8-2の場合とよく似ている．したがって，繰返しはしない．ただ，トレードオフ・エイジェントの場合は危険回避度 F がかなり複雑な関数になるために，多少追加的な条件を設けないと，インセンティブ・パラメターの影響を明確に決めることができないのである．その条件は，実はエイジェントの行動が危険愛好的にならないための（つまり $F<0$ とならない）条件なのである．それが次の定理で明らかにされている．

　その問題意識はこうである．プリンシパルからすれば，インセンティブ・システムを決めるときにエイジェントの特性を示すパラメター，a, λ, k などの値がはっきりと分かっているわけではない．a は0.5以上，λ は正あるいはゼロ，k は正あるいはゼロ，その程度しか分からないことも多いであろう．そんなときでも，プリンシパルとしてはエイジェントの行動が危険愛好的にならないようなインセンティブ・システムを作りたいと思うのがふつうであ

ろう. a, λ, k についての最小限の仮定の下で,陰伏的危険選択関数が危険回避的になる保証が得られるような必要十分条件は何か. それが次の定理の背後の疑問である.

定理 8-4

$a>0.5, \lambda\geq0, k\geq0$ とする. この条件を満たすすべての a, λ, k に対して ϕ が危険回避的になることが保証できるための必要十分条件は:

分位数エイジェントの場合　　$c-p>0, \ c-q>0$

トレードオフ・エイジェントの場合　　$c-p>0, \ q-p>0$

エイジェントの行動が明らかに危険回避的でないのはトレードオフ・エイジェントの $\lambda=0$ の場合であろう. そのときでも, 定理 8-4 の条件が満たされていれば, 陰伏的危険選択関数は危険回避的になる. つまり, $F>0$ となるのである. このとき, まったく危険中立的なエイジェントからプリンシパルにとって危険回避的な行動が生まれることになる. その危険回避はすべてインセンティブ・システムが「生みだした」ものである.

定理 8-2 と定理 8-3 は個々のインセンティブ・パラメーターが単独で危険回避度にどのような影響を与えるかを見たものである. では, 二つのパラメーターが同時に増減するときには危険回避度はどう変化するだろうか. 定理 8-2, 定理 8-3 の系として, 次の系が簡単に証明できる.

系 1　分位数エイジェント

$a+k<0$ を仮定する.

$$\frac{\partial D}{\partial b}-\frac{\partial D}{\partial c}>0$$

$$\frac{\partial D}{\partial b}+\frac{\partial D}{\partial q} \sim 2c+b-q$$

$$\frac{\partial D}{\partial c}+\frac{\partial D}{\partial q} \sim c-q$$

$$\frac{\partial D}{\partial p} + \frac{\partial D}{\partial q} > 0$$

$$\frac{\partial D}{\partial p} + \frac{\partial D}{\partial q} > \frac{\partial D}{\partial b}$$

系2 トレードオフ・エイジェント

$\lambda \geq 0$, $k \geq 0$, $q-p>0$, $c-p>0$ を仮定する. k が十分小さければ,

$$\frac{\partial F}{\partial b} - \frac{\partial F}{\partial c} > 0$$

$$\frac{\partial F}{\partial p} + \frac{\partial F}{\partial q} > 0$$

$$\frac{\partial F}{\partial p} + \frac{\partial F}{\partial q} > \frac{\partial F}{\partial b}$$

ふたたび,二つのエイジェントにたいするパラメトリックな分析結果は非常に似ている.これらの系の経営的含意は読者の作業に任せよう.一つだけ指摘しておきたいのは,目標乖離へのパラメターの同時変化の影響である.つまり p と q を同時に大きくすると,どうなるか.

それはいずれの系でも,陰伏的危険回避度を大きくすることが分かる.目標不達成へのペナルティを大きくするときに同時に目標超過への評価も大きくしてやれば危険回避度に影響は出ないということではないのである.さらに,その危険回避度への影響の大きさは,分配パラメターを大きくすることによる危険回避度への影響よりも必ず大きい.つまり,単純な出来高歩合のインセンティブ・システムから目標管理制度へ移行すると,エイジェントの陰伏的危険回避度は大きくなることが多いと予想されるのである.分配パラメターが小さくなることによってエイジェントの分担する危険は小さくなるであろうが,その減少を上回る危険負担の増加を目標乖離にたいする二つのインセンティブがもたらすからである.

8.5 固定目標の場合

前節までの分析は,目標がエイジェント自身によって自己申告される場合を扱ってきた.ここでは,目標がエイジェントの意思決定と直接の関係をたずにプリンシパルによって与えられる場合を考えてみる.目標の決まり方によって,目標乖離を含むインセンティブ・システムがもつエイジェントの意思決定への影響にどのような差が出てくるのかを見てみたい.

固定目標は現実のさまざまな業績評価制度の中でよく使われている.標準原価を目安とする業績評価,業界平均を目標とする目標管理制度,いずれもエイジェントの決定 x とは無関係に z_0 が決められている例である.その固定目標水準を d とすれば,(8-1)で $z_0 = d$ となるのが固定目標の場合を示すインセンティブ・システムである.このような目標の決まり方の場合には,エイジェントのインセンティブ・ペイメントが目標水準そのものにも依存するのはおかしいであろう.エイジェントにとっては自分のコントロール外の変数だからである.したがって,(8-1)のインセンティブ・システムで,$c = 0$ を仮定するのが妥当であろう.

エイジェント自身の意思決定モデルとしては,危険中立的なエイジェントだけをここでの分析対象とする.その他の分位数モデルや線型トレードオフ・モデルでは陰伏的危険選択関数が複雑になりすぎて分析ができなくなってしまうからである.そのような危険回避的でないエイジェントですら,目標管理制度はエイジェントの行動を陰伏的に危険回避的にすることが以下で示される.

これらの仮定の下で,陰伏的危険選択関数は次のような関数になることが数学的付録で示されている.

$$(8\text{-}5) \quad \phi = (b+p)\mu - (q-p)\sigma\left\{\frac{d-\mu}{\sigma} N\left(\frac{d-\mu}{\sigma}\right)\right.$$

$$-M\left(\frac{d-\mu}{\sigma}\right)\Big\} - pd$$

ただし　　　$N\left(\dfrac{d-\mu}{\sigma}\right) = \displaystyle\int_{-\infty}^{(d-\mu)/\sigma} n(s)\,ds$

$M\left(\dfrac{d-\mu}{\sigma}\right) = \displaystyle\int_{-\infty}^{(d-\mu)/\sigma} sn(s)\,ds$

もちろん，μ, σ はアウトプット z の期待値と標準偏差である．

　前節までの自己申告目標の場合には，ϕ は μ と σ の線型関数になった．ここではそれよりはるかに複雑な関数になっている．この関数の性質を調べるために，μ-σ 平面上の無差別曲線を考えてみよう．この無差別曲線は，x の選択を z の確率分布の間の選択の問題とみなして，その分布の期待値と標準偏差の最適な組み合せを選ぶものと考えたとき，意思決定者にとって無差別な μ と σ の組み合せを軌跡に描いたものである．

　(8-5)の意味する無差別曲線は次のグラフのようになる．それを，より数学的に述べたのが定理 8-5 である．自己申告目標の場合の陰伏的危険選択関数の無差別曲線はいずれも μ-σ 平面上の右上がりの直線になる．

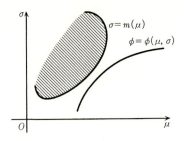

図 8-2　μ-σ 無差別曲線

定理 8-5　固定目標

$q - p > 0$ と仮定する．(8-5)の μ-σ 無差別曲線は右上がりの凹関数である．

　$q - p > 0$ はこれまでもよくおかれた仮定である．その条件の下で，危険中立的なエイジェントの行動がインセンティブ・システムのゆえにプリンシパ

ルから見ると危険回避的になってしまうことを，この定理は物語っている．無差別曲線が右上がりであり，しかも凹だからである．危険回避的な行動が目標管理制度によって「生み出される」のである．

エイジェントの選択は，この無差別曲線にもとづいて選択可能な (μ, σ) の組み合せの中から行われる．その選択にインセンティブ・パラメーターはどのような影響を与えるだろうか．(8-5)の ϕ が複雑なので，この影響を厳密に見るためにはインセンティブ・パラメーターの変化が ϕ を最大にするように選ばれた最適な (μ, σ) の組み合せ (μ^o, σ^o) をどう変えるかを見なければならない．たとえば，q を大きくすることにより σ^o が小さくなれば，危険回避の傾向が強くなったといえるであろう．その意味で，危険回避度を大きくする作用が q の増加にはあるといえるのである．そのパラメトリック分析を比較静学の手法で行った結果が定理8-6である．

定理8-6

$b+p>0$, $b+q>0$, $q-p>0$ を仮定する．そのとき，エイジェントの選ぶ最適な σ を σ^o とすれば

$$\frac{\partial \sigma^o}{\partial p} > 0$$

$$\frac{\partial \sigma^o}{\partial q} < 0$$

$$\frac{\partial \sigma^o}{\partial q} + \frac{\partial \sigma^o}{\partial p} > 0$$

$$\frac{\partial \sigma^o}{\partial b} > 0$$

この定理の経営的含意はほとんど前節の定理8-2，定理8-3の意味と同じである．目標超過の評価を大きくすれば危険回避度は小さくなる(つまり，より危険な選択をするようになる)．目標不達成のペナルティをきつくするとエイジェントはより危険回避的になる．目標乖離についてのこれら二つの

パラメターを同時に大きくするとエイジェントの行動の危険回避度は高まる．エイジェントのアウトプットからの分配のパラメターを大きくすることによっても，エイジェントの危険回避度は小さくできる．

つまり，エイジェントの危険回避的行動へのインセンティブ・パラメターの質的な影響という点では，自己申告目標と固定目標の間に本質的な差はないのである．本質的に重要なのは，ある目標水準を中心に実際のアウトプットがそこから乖離することを評価の大きな対象とするということであり，その評価が目標不達成と目標超過では非対称的に行われ超過が評価される度合いよりも不達成のペナルティの方が大きいということである(つまり，$q-p>0$)．ただ，固定目標の場合のμ-σ無差別曲線が凹関数であるということは，固定目標の方が自己申告目標の場合よりエイジェントをより危険回避的にする可能性が強いことを示唆している．自己申告の場合，この無差別曲線は線型であった．

8.6 結び

この章で扱ってきた問題は結局，目標乖離を業績評価の大きな要素とすることが組織に働く人々のリスク決定にどのような影響を与えるか，であった．分位数エイジェント，トレードオフ・エイジェント，申告バイアスのある自己申告目標，固定目標，とさまざまな場合を分析したが，基本的な洞察は同じであった．目標乖離を評価の対象にしようとする目標管理制度は人々に危険回避的な，保守的な行動をとらせる傾向がある．その傾向を少しでも和らげるためには，目標水準そのものを高く設定することを評価する，あるいはアウトプットそのものの分配の比重を高めてやる．いずれも目標乖離にインセンティブ・システムの比重をかけすぎないことを要請しているのである．

おそらく，目標管理制度が現実の組織の中で非常に普及している最大の理由は，それがプリンシパルにとっての情報収集活動として機能するということと，エイジェントの努力決定にたいするモチベーション効果が大きいこと

であろう．しかし，どのようなインセンティブ・システムもつねに，努力決定効果とリスク決定効果とをもってしまう．この章で分析したような目標管理制度のリスク決定効果を忘れると，組織に必要以上の危険回避的傾向が生まれることになる．組織に働く人々が本来もっている保守的傾向を管理制度がさらに助長するようになるのである．あるいは，管理の仕組みゆえに人々の行動は保守的になる．それが，大組織の通弊と言われる「硬直化」の真の原因の一つかもしれない．そういった洞察を，簡単なモデル分析からの明確な結論として得ることができる．

第8章 注

1) Itami(1974)を見よ．
2) この事実については Itami(1974)を見よ．

第8章の数学的付録

A 陰伏的危険選択関数：自己申告目標，分位数エイジェント

この場合の陰伏的危険選択関数の導出には，次の補題Aが役に立つ．

補題A

$u=(b+c)(\mu-k\sigma)-\theta$ とおくと，次の関係が成立する．

$$\Pr(v\geq\theta) = 1-N(-k-u/(b+q)\sigma) \quad u\geq 0 \text{ のとき}$$
$$\Pr(v\geq\theta) = 1-N(-k-u/(b+p)\sigma) \quad u<0 \text{ のとき}$$

証明

$$\Pr(v\geq\theta) = \Pr(v\geq\theta, z\geq\mu-k\sigma)+\Pr(v\geq\theta, z<\mu-k\sigma)$$
$$= \Pr(bz+c(\mu-k\sigma)+p(z-\mu+k\sigma)\geq\theta, z\geq\mu-k\sigma)$$
$$+\Pr(bz+c(\mu-k\sigma)+q(z-\mu+k\sigma)\geq\theta, z<\mu-k\sigma)$$

$b+p>0$ か $b+q>0$ だから

$$\Pr(v\geq\theta) = \Pr(z\geq\mu-k\sigma-u/(b+p), z\geq\mu-k\sigma)$$
$$+\Pr(z\geq\mu-k\sigma-u/(b+q), z<\mu-k\sigma)$$

もし $u\geq 0$ なら

$$\Pr(v\geq\theta) = \Pr(z\geq\mu-k\sigma)+\Pr(\mu-k\sigma-u/(b+q)\leq\mu-k\sigma)$$
$$= \Pr(z\geq\mu-k\sigma-u/(b+q))$$
$$= 1-N(-k-u/(b+q)\sigma)$$

もし $u<0$ なら

$$\Pr(v\geq\theta) = \Pr(z\geq\mu-k\sigma-u/(b+p))$$
$$= 1-N(-k-u/(b+p)\sigma)$$

この補題を使って，補題8-1の証明ができる．補題8-1から定理8-1はすぐに証明できる．

補題 8-1 の証明

$\theta_1 = \max\{\theta | \Pr(v \geqq \theta) \geqq \alpha, u \geqq 0\}$, $\theta_2 = \max\{\theta | \Pr(v \geqq \theta) \geqq \alpha, u < 0\}$ とおく. エイジェントの α-分位数モデルは, $\max(\theta_1, \theta_2)$ を解くことに等しい. 補題 A より, $\Pr(v \geqq \theta) \geqq \alpha$ は, $u \geqq 0$ のときには

$$a \geqq -k - u/(b+q)\sigma$$

に等しい. この不等式を整理して $u \geqq 0$ と組み合わせると, θ_1 を得るための制約集合は,

(I) $\quad (b+c)(\mu - k\sigma) \geqq \theta$
$\quad\quad (b+c)(\mu - k\sigma) + (b+q)(a+k)\sigma \geqq \theta$

となる. 同様にして, θ_2 を得るための制約集合も次のように書ける.

(II) $\quad (b+c)(\mu - k\sigma) \leqq \theta$
$\quad\quad\, (b+c)(\mu - k\sigma) + (b+p)(a+k)\sigma \geqq \theta$

さて $a+k \geqq 0$ であれば (I) は $(b+c)(\mu - k\sigma) \geqq \theta$ となる. したがって,

$$\theta_1 = \max_{\mu,\sigma} \{(b+c)(\mu - k\sigma)\}$$

(II) から,

$$\theta_2 = \max_{\mu,\sigma} \{(b+c)(\mu - k\sigma) + (b+p)(a+k)\sigma\}$$

したがって, $b+p > 0, a+k \geqq 0, \sigma \geqq 0$ より

$$\max\{\theta_1, \theta_2\} = \max_{\mu,\sigma} \phi$$

ただし $\phi = (b+c)(\mu - k\sigma) + (b+p)(a+k)\sigma$

$a+k < 0$ のとき (I) から

$$\theta_1 = \max_{\mu,\sigma} \{(b+c)(\mu - k\sigma) + (b+q)(a+k)\sigma\}$$

しかし, 制約集合 (II) は $\sigma = 0$ という解を一つもつだけだから, $\sigma = 0$ が可能なときに限って $\theta_2 = (b+c)\mu_0$ となる. μ_0 は $\sigma = 0$ に対応する期待値である. $\sigma = 0$ が可能でなければ, (II) は可能解をもたないこととなる. この θ_2 にたいして $\theta_1 \geqq \theta_2$ だから,

$$\max(\theta_1, \theta_2) = \max\{(b+c)(\mu-k\sigma)+(b+q)(a+k)\sigma\}$$

$\sigma=0$ が可能ではないとき，$\max(\theta_1, \theta_2)=\theta_1$ と定義的になるから，同様の結果を得る．

B　陰伏的危険選択関数：自己申告目標，トレードオフ・エイジェント

補題 8-2 の証明

この補題の証明のためにまず(8-1)のインセンティブの式を次のように書き変える．

$$(B-1) \quad v = \left(b+\frac{p+q}{2}\right)z + \left(c-\frac{p+q}{2}\right)z_0 - \frac{q-p}{2}|z-z_0|$$

この式から，

$$\mu_v = (b+(p+q)/2)\mu + (c-(p+q)/2)(\mu-k\sigma)$$
$$\quad -(q-p)/2 \cdot \mathrm{E}(|z-\mu+k\sigma|)$$

$$\mathrm{E}(|z-\mu+k\sigma|) = -\int_{-\infty}^{\mu-k\sigma}(z-\mu+k\sigma)h(z)\,dz$$
$$\quad +\int_{\mu-k\sigma}^{\infty}(z-\mu+k\sigma)h(z)\,dz$$
$$= k\sigma(1-2N(-k))$$
$$\quad -\sigma\left(\int_{-\infty}^{-k}sn(s)\,ds - \int_{-k}^{\infty}sn(s)\,ds\right)$$
$$= \sigma(k-2kN(-k)-2M(-k))$$

ただし，$h(z)$ は z の確率密度関数である．上式を μ_v の式に代入して

$$\mu_v = (b+c)\mu - \{(c-p)k-(q-p)K\}\sigma$$

この μ_v を(B-1)の v から引いて

$$v-\mu_v = (b+(p+q)/2)(z-\mu)-(q-p)/2 \cdot (|z-z_0|$$
$$\quad -\mathrm{E}(|z-z_0|)).$$

したがって，

$$\mathrm{E}(v-\mu_v)^2 = (b+(p+q)/2)^2\sigma^2+(q-p)^2/2 \cdot (\mathrm{E}(z-\mu+k\sigma)^2$$

$$-\sigma^2(k-2kN(-k)-2M(-k))^2)$$
$$-(b+(p+q)/2)(q-p)\cdot \mathrm{E}((z-\mu)|z-\mu+k\sigma|);$$

$$\mathrm{E}(z-\mu+k\sigma)^2 = (1+k^2)\sigma^2;$$

$$\begin{aligned}\mathrm{E}((z-\mu)|z-\mu+k\sigma|) &= -\int_{-\infty}^{\mu-k\sigma}(z-\mu)(z-\mu+k\sigma)h(z)dz \\ &\quad +\int_{\mu-k\sigma}^{\infty}(z-\mu)(z-\mu+k\sigma)h(z)dz \\ &= \sigma^2 - 2\sigma^2\int_{-\infty}^{-k}(s^2+ks)n(s)ds \\ &= \sigma^2(1-2L(-k)-2kM(-k))\end{aligned}$$

よって,

$$\begin{aligned}\sigma_v{}^2 &= \sigma^2\{(b+(p+q)/2)^2+(q-p)^2/4\cdot(1+k^2-(k-2k)^2) \\ &\quad -(b+(p+q)/2)(q-p)(1-2L(-k)-2kM(-k))\} \\ &= \sigma^2\{(b+p)^2+(2b+p+q)(q-p)(L(-k)+kM(-k)) \\ &\quad +(q-p)^2(kK-K^2)\}\end{aligned}$$

これらの結果から $\mu_v - \lambda \sigma_v$ を計算すれば補題 8-2 が得られる.

C パラメトリック分析

定理 8-2 と定理 8-3 は, D と F を偏微分することによって簡単に導ける.

定理 8-4 の証明

分位数エイジェントの場合については, (8-3) をチェックすれば簡単に分かる. トレードオフ・エイジェントについて, (8-4) の陰伏的危険選択関数が危険回避的であるとは,

(C-1) $(c-p)k-(q-p)K+\lambda\sqrt{C} > 0$

この K は

$$K = \int_{-\infty}^{-k}\{s-(-k)\}n(s)ds$$

だから, すべての k にたいして $K<0$ である.

したがって，$c-p>0$, $q-p>0$ が，どんな $\lambda \geqq 0$ でも陰伏的危険選択関数が危険回避的であるための十分条件である．

一方，(C-1) がすべての $\lambda \geqq 0$, $k \geqq 0$ にたいして成立していれば，$\lambda=0$, $k=0$ にたいしても成立しているはずである．よって，$K<0$ より，$q-p>0$ が必要となる．さらに，k が大きくなると K はその極限値 0 に近づいて行く．とすれば，大きな k にたいして (C-1) が成立するためには，$c-p>0$ が必要である．

D 固定目標の場合

まず，(8-5) の陰伏的危険選択関数 ϕ は次のようにして導かれる．

$$\begin{aligned}
\phi &= \int_{-\infty}^{d}(bz+q(z-d))h(z)dz + \int_{d}^{\infty}(bz+p(z-d))h(z)dz \\
&= b\mu + \int_{-\infty}^{d}(q(z-\mu)+q(\mu-d))h(z)dz \\
&\quad + \int_{d}^{\infty}(p(z-\mu)+p(\mu-d))h(z)dz \\
&= b\mu + \left[qN\left(\frac{d-\mu}{\sigma}\right)+p\left\{1-N\left(\frac{d-\mu}{\sigma}\right)\right\}\right](\mu-d) \\
&\quad + q\sigma M\left(\frac{d-\mu}{\sigma}\right) - p\sigma M\left(\frac{d-\mu}{\sigma}\right) \\
&= (b+p)\mu - (q-p)\sigma\left\{\frac{d-\mu}{\sigma}N\left(\frac{d-\mu}{\sigma}\right)-M\left(\frac{d-\mu}{\sigma}\right)\right\} - pd
\end{aligned}$$

定理 8-5 の証明

無差別曲線が右上がりであることを示すには，ϕ の μ と σ についての偏微係数を導き，それらが符号を異にすることを示す必要がある．

$$\begin{aligned}
\frac{\partial \phi}{\partial \mu} &= b+p-(q-p)\sigma\left\{-\frac{1}{\sigma}N\left(\frac{d-\mu}{\sigma}\right)+\frac{d-\mu}{\sigma}\frac{\partial N}{\partial \mu}-\frac{d-\mu}{\sigma}\frac{\partial N}{\partial \mu}\right\} \\
&= b+p+(q-p)N\left(\frac{d-\mu}{\sigma}\right)
\end{aligned}$$

第8章 目標乖離を含む非線型インセンティブ・システムの分析

$$\frac{\partial \phi}{\partial \sigma} = (q-p)\left\{M\left(\frac{d-\mu}{\sigma}\right) + \sigma\frac{d-\mu}{\sigma}\frac{\partial N}{\partial \sigma} + (\mu-d)\frac{\partial N}{\partial \sigma}\right\}$$

$$= (q-p)M\left(\frac{d-\mu}{\sigma}\right)$$

$M(\cdot)$ はつねに負の値をとるから, σ に関する偏微係数はつねに負である. 無差別曲線が凹関数であることを示すには, $q-p>0$ であれば

$$\partial^2\phi/\partial\mu^2 \leqq 0, \ \partial^2\phi/\partial\sigma^2 \leqq 0 \ \text{かつ}$$

$$(\partial^2\phi/\partial\mu^2)(\partial^2\phi/\partial\sigma^2) - (\partial^2\phi/\partial\mu\partial\sigma)^2 \geqq 0$$

を示せばよい.

$$\frac{\partial^2\phi}{\partial\mu^2} = -\frac{q-p}{\sigma}n\left(\frac{d-\mu}{\sigma}\right) < 0$$

$$\frac{\partial^2\phi}{\partial\sigma^2} = -\frac{q-p}{\sigma}\left(\frac{d-\mu}{\sigma}\right)^2 n\left(\frac{d-\mu}{\sigma}\right) < 0$$

$$\frac{\partial^2\phi}{\partial\mu\partial\sigma} = -\frac{q-p}{\sigma}\frac{d-\mu}{\sigma}n\left(\frac{d-\mu}{\sigma}\right)$$

よって, $(\partial^2\phi/\partial\mu^2)(\partial^2\phi/\partial\sigma^2) - (\partial^2\phi/\partial\mu\partial\sigma)^2 = 0$.

定理8-6の証明

エイジェントによる μ と σ の組み合せの選択は, x の選択によって実際には行われる. その x の選択にはふつう制約条件がつくであろう. その制約条件を, μ と σ の変数の世界に引き戻すと, 結局 (μ, σ) の選択は (μ, σ) の実行可能解の集合の中から行われる必要があることとなる. その集合は一般に凸集合となり, その集合の境界が, 効率的フロンティアとよばれる.

このフロンティア上の点は, 同じ σ を与える x の中で最大の μ をもたらし, 同じ μ なら最小の σ を与えるようなものである. このフロンティアを $\sigma = m(\mu)$ と書けば, 微分可能と仮定して, 次のような性質をかなり一般的にもつことが証明されている (Itami(1974)).

$$\frac{dm}{d\mu} = m'(\mu) > 0$$

$$\frac{d^2m}{d\mu^2} = m''(\mu) > 0$$

したがって，定理8-5も考え合わせると，最適な(μ, σ)の選択はこのフロンティアの上からϕを最大にするようになされることとなる．その制約付き最大化のラグランジュ関数をLとすれば

$$L = \phi + \varepsilon(\sigma - m(\mu))$$

となる．εはラグランジュ乗数である．

この最大化の一次条件は，

$$\frac{\partial L}{\partial \mu} = b + p + (q-p)N\left(\frac{d-\mu}{\sigma}\right) - \varepsilon m'(\mu) = 0$$

$$\frac{\partial L}{\partial \sigma} = (q-p)M\left(\frac{d-\mu}{\sigma}\right) + \varepsilon = 0$$

$$\frac{\partial L}{\partial \varepsilon} = \sigma - m(\mu) = 0$$

二次条件の縁付きヘッセ行列は

$$H = \begin{bmatrix} \frac{\partial^2 \phi}{\partial \mu^2}\varepsilon m''(\mu) & \frac{d-\mu}{\sigma}\frac{\partial^2 \phi}{\partial \mu^2} & -m'(\mu) \\ \frac{d-\mu}{\sigma}\frac{\partial^2 \phi}{\partial \mu^2} & \left(\frac{d-\mu}{\sigma}\right)^2 \frac{\partial^2 \phi}{\partial \mu^2} & 1 \\ -m'(\mu) & 1 & 0 \end{bmatrix}$$

となり，この行列の行列式が正になることが，最大化の二次条件である．これはϕがμとσの凹関数で，mが凸関数であるから満たされている．

一次条件を全微分して，

$$H \begin{bmatrix} d\mu \\ d\sigma \\ d\varepsilon \end{bmatrix} = \begin{bmatrix} -N\left(\frac{d-\mu}{\sigma}\right) \\ -M\left(\frac{d-\mu}{\sigma}\right) \\ 0 \end{bmatrix} dp - \begin{bmatrix} N\left(\frac{d-\mu}{\sigma}\right) \\ M\left(\frac{d-\mu}{\sigma}\right) \\ 0 \end{bmatrix} dq - \begin{bmatrix} 1 \\ 0 \\ 0 \end{bmatrix} db$$

を得る．

この式をさまざまに解くことにより，比較静学の結論を得ることができる．

第8章 目標乖離を含む非線型インセンティブ・システムの分析 243

$dq=db=0$ とおけば,p についてのパラメトリック分析ができる.

$$\begin{bmatrix} \frac{\partial \mu}{\partial p} \\ \frac{\partial \sigma}{\partial p} \end{bmatrix} = -\frac{1}{|H|} \begin{bmatrix} -1+N\left(\frac{d-\mu}{\sigma}\right)+m'(\mu)M\left(\frac{d-\mu}{\sigma}\right) \\ m'(\mu)\left\{-1+N\left(\frac{d-\mu}{\sigma}\right)+m'(\mu)M\left(\frac{d-\mu}{\sigma}\right)\right\} \end{bmatrix}$$

$N((d-\mu)/\sigma)<1$, $M((d-\mu)/\sigma)<0$ だから

$$\frac{\partial \mu}{\partial p} > 0$$

$$\frac{\partial \sigma}{\partial p} > 0$$

同様に,

$$\frac{\partial \sigma}{\partial q} = m'(\mu)\frac{\partial \mu}{\partial q} = -\frac{m'(\mu)}{|H|}\left\{-N\left(\frac{d-\mu}{\sigma}\right)-m'(\mu)M\left(\frac{d-\mu}{\sigma}\right)\right\}$$

一次条件を変形すると,

$$b+p+(q-p)\left\{N\left(\frac{d-\mu}{\sigma}\right)+m'(\mu)M\left(\frac{d-\mu}{\sigma}\right)\right\} = 0$$

が得られる.$b+p>0$, $q-p>0$ だから,この式が成立するには

$$N\left(\frac{d-\mu}{\sigma}\right)+m'(\mu)M\left(\frac{d-\mu}{\sigma}\right) < 0$$

でなければならない.そうすると

$$\frac{\partial \sigma}{\partial q} < 0$$

b についての比較静学では,

$$\frac{\partial \sigma}{\partial b} = m'(\mu)\frac{\partial \mu}{\partial b} = m'(\mu)\frac{1}{|H|}$$

$$\frac{\partial \sigma}{\partial b} > 0$$

また

$$\frac{\partial \sigma}{\partial q} = -\frac{\partial \sigma}{\partial p}+\frac{\partial \sigma}{\partial b}$$

だから

$$\frac{\partial \sigma}{\partial q} > -\frac{\partial \sigma}{\partial p}$$

以上で,定理 8-6 の結果がすべて得られた.

第IV部　結　び

第9章　新しい理論への道

　マネジメント・コントロールを主題とするこの小さな本で,私はかなり欲張りにさまざまなことを論じてきたように思う.欲張り過ぎて,その意欲の何割かしか実現できていないのが,本当のところであろう.この本は,はしがきにも書いたように,マネジメント・コントロールの理論作りを目指す,序説的な本である.そういった序説として,新しい理論への糸口をさまざまな観点から試してみた,というのが本書の偽らざる性格であった.

　その本を終える今,これまでの論述の流れをふりかえって,一体私はこの本で何がいいたかったのか,何を大切なことと考えているのか,それをまとめてみようと思う.まとめの視点は,「新しい理論への道」である.マネジメント・コントロールの理論という新しい理論を作って行く道の行き先は,まだまだ長い.少なくとも私にとっては,旅立ったばかりである.その長い,新しい道を迷路や袋小路に入り込まずに旅して行くには,その道を大きなしっかりとした道にしていくには,どのようなことが重要なのか.この本の分析をつうじて私が個人的に感じていることを,読者とともに共有してみたい.その意味で,この第Ⅳ部はかなり個人的な「結び」である.

　そのためには,まずこの本の議論の流れと特徴を大まかに振り返ってみることから始めるのがいいだろう.

9.1　本書の流れと特徴

議論のあら筋

　マネジメント・コントロールをさまざまな角度から論じるこの本の流れの出発点を,私はマネジメント・コントロールを経営行動全体の中で位置づけることからはじめた.大きなフレームワークの中で,マネジメント・コントロールを位置づけたかったのである.第1章「経営行動の構図」である.経

営全体を見る構図とはどんなものか，戦略やリーダーシップといった経営行動とは何か，それらとマネジメント・コントロールとの関連は何か，そういった問題がこの章の中心的課題であった．この章では，その後の分析に直接関係のない経営行動の概念や部分についても，構図全体を説明するのに必要な範囲でふれている．

この位置づけの章をうけて，第2章ではマネジメント・コントロールそのものをくわしく考える概念枠組みについて，私の考え方を展開した．マネジメント・コントロールの本質が，「他人に委任した意思決定のコントロール」にあり，「任せて，任せ放しにせず」というところにあることを踏まえて，「影響」というものを中心的概念とするマネジメント・コントロール活動の絵が描かれ，それをサポートする組織的なシステムとしてのマネジメント・コントロール・システムをどのように分類して考えればよいか，が分析されている．こうして，現実の経営管理制度をマネジメント・コントロールという視点から分析していくための分析枠組みが準備されていくのである．

そのような概念枠組みから，たとえば一つの経営管理制度が影響システムと情報システムとしての二面性を必然的にもつことが明らかにされ，それを理解しないことからくる誤り，それをうまく利用することによる効果的な経営管理制度の設計の可能性，などについての洞察がえられている．

第3章では，こうした概念枠組みで捉えられるマネジメント・コントロールの本質的な部分をより理論的・抽象的に分析し，マネジメント・コントロールの演繹的な理論を作るための基礎になると私が考えている，エイジェンシーの経済理論についての説明が行われている．「他人に委任した意思決定のコントロール」ということを分析の中心的な課題とする理論である．

この章では，エイジェンシーの理論の骨格とそこで出てくる中心的概念の紹介のほかに，この理論が経営学の公理論的，演繹的な理論体系を作るための基礎理論の役割を果たしうることが強調された．マネジメント・コントロールが経営の本質的な部分であり，そのマネジメント・コントロールの基礎理論が（あるいは基礎理論の中心的部分が）エイジェンシーの理論だからであ

第9章 新しい理論への道

る．

　こうして，マネジメント・コントロール活動とマネジメント・コントロール・システムを見る眼としての概念枠組みが第2章で準備され，第3章でマネジメント・コントロールをさらに分析的にえぐるための理論的ツールとしてのエイジェンシーの理論が準備された．第Ⅰ部のこの二つの準備で，本書の考察のための準備は終わり，第Ⅱ部と第Ⅲ部で現実の経営管理制度の機能やその設計の際の本質的な考慮要件についての理解を深めるための分析が行われている．

　一般的にいって，「現実についての理解を深める」ためには，二つの道がある．一つの道は，ある分析的準備をもった上で，その準備された枠組みで複雑な現実を総体的に切ってみる努力をすることによって現実を理解しようとするアプローチ．もう一つの道は，その分析的準備をさらに抽象的に煮詰めていって，その分析の枠組みの中で理論的に何が本質的な要因になっているのかを見きわめ，そうして探り出された本質的要因によって現実の洞察を得ようとするアプローチ．

　この本でいえば，第Ⅰ部が分析的準備にあたり，それを出発点として第Ⅱ部が前者のアプローチ，第Ⅲ部が後者のアプローチとなっている．第Ⅰ部で準備された分析枠組みが完全ならば，後者のアプローチはいらないはずである．しかし，実際には第Ⅰ部の枠組みはまだまだ荒いもので，とても完全とはいえない．したがって，第Ⅰ部の枠組みを出発点として現実の理解を深めようとするときには，二つのアプローチがともに意味をもつのである．

　第Ⅱ部では，第Ⅰ部の枠組みをもちいて現実の経営管理制度を直接的に切ってみて，どのような理解が得られるかを試みている．「経営管理制度の概念的分析」である．第Ⅰ部から直接に現実に向かって旅立っている，といってもよい．

　その概念的分析の対象は，第4章が経営計画制度，第5章が業績評価制度である．計画すること，評価すること，という経営管理の中でだれでも重要なことと指摘する二つのことについて，それを組織全体で行う制度の機能と

いう点から分析してみた．分析の強調点は，個々の管理者が計画をし，評価をすることそのものにはないことに注意して欲しい．強調点は，「組織のあちこちで計画をし，評価する際の制度の果たす機能」の分析にある．マネジメント・コントロール・システムを設計する，組織のトップ・マネジメントの眼の位置からの制度分析といってもよい．

　各々の章で，現実の経営管理制度のもつ機能についてさまざまな洞察が得られたといっていいだろう．その多くは，第Ⅰ部のような分析枠組みの助けで得られている，といってもいいように思う．それを個々に振り返ってまとめることは控えるが，二つの章に共通していえるかなり本質的な洞察を一つの例としてあげてみよう．それは，一つの経営管理制度が複数のマネジメント・コントロールのサブシステムとしての機能をもっている，ということである．経営計画制度は，コミュニケーション・システム，目標設定システム，教育システムとして機能する．業績評価制度は，目標設定システム，モニタリング・システム，人事評価システム，教育システムという四つのシステムの機能を複合的にもっている．この複合性のゆえに，時に問題が発生し，時に管理制度がきわめて効果的に機能する．その複合性の正確な理解が経営管理制度の設計の大きな鍵である．

　こうした考え方は，経営管理制度をたんに伝統的な管理会計的な視点だけから見ていたのでは，出てきにくい．あるいは，人事管理的な視点だけからでも，生まれにくい．そういった伝統的な考え方よりやや抽象度の高い，マネジメント・コントロールという視点をもつことによって，楽に生まれてくる管理制度の見方である．

　第Ⅲ部では，第Ⅰ部の分析的準備をさらに理論的に深掘りをして，現実を理解する本質的な要因についての洞察を深め，あるいは理論そのものをさらに追求していくという分析が行われている．比喩的にいえば，第Ⅰ部から直接的に現実へ旅立つのではなく，一度より抽象度の高い理論とモデル分析の世界へ向かって，そのことによって迂回的に現実を理解する手がかりを得よう，というわけである．

第9章 新しい理論への道

モデル分析の対象として，インセンティブ・システムが取り上げられた．マネジメント・コントロール・システムとしても，もっとも重要なものの一つである．それをエイジェンシーの理論の枠組みで分析するというのが，第III部の作業の基本である．その分析の基礎モデルをくわしく述べたのが，第6章．そのモデルで，最適な線型インセンティブ・システムはどのような論理で決まってくるのかを詳細に分析したのが第7章である．第8章の分析は，目標業績水準をあらかじめ定めそれを中心に業績評価を行うという，現実にさまざまな形でよく見られるインセンティブ・システムの機能や逆機能を分析したものである．

ここでも，いくつかの現実への洞察が得られていると思う．たとえば，インセンティブ・システム設計の鍵は，努力決定とリスク決定のバランスにあり，そのバランスを決めるものは，エイジェントの努力の弾力性と危険回避度であること．あるいは，エイジェントの努力を引き出すために作られている，目標中心的なインセンティブ・システムがしばしばエイジェントを必要以上に危険回避的にしてしまっていること．分かってしまえば，そして結論だけを聞けば，なるほどいかにもありそうな当り前のことに聞こえるが，そういうことがはっきりいえることを明らかにし，しかもそういえる背景にどのような本質的な要因があるかを明らかにできたことの価値は大きいと思う．

第II部と第III部の分析は，現実に直接第I部から切り込むか，迂回的に理論の世界へ戻るか，という点だけで違うばかりでなく，そこで使われている論理の手段についても異なる．第II部では，ふつうの言語をもちいて概念的な分析を積み重ねていくという論理の手段がもちいられている．第III部では，数学的な言語と論理の助けを借りて，モデルの数理分析を行う，という論理の手段がもちいられている．二つの分析の論理の手段を概念分析と数理分析とよぶとすれば，この二つの方法論を一つの本の中で併用したわけである．もちろん，厳密にいえば，第III部でも概念分析は多く行われている．しかし，それはいわば数理分析による個々の分析をつなぐための論理として使われているのであって，論理をすすめるメインの手段として使われて

いるわけではない．

本書の特徴

こうしたあら筋をもってこの本の流れはできている．それが流れて，この最終章をいま迎えている．その流れの底にあるこの本の基本的特徴をあげよといわれたら，著者としては次の三点をあげたい．

(1) マネジメント・コントロールという視点の強調
(2) 思考の枠組みの提供
(3) 概念分析と数理分析の併用

これら三つの点が何をさすのか，もはやくわしい説明の必要はないであろう．(1)は，経営というものを理解するためには，マネジメント・コントロールという視点がどうしても必要であり，またマネジメント・コントロールは経営行動全体の構図の中でも中核的な重要性をもっている，ということである．(2)は，そのマネジメント・コントロールを考えるための枠組みを作りたい，提供したいというのが本書の基本的な狙いの一つであった，ということである．その枠組みが第2章の概念枠組みであり，その基礎理論としての第3章のエイジェンシーの理論であった．その枠組みの応用を私が自分なりにやってみたのが，第II部と第III部であるが，その際に二つの分析の方法論を併用したのがこの本の特徴である，というのが(3)である．ふつうは，分析者の好みやバックグラウンドによって，どちらか片方の方法論に偏ることが多いように思われる．

この最終章では，(1)と(3)についてさらに考えてみたい．(2)については，思考の枠組みの重要さについてはいまさら論じるまでもないであろうし，私の枠組みが本当に意味があるものであるかどうかは，私が判断すべきことではなく，あくまで読者が判断すべきことであると思うからである．(2)についての私の役割は，たとえていえば眼鏡の製作者のようなものである．現実がよりよく見えるようになるために眼鏡をかけたい，とだれしも思う．私の作った眼鏡がいいかどうかは，それをかけて現実を見る眼鏡の利用者が決め

ることなのである.ただ,多くの人が共通の眼鏡をかけ,お互いにコミュニケーションのしやすい状態になることは経営学の発展のためには必要不可欠であることをあらためて強調しておきたい.

(1)マネジメント・コントロールという視点と,(3)二つの方法論については,この本の主要な部分を書き終えたいま,若干の感想めいたものがある.それを読者と共有しておくのも,新しい理論への道を考えるにあたって意味のないことではないであろう.(1)についていえば,それは「一体マネジメント・コントロールということを考える際の,基本的な態度としてどのような態度が健康的あるいは生産的か」ということについての感想であり,「そもそもコントロールとは,任せて任さずとは,一体どういうことか」という本質についての感想である.(3)についていえば,「二つの方法論を比較すればどうなるか」についての感想であり,「それぞれの方法論の貢献をどう考えるか,その貢献のミックスについての建設的な考え方は何か」ということに関する感想である.

(1)について語るということは,私自身のコントロール観を語ることにつながるだろう.(3)について発言するということは,私自身の方法論的バイアスを述べることになる.いずれも真剣に考えれば考えるほど,短い感想ではすまなくなるはずの話である.今の私にはそれぞれのテーマを十分に論じる用意はない.しかしここでは,それを承知の上で,この本を終えるにあたっての感想の域を出ないことを,あえて述べておきたいと思う.それらの感想を述べることが,方法論とコントロール観という二つの視点から,「新しい理論への道」のあり方についての私の考えを述べることになると思うからである.

9.2 二つの方法論の間で

第III部で,数理分析によるインセンティブ・システムの分析が終わった直後だから,二つのテーマのうち,(3)方法論についての感想,から始める方

がおそらく適切であろう．

その第III部を読み終わった多くの読者の共通の印象の一つは，数理分析の面倒さとその割には分かったことの少なさ，驚くような洞察の少なさ，ということではなかったろうか．つまり，数理分析のコストと便益が何か不釣合いではないか，コストが高い割に便益が小さくはないか．そのような感想は，日頃数理分析に慣れ親しんでいない読者ほど強くもつのではないかと，私は想像する．正当性のある感想と思う．

たしかに，数理分析のコストは低くない．そのコストの一面は，理解のコストであろう．数学という言語が日常言語でないために，それをある程度利用しあるいは理解するためには，言語の習得というコストがかかる．あるいは，その言語によるコミュニケーションをできる人の数がそれほど多くはなく，したがって数学という言語を使うとコミュニケーションできる人の範囲がせまくなるというコストもある．日頃数理分析に慣れ親しんでいない読者が第III部の分析のコストが便益にくらべて高いと感じやすいのは，そのせいでもあるだろう．

しかしそれは，数理分析の本質的なコストではない．数理分析の本質的なコストは（あるいは本質的なコストとみえるもの，というべきか），かなり明瞭な結論が導かれるためにはそれに応じた仮定の積み重ねが必要だ，ということである．つまり，結論にはそれに応分の量の仮定が必要となり，その仮定の量の大きさが数理分析のコストと知覚されるのである．「こんなにいろいろと仮定をおき，厳密に限定をしなければ結論がでないのか．」

もちろん，数理分析の道具が整備されるにつれ，あるいは分析者の能力によって，より少ない量の仮定からより多くの結論あるいはより深い結論を導く，つまり分析がよりスマートになることは十分ある．しかし，数理分析はその論理の進め方が基本的に同義反復的（トートロジー）である．一つ一つの論理のステップは，その一つ前のステップで得られた結論の同義反復的な「言いかえ」をして行くことによって成り立っている．そのステップを積み重ねて行くことにより，最初においた仮定が「意味するはずの」結論が途中

の間違いなしに導かれて行く.したがって,そもそも仮定のなかになんらかの形で暗黙に含まれていない結論はでてくるわけがない.分析がよりスマートにできるようになるということは,余分なあるいは不必要な仮定をせずにすむようになることなのである.

論理の進め方が同義反復的であるということは,数理分析の結論は「仮定さえ認めれば100%正しい」ということをも意味している.実は,数理分析のメリットと魅力はそこにある.仮定さえ正しければ,結論はつねに正しいという保証があるのである.

問題は,その仮定と結論との間の距離である.距離が短ければ,こんな結論しかでないか,あるいはこれだけ仮定をおけばこの結論は当り前,と人は感じるであろう.距離が長ければ,驚くような洞察のある結論が出た,ということになるだろう.それをいいかえれば,最初においた仮定のなかにそんな含意があったとは思えないような含意を表面にひきずり出したということである.

したがって,数理分析のコストとして人が知覚する「仮定の多さ」は,じつは仕方のないことが多いのである.「100%」正しい結論を要求するのだから,仮定が多くなっても仕方がないという面がある.逆にいえば,少ない仮定だけでは大した結論がはっきり出てくることがあまりないのが数理分析のつねなのである.

では,なぜ人はそうした「仮定の多さ」を結論と比べて,それを数理分析のコストと感じることが多いのか.理由は,もう一つの分析方法,つまり私が上で概念分析とよんだもの,との比較で効率が低いと感じるからのようである.概念分析の方が,仮定と結論の比率がより効率的であるという感じをもつからである.しかしなぜ概念分析の方が,より少ない仮定でより多くの結論が出てくると思えるのだろうか.

そこには一種の錯覚のようなものがある.良質の概念分析の特徴は,論理のステップの一つ一つに70%の正確さをもとめて,70%が確保されたら100%の正しさがなくとも論理を先に進めてしまって,しかしそのステップ

を数多く積み重ねることによって深く分析を突っ込んで行く．しかも，その進む方向が問題の本質にそった方向である．そう私は良質の概念分析を性格づけている．もちろん，70％という数字は比喩であり，「100％の正しさではないが，しかしそれほど不正確ではなく，おおよそあるいは大半の場合には正しい」というほどの意味である．

　ここでのポイントは，一つ一つの論理のステップに100％の正しさを要求しない，という点にある．数理分析はそれを要求するのである．つまり，概念分析ではこまかく論理のステップを分けたときの一つ一つのステップでは論理のジャンプをあえて辞さないことも多いのである．そのジャンプを人間の直観は許してしまう．そのジャンプゆえに，概念分析ではどんどんステップを積み重ね，論理を進めていける．その進む方向が間違っていない限り，出てくる結論にはかなりの信頼性をおける．しかし，数理分析の場合とちがって，はじめにおいた仮定を認めたとしても，こうした論理の積み重ねの結果として生まれる結論には100％の信頼性はないと考えるべきであろう．

　私が上で，概念分析の方が効率よく少ない仮定で深く論理を進められる，と感じる人も多いのは一種の錯覚である，といった意味がこれで明らかになったであろう．数理分析に慣れた人からすれば論理のジャンプとしかいいようのないことを積み重ねるからこそ，少ない仮定で深くせまれるという気がするのである．したがって数理分析を効率が悪いといって責めるのは，的を得ていないように思う．

　しかし他方で，概念分析をいい加減なものと捉えるのも望ましい態度とは私には思われない．論理のジャンプが時にあるということを，つねに悪と思うべきではないのではないか．「70％正しい」ということを，文字通り，「70％は正しいのだから許せる」と受け止めるか，「30％も間違っている可能性があるのは困る」と捉えるか．比喩的にいえば，それが数理分析を主に好むか，概念分析にも十分な価値を認めるか，の分岐点の一つになるように私は思う．論理のジャンプの方向性についてのなんらかの信頼性が確保されるのであれば，「70％は正しい」と受け止めるほうがより生産的ではないか．

第9章 新しい理論への道

そして、ジャンプの方向性が間違っていないようにするために、分析者はより大きな分析枠組みを自分でもたねばならない。小さいジャンプを大きな構図の中で自ら位置づける羅針盤と海図をもたなければ、「ジャンプの方向の信頼性」は確保できない。私がこの本で、大きな分析フレームワーク(第1章、第2章)にこだわった理由の一つはそこにある。

社会科学の理論構築や洞察の多く(おそらくは大半か)は論理のジャンプの方向性の正しい概念分析によって生み出されてきた、と私は思う。それには、それなりの理由があった。100%の正しさの保証を論理のステップのすべてに要求しつつ、長く深く問題の本質にせまれるほど分析すべき現象は簡単ではなく、また一人一人の人間の知的能力も高くなく、その高くない能力をおぎなう分析結果の蓄積も十分ではない。経営学も例外ではない。

ただ数理分析の果たせる貢献も大きいと私は考えている。数理分析には、三つの異なったアウトプットがある。一つは、いうまでもなく結論である。どんなことが数理分析の結果としていえるのか。たとえば、最適分配パラメターはプリンシパルとエイジェントの危険回避度の加重平均的な関数になる、といった明確な結論である。二つ目のアウトプットは、数理分析をしていくプロセスで分析者が得る、分析している現象の本質についての洞察であり、そこから生まれる新しいコンセプトである。たとえば、その現象の背後にある少数の鍵要因は何か、何がはっきりしない限り結論はでないか、そんなことに関する洞察が厳密にモデル構築を行いそのモデルをいじることによって生まれてくることは、実はよくある。第三のアウトプットは、数理分析を行うことによって分析者の内部に形成される論理的粘着性、とでもいうべきものである。論理的な(ジャンプの少ない)推論プロセスへの一種の訓練である。

第一のアウトプットは、ただちに万人に共有可能な知識のベースとなる。その知識は次の数理分析でも概念分析でも等しく利用可能である。第二のアウトプットは、問題の洞察をその分析者が得たという段階に留まるのなら、彼自身の洞察を深めるだけで他人のメリットにはならないが、その洞察から新しいコンセプトが生まれ、それが他の分析者にも利用可能な形で提出され

るのなら，個人的なメリットを超えたものになる．こうして数理分析から生まれる分析のための新しいコンセプトが，概念分析に使われ，概念分析をすすめるのに役立つこともよくある．第三のアウトプットはまったく私的なメリットで，分析者個人の訓練の域を出ない．しかし，馬鹿にならないアウトプットだと私は思う．この論理的粘着性が概念分析をすすめるのに役に立つのである．

　このように，数理分析にもそのメリットと限界があり，また概念分析にも長所と短所がある．月並みな結論だが，この二つの分析方法はやはりうまくミックスして使われるべきであろう．そのミックスをどのように求めるべきか．経営現象の複雑さと現状の分析の水準を考え合わせると，どのような態度でこのミックスを求めようとするのが健康的なあるいは生産的な態度だろうか．

　それを再び比喩的にいえば，一つは概念分析の論理のステップでの「70％の正しさ」のパーセンテージを70からもっと大きくするために数理分析の力をもちいる，という態度．もう一つの態度は，分析全体の方向づけと概念形成に数理分析からの洞察を使うこと．つまり数理分析から得られる貢献を「100％の正しさの保証」という厳格さから生まれるものだけに限定せず，100から許容水準をさげ，積極的に概念分析に数理分析からの洞察を使うようにすること．この二つの態度が生産的な基本的態度として考えられる．もちろん，二つの態度は二者択一ではなく，両方あればなお望ましい．

　第一の態度をとれば，概念分析が大きな分析枠組みを決め，その中で個々の分析をする際に数理分析を使って一つ一つの分析の積み上げのステップ自体を論理的な正しさの保証度の高いものにしようということである．さらに，数理分析をおこなう実際の状況を，概念分析によって相当特定化してしまい，その意味で数理分析をやりやすい設定をすることにもなる．この本の分析でいえば，第Ⅰ部のマネジメント・コントロールの概念枠組みにそって，インセンティブ・システムの分析の状況設定を決めていったのが，この第一の態度の一つの具体例である．

この態度の最大のポイントは,数理分析が「分析のための分析」にならないように概念分析がきちんとした洞察のある概念枠組みを数理分析のために提供できるか,という点にある.あるいは数理分析がつねにより大きな概念枠組みというものを意識しながら行われるか,という点にある.

第二の態度をとると,数理分析の「100%保証」の世界から一歩踏み出して,数理分析から得られる新しいコンセプトを概念分析の世界の中で積極的に利用しようということになる.そのためには二つのことが数理分析をする人に要求されてくる.一つは,数理分析のアウトプットとして新しいコンセプトをどれくらい出せるか,ということである.つまり,分析の第一のアウトプット(結論)ばかりでなく,新しい鍵概念という第二のアウトプットを出すべく努力するということである.もう一つは,30%間違う可能性を恐れずに数理分析からの洞察を積極的に概念分析の世界で使っていくという努力である.「70%正しければいい」と思って,しかも70%しか正しくないかもしれないことを覚悟の上で,間違う危険を明示的に意識しながら,数理分析の洞察から一歩踏みこまなければならない.数理分析の「100%保証」の世界にいつまでもとどまっていては,生産性は低い.

9.3 自由と規律の間で

上で述べたように,この本の基本的特徴の第一のものは,(1)マネジメント・コントロールの視点の強調,である.こうした視点を強調することが意味をもつと私が考える理由は二つある.一つは,すでに繰り返したように,マネジメント・コントロールという名の下に統一的に理解されうる活動が経営行動全体の中で中核的な位置をしめるからである.マネジメント・コントロールという統一的な概念あるいは理解の仕方がこれまでなかった(あるいは弱かった)ために,さまざまなタイプの管理論としてばらばらに議論されていたものが(たとえば予算管理,利益管理,人事管理,など),一つの共通の理解が可能となることによって,経営行動の中で重要性の大きいものであ

ることが認識できるようになる．この本が一応終わりつつある今，あらためて第1章の経営行動の構図を読み直していただければ，経営行動全体の中でのマネジメント・コントロールの中核的な位置づけがより鮮明になるであろう．

マネジメント・コントロールという視点の強調が意味をもつもう一つの理由は，マネジメント・コントロールと伝統的な「管理」あるいは「コントロール」という概念の間には，「人を管理することとはどういうことか」という管理の本質にかんしてニュアンスの違いがあり，その違いに組織経営の本質は何かを考える基本的なスタンスの違いが隠されているからである．

私は第1章，あるいは第2章で，マネジメント・コントロールの本質は「任せて，任せ放しにせず」，という点にあることを強調した．そして「委任した意思決定への影響」の仕方を考えることが，マネジメント・コントロール活動の中核である，といった．ところが伝統的な管理の考え方はしばしば，部下の行動を制御し，それに「規律を与えること」を管理の中核としてきた．とすれば，マネジメント・コントロールは傍点を付した「任せる」という一点が明示的に入っている点で，伝統的な管理の考え方とは本質的に異なっている．

「任せられた」ことによって部下に行動の自由度が生まれる．あるいは部下に自由を与える必要性あるいは必然性があるから，「任せる」．しかし，任せ放しにしてしまうと，組織としてのもっとも効率的な機能ができないことも多い．したがって任せ放しにはできず，部下の行動の規律への要請が生まれる．「任せて，任せ放しにせず」ということから，部下の自由と部下の規律という二つの問題がただちに発生する．比喩的にいえば，マネジメント・コントロールは自由と規律の間でバランスをとる問題になるのである．

それにたいして，伝統的な管理の考え方には規律への要請がかなり色濃く出ている．伝統的には，管理には「規律」というニュアンスが強いのである．やや極論すれば，「自由」という部分をほとんど無視してしまう．そのために，たとえば「管理野球」といったことばのイメージがあまりよくないよう

に,「管理」ということばには後ろ向きのイメージがあるのである.

おそらく,伝統的な管理の考え方の背景には人間についての性悪説があったように思う.規律を与えなければ,人間は放逸に流れる,組織は乱れる,という考え方である.その考え方にたてば,人間の行動に枠を細かくはめて規律を全面的に要求するのが,組織運営の基本的な考え方となる.

しかし,それではどこかおかしい.人の管理というのは,本来そんなに後ろ向きのイメージが強いのが当り前なのか.そんなことはない.マネジメント・コントロールの考え方の背景には,性悪説はある必要はない.部下に意思決定を「任せ」,自由を与えることが出発点なのである.自由を与えるのは,次の二つの理由のいずれかあるいは両方による.一つには性善説で,人間は自由を与えられた方がかえって組織目的にあった仕事への意欲が湧くというケース.もう一つの理由は,人間の能力には自然の限界というものがあり(サイモンの限定された合理性,限られた認知能力),それは意思決定能力についてもそうで,その限界を克服するために人々の協働体として組織がつくられ,階層的な意思決定の分担が行われる.それゆえに部下に行動の自由度が与えられているケース.いわば,上司が全能ではないから,部下に自由度をもたせるのがもっとも合理的なのである.

いずれの理由にせよ,「自由」というものがあることが必要であるわけで,そもそも「人を管理する」際の基本的考え方が,規律偏重であってはおかしいのである.そうした規律偏重のコントロール観は伝統的にみられるが,それは現実の理解として的を得ているとは思われない.むしろ誤っていると思う.「自由」というものを「規律」とならんで等しく強調するところに,マネジメント・コントロールの概念が伝統的なコントロール観とちがうところがある.

管理ということは,人々の自律性や創造性を殺すことではない.むしろそれをどう生かせるか,どうサポートできるかを考えることである.そこにマネジメント・コントロールの本質がある.私はこの節のタイトルを「自由と規律の間で」とした.「管理と自律の間で」とはしなかった.この二つの表現

の間の微妙な違いに,マネジメント・コントロールの本質が隠されている.管理は規律と同義ではない.自由と自律もまったく同一ではない.自由を与えながら規律への組織としての要請を満たしていくところに本当の管理の,マネジメント・コントロールの本質がある.自律的に規律というものが生まれてくるところに,組織のなかの自律の望ましい姿がある.

　自由への要請と規律への要請はしかし,簡単には両立しないことが多い.むしろ一方が他方を駆逐しがちな傾向すらあるであろう.伝統的なコントロール観が規律偏重になるのは無理からぬことなのである.いわばディレンマがおきるのである.しかし,そのディレンマは,マネジメント・コントロールにとって本質的なディレンマである.だからこそ,本質的にディレンマであり続けることが必要なのである.簡単にそのディレンマを解消する道を見つけようとするのではなく,ディレンマを正面から見すえる必要があるのではないか.自由と規律の間でそのぎりぎりの接点をどのように求めるかが管理することの本質ではないか.

　マネジメント・コントロールという概念は,その概念の中に自由と規律を最初から取り込んでいるために,その接点を求める作業を明示的に要求する.自由と規律の両方を等しくにらみ,ディレンマを直視しその間でゆれ動くことを要求する.だからマネジメント・コントロールという視点を強調する意味があるのである.自由か規律かのどちらか一方だけを考えるのであれば,問題はよほど簡単になるし議論としても耳に入りやすくなる.たとえば,自由を強調した管理の話をすればそれは耳に快く響く.景気のいい議論になる.しかしそれだけでは,組織としての規律への要請にこたえられない危険も大きい.逆に,規律だけを強調して管理を論じると,何やら話は分かりやすくなることが多いのだが,人々の自律や創造性を無視し,息のつまるような管理論になってしまう.結果として,組織は活力のある機能をできなくなってしまうだろう.

　自由と規律のどちらかに偏った議論ではやはり正鵠は得られない.両にらみがどうしても必要となる.その両にらみは,結局二つのものの間のゆれ動

きを要請することになるであろうと私は思う．どこかに定常的な最適バランスの一定点があるのではない．最適バランスの点自体がゆれ動く．時に自由に偏し，時に規律に偏し，ゆれ動きながら長期的なダイナミックな最適経路が描かれて行く．そういった自由と規律の間のゆれ動きが，マネジメント・コントロールの本質なのである．この本ではそのゆれ動きのありさまを明示的には論じられなかったが，そこに本質があることは確かだと思う．そのゆれ動きとディレンマをどう考えていけばいいのか，それにこだわりつつどう分析していけばいいのか．マネジメント・コントロールが経営行動の中核であるとすれば，自由と規律の間のゆれ動きは，じつは経営学のもっとも根本的な問題なのである．

9.4 新しい理論への道

以上で私は，方法論についての私の考え方とコントロールの本質についての私の見方を述べた．それらはいずれもマネジメント・コントロールの理論という新しい理論を作って行く上で，二つのもっとも本質的に重要と思われる考え方だと思われる．しかし，新しい理論への道を歩む際に心に留めておくべきと私が考える点はこれだけではない．この本のここかしこで私がふれてきた新しい理論への要件，この本の分析を終えた今あらためて重要性を痛感している点，は他にもある．この最終節では，そういった「新しい理論への道の本質的考慮要件」を私なりにまとめておきたい．この本でそれらの点が十分に扱えたからまとめるのではない．むしろ，この本では十分にできなかったから，しかしこれらの道を歩むのには必要と思うから，まとめておきたい．

それらは，明らかに私の個人的なバイアスであろう．客観的に正しいという保証はどこにもない．しかし，個人的な色彩が濃くても仕方がないではないか．この本は自分なりに新しい試みをあれこれと始めてみた結果なのである．しかも，「序説」なのである．そういった本の最後の結びとしては，たと

え個人的なものであるにせよ，次の旅立ちへの道しるべこそがふさわしい．旅をするのは私だけとは限らない．読者のあなたかもしれない．

そのメッセージは，次の四つの項目についての望ましい姿，重要な点，という形で整理できる．

- めざすべき理論のタイプ
- 分析の対象の本質的側面
- 分析の方法論
- 分析者に要求される基本的視点

めざすべき理論

ここでは，二つ強調したい点がある．一つは，マネジメント・コントロールの理論はマネジメント・コントロールにかかわる現象についてのポジティブセオリーである，ということである．つまり，マネジメント・コントロールの制度，マネジメント・コントロールのプロセスについて，その制度がなぜ作られているのか，その制度はどのような機能を果たしているのか，あるいはなぜあるプロセスがマネジメント・コントロールのために使われるのか，そういったことを説明できる理論がめざすべき理論なのである．人々は，組織の管理のためにさまざまな工夫を管理の制度やプロセスに施す．その「なぜ」を説明できるような理論が欲しい．それができれば，その次の段階として，そういった制度やプロセスを設計する立場にある経営者，管理者のための，設計のノーマティブセオリーを作れるようになるであろう．

めざすべき理論についての第二の強調点は，究極的には公理論的な理論体系の構築が望ましい，ということである．少数の，マネジメント・コントロール現象についての公理から出発して，論理のステップを積み重ねていって次々と命題が生まれ，それらの命題の集積として管理の制度やプロセスのなぜが説明されていく．そんな演繹的な理論体系が作れれば素晴らしい．それは経営の一般理論となるであろう．現在の分析や理論の現状からすれば夢のような話であるが，理論というものの一つの究極的な姿がそこにある．この

本の第3章でエイジェンシーの理論をとりあげた一つの理由は、この理論が公理論的な理論体系の一つの出発点としての可能性をもっていると私が思うからである.

分析対象の本質的側面

マネジメント・コントロールの理論の分析対象はもちろんマネジメント・コントロールという現象である.その現象を分析する際に忘れてはならない,あるいは究極的に分析の底につねに意識し続けるべき,「マネジメント・コントロールの本質」として,二つ指摘しておきたい.一つは,自由と規律の間のディレンマ,その両者の間のゆれ動きにマネジメント・コントロールの本質があるということ.第二点は,経営の三角形ということ.

自由と規律の問題についてはすでに前節でくわしく述べた.第二点の三角形という点は,第3章で述べた点である.つまり,一人のプリンシパルに二人のエイジェントという三人の関係の分析が,組織としての経営の分析の本質なのである.このプリンシパルを頂点とする三角形のゆえに,権限委譲,調整,モチベーション,などの管理の諸問題がすべて発生する.マネジメント・コントロールの理論はいずれはこの三角形を正面から扱うような理論でなくてはならない.あるいは,正面から扱わないときにもこの三角形をつねに意識しながら理論作りをしなければならない.

やや象徴的な表現をつかえば,自由と規律の間で経営の三角形がゆれ動く,それがマネジメント・コントロールの本質といえるかもしれない.

方 法 論

そういった本質をもつマネジメント・コントロールの理論を作っていく際の方法論的な留意点としては,数理経営学のすすめ,現実からの帰納的分析の重要性,大きな概念的フレームワークをもつこと,この三点を指摘しておこう.

数理経営学のすすめとは,この章の9.2節でくわしく述べた数理分析とい

う方法論をこれまで以上にもっと使うべきである,ということである.数理分析は必ずしも究極的な中心的方法論にはならないかもしれない.概念分析の方が将来も主流であり続けるであろう.しかし,これまでの経営学の分析には数理分析が少なすぎたのではないか.9.2節で述べたように,数理分析には三つの異なったアウトプットがありうる.そのメリットをもっと生かすべきである.演繹的な分析の一つの究極的な手法としての数理分析をマネジメント・コントロールの理論作りに生かせるのではないか.エイジェンシーの理論をマネジメント・コントロールの基礎理論として私が位置づけたいと思っている一つの理由は,エイジェンシーの理論が数理分析の手法で解析されることの多い理論だからである.

しかし,そういった数理分析が,時にありがちなように「モデル分析のための分析」になってしまい,現実への洞察を深めるという分析本来の目的から逸脱しないようにするためにも,現実をくわしく観察した上での帰納的分析を一方で行うことはきわめて重要である.それが,方法論として私の強調したい第二の点である.現実から問題の本質を学ぶための,モデルの波にただ流されないように現実に錨をおろすための,現実からの帰納分析である.

こうした帰納分析を通して現実の適切なモデルを求め,そのモデルをつかった数理分析によって現実への洞察を深める.その洞察が,現実から次に帰納分析しようとするときに,思考の核を提供してくれ,さらに深い帰納分析が可能になる.その結果,そこから現実の本質にもっと迫るモデル分析への道が開けてくる.そんなサイクルが実現できれば,いうことはない.

そういった数理分析にしろ,現実からの帰納分析にしろ,それらは大きな概念的フレームワークの中で位置づけられる必要がある.それが,方法論的に強調したい第三の点である.つまり自分が今どこにいるのか,どの方向へ進めばいいのか,その判断のもととなる地図がいるのである.「大きな概念的フレームワーク」のためには二つのことが必要となる.一つは,そのフレームワークの中味を構成するさまざまな概念の準備である.思考のための言葉の準備,といい替えてもいいだろう.もう一つは,経営あるいはマネジメ

ント・コントロールというものをより大きなあるいはより基本的な見地から捉えるものの見方である．それが次に述べる基本的視点である．

基本的視点

こうした分析を進めていく上で，分析者が自ら確立した方がよいと私が思う基本的視点が二つある．一つは，組織を構成している人間についての人間観である．もっとも単純なレベルでいえば，性善説を仮定するのか，性悪説を仮定するのか，そういった人間観の問題である．マネジメント・コントロールの対象になる人間が一体どんな特性をもった人間と観るのが，現実の管理の諸制度を理解するのに都合がいいか，どんな性質の人間と考えるともっとも効果的なマネジメント・コントロールのあり方が考えられるようになるのか．そんな人間観の確立は，分析の大前提として，きわめて重要である．

私自身は，単なる性悪説は適切でないと思っている．また性善説だけでも単純すぎる．やはり，前節で述べたように，その中間に，その両方を見すえるような人間観が必要ではないかと考えている．

もう一つの基本的視点は，分析の際の目のつけ所についての基本的視点である．分析の対象として選ばれるべき現象あるいはその側面の候補は実は無数にある．その中からどんな現象をピックアップするのか，その適不適は分析の努力にたいする果実の大きさを決めるクリティカルな問題である．どんなタイプの現象に，どの種類の側面に，問題の本質により有効にせまれる鍵が潜んでいるのか．それについての基本的視点である．

おそらく，「ディレンマ」や「パラドックス」に問題の本質へのもっとも有効な鍵が潜んでいる．それを分析しようとするのがもっとも生産的なことが多い．私はそう考えている．単純に考えるとたんなる分岐点に見えるけれど現実にはその分岐で多くの人が頭を悩ませること，見た目には少し不思議に見えること，そんな現象の分析がもっとも本質に迫れるのではないか．ディレンマを単純にかたづけようとしてはいけない．その解決の論理をよく考える必要がある．パラドックスを放置してはいけない．表面のパラドックスが

実は矛盾なく理解できるような背後の論理は何かを分析する必要がある．
ディレンマやパラドックスを見すえようとする態度が重要なのである．

こうして「新しい理論への本質的考慮要件」をまとめ，それをこの本で実際に私がなしえたことと比べてみると，いかにこの本の歩みが小さなものでしかなかったか，よく分かる．マネジメント・コントロールの理論への残された道のりがいかに長いか，実感できるであろう．しかし，その長さを悲観的に捉える必要はない．なすべきことが，地平線のはるか彼方まで面白いほどに広々と存在している，と思えばよいのである．

参 考 文 献

Ackoff, R., 1970, *A Concept of Corporate Planning*, Wiley.
Anthony, R., 1965, *Planning and Control Systems: A Framework for Analysis*, Harvard University Press(高橋吉之助訳『経営管理システムの基礎』, ダイヤモンド社, 1968).
Aoki, M., 1979, "Risk-Sharing Employment Contracts vs. the Auction Market," Mimeo, Kyoto University, March 1979.
青木昌彦, 1984,『現代の企業』, 岩波書店.
青木茂男, 1977,『企業の予算制度』, ダイヤモンド社.
Arrow, K., 1964, "Control in Large Organizations," *Management Science*, April 1964.
Arrow, K., 1974, *Essays in the Theory of Risk-bearing*, North-Holland.
Barnard, C., 1938, *The Functions of the Executive*, Harvard University Press(山本安次郎・田杉競・飯野春樹訳『新訳・経営者の役割』, ダイヤモンド社, 1968).
Burgelman, R., 1983, "A Model of the Interaction of Strategic Behavior, Corporate Context, and the Concept of Strategy," *Academy of Management Review*, Winter 1983.
Demski, J., 1967, "An Accounting System Structured on a Linear Programming Model," *The Accounting Review*, October 1967.
Dopuch, N., J. Birnberg and J. Demski, 1974, *Cost Accounting*, Harcourt Brace.
Eilon, S., 1971, *Management Control*, McMillan.
Fama, E., 1980, "Agency Problems and the Theory of the Firm," *Journal of Political Economy*, 1980.
Grove, A., 1983, *High Output Management*, Random House(小林薫・上田敏晶訳『ハイ・アウトプット・マネジメント』, 早川書房, 1984).
Groves, T., 1973, "Incentives in Teams," *Econometrica*, July 1973.
Hofstede, G., 1968, *The Game of Budget Control*, Tavistock Publications(藤田忠監訳『予算の行動科学』, ダイヤモンド社, 1976).
Holmstrom, B., 1979, "Moral Hazard and Observability," *Bell Journal of Economics*, Spring 1979.
Horngren, C., 1972, *Cost Accounting*, Third Edition, Prentice-Hall.
今井賢一・伊丹敬之・小池和男, 1982,『内部組織の経済学』, 東洋経済新報社.

Imai, K. and H. Itami, 1984, "Interpenetration of Organization and Market," *International Journal of Industrial Organization*, December 1984.

Itami, H., 1974, "Parametric Analysis and Mean-Standard Deviation Analysis in Stochastic Programming Models," *Hitotsubashi Journal of Commerce and Management*, July 1974.

Itami, H., 1975, "Evaluation Measures and Goal Congruence under Uncertainty," *Journal of Accounting Research*, Spring 1975.

Itami, H., 1976, "Analysis of Implied Risk-taking Behavior under a Goal-Based Incentive Scheme," *Management Science*, October 1976.

Itami, H., 1977, *Adaptive Behavior : Management Control and Information Analysis*, American Accounting Association.

伊丹敬之, 1980, 『経営戦略の論理』, 日本経済新聞社.

Itami, H., 1982, "Analysis of the Optimal Linear Goal-based Incentive System," *Hitotsubashi Journal of Commerce and Management*, October 1982.

伊丹敬之, 1984, 『新・経営戦略の論理』, 日本経済新聞社.

伊丹敬之・加護野忠男, 1986, 「企業成長の物質観, 情報観, エネルギー観」, 『ビジネス・レビュー』, 1986年2月号.

Jensen, M. and W. Meckling, 1976, "Theory of the Firm: Managerial Behavior, Agency Costs and Ownership Structure," *Journal of Financial Economics*, October 1976.

Keren, M., 1972, "On the Tautness of Plans," *Review of Economic Studies*, October 1972.

河野豊弘, 1966, 『経営計画の理論』, ダイヤモンド社.

Koontz, H. and C. O'Donnell, 1972, *Principles of Management*, McGraw-Hill.

Leibenstein, H., 1976, *Beyond Economic Man*, Harvard University Press.

Lorange, P., 1980, *Corporate Planning*, Prentice-Hall.

Lorange, P. and R. Vancil, 1977, *Strategic Planning Systems*, Prentice-Hall.

March, J. and H. Simon, 1958, *Organizations*, Wiley(土屋守章訳『オーガニゼイションズ』, ダイヤモンド社).

Maslow, A., 1954, *Motivation and Personality*, Harper and Row(小口忠彦監訳『人間性の心理学』, 産業能率短期大学出版部, 1971).

松下幸之助, 1978, 『実践経営哲学』, PHP研究所.

宮川公男, 1975, 『意思決定論』, 丸善.

中村元一・林鉄也・山田徹, 1973, 『経営計画入門』, 日本生産性本部.

野中郁次郎, 1985, 『企業進化論』, 日本経済新聞社.

Ouchi, W., 1979, "A Conceptual Approach to the Design of Organizational Control Mechanisms," *Management Science*, August 1979.

Pascale, R. and A. Athos, 1981, *The Art of Japanese Management*, Simon and Schuster.

Porter, L., E. Lawler, III, and J. Hackman, 1975, *Behavior in Organization*, McGraw-Hill.

Pratt, J. and R. Zeckhauser, 1985, *Principals and Agents : The Structure of Business*, Harvard Business School Press.

Ross, S., 1973, "The Economic Theory of Agency: The Principal's Problem," *American Economic Review*, May 1973.

Simon, H., 1947, *Administrative Behavior*, Free Press(松田武彦・高柳暁・二村敏子訳『経営行動』, ダイヤモンド社, 1965).

Spence, M., 1975, "The Economics of Internal Organization: An Introduction," *Bell Journal of Economics*, Spring 1975.

Steiner, G., 1979, *Strategic Planning*, Free Press.

Stiglitz, J., 1974, "The Effects of Income, Wealth and Capital Gains Taxation on Risk-taking," *Quarterly Journal of Economics*, May 1974.

Stiglitz, J., 1974, "Incentives and Risk Sharing in Sharecropping," *Review of Economic Studies*, April 1974.

Stiglitz, J., 1975, "Risk, Incentives and Information," *Bell Journal of Economics*, Autumn 1975.

Tannenbaum, A., 1964, *Control in Organizations*, Wiley.

Weitzman, M., 1976, "The New Soviet Incentive Model," *Bell Journal of Economics*, Spring 1976.

Wilson, R., 1969, "The Structure of Incentives for Decentralization under Uncertainty," in *La Decision* (Edition du Centre National de la Recherche Scientifique).

吉田弥雄, 1972, 『予算管理』, 同文館.

Zeckhauser, R., 1971, "Optimal Mechanism for Income Transfer," *American Economic Review*, June 1971.

索　引

ア　行

アイロン(Eilon, S.)　　25, 68, 269
アウトプット・コントロール　　149
青木茂男　　134, 269
青木昌彦　　187, 189, 269
アコフ(Ackoff, R.)　　135, 269
アロウ(Arrow, K.)　　28, 32, 68, 207, 213, 269
アンソニー(Anthony, R.)　　25, 26, 33, 68, 134, 151, 165, 269
意思決定　　4, 18, 19
　　――権限　　35
　　――のコントロール　　18
　　――論　　37
伊丹敬之　　21, 165, 235, 241, 269, 270
意図せざる悪影響　　65
意図せざる二面性　　62
今井賢一　　21, 269, 270
入れ子構造　　14, 18
インセンティブ　　9-12, 43
　　――関数　　175
　　――の危険分担効果　　77
　　――の情報収集効果　　77
　　――の分類　　10
　　――のモチベーション効果　　77, 195
　　――・パラメーター　　195
　　――・ペイメント　　198
　　属人的な――　　12
インセンティブ・システム　　44, 51, 55, 59, 74, 75-82, 111, 170
陰伏的危険選択関数　　221, 223
インプット・コントロール　　149
ヴァンシル(Vancil, R.)　　135, 270
ウィルソン(Wilson, R.)　　87, 208, 211, 271
影響　　21, 27, 30
　　――システム　　172, 185
影響活動　　34, 38

――の対象　　35
――の方法　　39
結果への――　　43, 50
情報への――　　40, 49
代替案への――　　42, 50, 58, 113
認識基準への――　　41, 50, 113
能力への――　　45, 50
目的への――　　42, 50, 59, 113
エイジェンシー　　69, 99
　　――・アプローチ　　91
　　――契約　　90
　　――の重合関係　　84
エイジェンシー関係　　70
　　――の基本問題　　72
　　――の重合システム　　71
エイジェント　　70
　　――の意思決定環境の状態　　82
　　――の行動　　75, 173
　　――のスキル　　82
　　――の能力　　82
エイソス(Athos, A.)　　22, 271
SBU(戦略事業単位)　　107
オーウチ(Ouchi, W.)　　165, 271
オドンネル(O'Donnell, C.)　　24, 67, 270
折れ線線型インセンティブ・システム　　217
折れ線線型効用関数　　221

カ　行

下位者　　30, 32
　　――の行動　　105
　　――の目的　　37
階層関係　　4, 8
階層的意思決定システム　　17, 71
概念的フレームワーク　　266
概念分析　　251, 255
価格システム　　28
加護野忠男　　21, 270
過剰責任の原則　　160

活動ベクトル　75, 82, 139
環境差異　153
管理者の役割　133, 157, 163
危険回避度　186
危険プレミアム　207
危険分担効果　78, 185, 210
　　インセンティブ・システムの——　77
危険分担プレミアム　208, 211
帰納分析　266
教育　42, 45
　　——システム　51, 56, 120, 125, 145
業績測定　25, 47
　　——システム　50, 53, 57
業績評価　107, 119, 138
　　——システム　8
　　——制度　137, 157
協働システム　9
業務管理組織　129
業務計画　100
　　——制度　100
業務(執行)プロセス　29-31
　　——のコントロール　30
協力的パレート最適性　182
規律　259
グローヴ(Grove, A.)　68, 269
グローヴス(Groves, T.)　88, 269
クーンツ(Koontz, H.)　24, 67, 270
経営管理　21, 46
経営管理制度　64, 99
　　——の二面性　64
経営基盤　6, 11
　　——の提供　9
経営計画　54, 107
　　——制度　100, 112, 123
経営行動　4
　　狭義の——　16, 17
経営システム　9, 13
経営の三角形　14, 15, 265
経営の設計要素　6, 7, 9, 10
　　——の決定　13
経営の全体像　3
経営の本質　6
経営理念　11, 12, 14
計画単位設定　129

計画の品質管理　121
計画編成プロセス　102, 103
契約　89
結果　43
　　代替案のもたらす——　37, 38
決定プレミアム　210
ケレン(Keren, M.)　95, 270
権限　4, 5, 7, 8
　　——と役割のシステム　51, 52
限定合理性　8, 15
小池和男　21, 269
河野豊弘　134, 270
公理論的な理論体系　264
固定目標　231
コミュニケーション・システム　51, 55,
　　60, 120, 124
コントローラー　25, 29-31
コントロール　24-28, 33, 34
　　——・プロセスの重合モデル　30

サ 行

差異分析　144
サイモン(Simon, H.)　8, 21, 27, 28, 30,
　　39, 67, 68, 181, 270, 271
GE　107, 112
ジェンセン(Jensen, M.)　95, 270
事業部制組織　101
事後基準　142, 150, 153, 155
事後差異　153
自己実現的インセンティブ　10, 14
自己申告目標　218
事後的業績評価　119
市場関係　5
市場経済　28
事前計画　139, 174
　　——決定　106
　　——のコントロール　141
事前決定効果　187
事前差異　153
事前目標水準　151
　　——の意味　151
　　——の決定　141
実行能力　39
自動制御理論　25

索　引

自由　259
修正行動　25, 29, 174, 176
　　――計画　174
準拠集団　156
上位者　30, 32
情報　37
　　――格差　178
　　――の真実の開示　88
　　――の偏在　148
情報収集効果　80
　　インセンティブ・システムの――　77
情報処理能力　37
情報伝達効果　187
情報伝達システム　55
所得分配効果　185
自律性　16
信号の負の法則　62
人事　7, 9, 13
人事評価　47, 111, 138
　　――システム　51, 55, 60, 145
心理的エネルギー　13
垂直的重合関係　71, 85, 91
水平的重合関係　71, 84, 90
数理経営学　265
数理分析　251, 253
　　――のコスト　254
スタイナー(Steiner, G.)　135, 271
スティグリッツ(Stiglitz, J.)　87, 171, 187-89, 203, 205, 213, 271
スペンス(Spence, M.)　95, 271
成果分配システム　171, 172, 185
整合性の確保　90
制度の自己目的化　134
責任システム　50, 52, 57
責任と権限の一致　160
責任変数　53
ゼックハウザー(Zeckhauser, R.)　189, 271
線型インセンティブ・システム　191
線型トレードオフ・モデル　221
選別　34, 46, 47, 50, 82
戦略　7, 9, 13, 18
戦略計画　100
　　――システム(GEの)　107

　　――制度　100
戦略事業単位　107
組織階層　26
組織構造　7, 9, 51
組織内関係　5
組織のエネルギー　9, 13

タ　行

代替案　37, 44
代用評価基準　155
ターゲット　152
タンネンバウム(Tannenbaum, A.)　27, 28, 30, 68, 271
知覚能力　36
調整　28, 33, 48, 49
直接介入　34, 35, 46, 50, 82, 106
ディレンマ　267
適応行動　105, 174
適応的意思決定　106
適応的コントロール　106
適応的努力差異　153
適応的努力水準　139, 153, 192
適応努力効果　187
デムスキ(Demski, J.)　24, 68, 165, 269
投資優先スクリーン　108, 114, 115
ドーパッチ(Dopuch, N.)　24, 68, 269
努力決定　192
　　――効果　194
　　――プレミアム　210, 211
努力水準　139
トレードオフ・エイジェント　224

ナ　行

中村元一　134, 270
人間観　267
人間的インセンティブ　10
認識基準　36, 57
年功序列　83
能力　37, 139
野中郁次郎　16, 17, 22, 270

ハ　行

バーゲルマン(Burgelman, R.)　16, 17, 269

パスカル(Pascale, R.)　22, 271
ハックマン(Hackman, J.)　164, 271
バーナード(Barnard, C.)　9, 10, 21, 48, 68, 169, 170, 181, 188, 269
パフォーマンス　72
林鉄也　134, 270
パラドックス　267
パレート最適フロンティア　183
バーンバーグ(Birnberg, J.)　24, 68, 269
評価基準　142
　──のあり方　147
評価の対象　147
ファマ(Fama, E.)　95, 269
フィードバック　25
　──情報　36, 46
物質的インセンティブ　10, 14
プラット(Pratt, J.)　207, 271
プラニング・チャレンジ　108
プリンシパル　70
　──の行動　173
分位数エイジェント　223
分位数モデル　221
分配パラメター　194
ベクトル　48
　──の大きさ　76, 82
　──の方向　75, 82, 139
補償弾力性　205
ポーター(Porter, L.)　164, 271
ホフステッド(Hofstede, G.)　27, 28, 68, 269
ホルムストロム(Holmstrom, B.)　87, 269
ホーングレン(Horngren, C.)　164, 269

マ 行

マズロー(Maslow, A.)　10, 21, 270
マーチ(March, J.)　68, 270
松下幸之助　11, 21, 270
マネジメント・コントロール　3, 8, 18-21, 23, 25, 32, 33
　──活動　34
　──の概念　23
　──のサブシステム　50
　──の本質　18, 261
マネジメント・コントロール・システム　8, 10, 49
　──の相互依存性　63
　──の二面性　61
　「影響システムとして」の──　61
　「情報システムとして」の──　61
ミドルマネジメント　17, 151
宮川公男　68, 270
メタ経営行動　15-17
メックリング(Meckling, W.)　95, 270
目的　37
　──整合性　49
　──への影響機能　59
目標乖離　217
　──パラメター　227
目標管理　42
　──制度　137, 218
目標設定システム　50, 54, 57, 120, 124, 145
目標超過　217
目標パラメター　227
目標不達成　217
モチベーション効果　77, 186, 195, 210
　インセンティブ・システムの──　77
モチベーション・プレミアム　210
モニタリング　47, 114
　──・コスト(費用)　73, 148
　──・システム　46, 51, 55, 59, 62, 74, 82, 121, 125, 145
モラル・ハザード　73, 82, 149

ヤ 行

役割と権限の体系　7, 9
山田徹　134, 270
予算管理制度　137
予算制度　101
吉田弥雄　134, 271

ラ 行

ライベンシュタイン(Leibenstein, H.)　62, 68, 270
リスク決定　192
　──効果　186, 194
　──プレミアム　210, 211

リーダーシップ　12, 14
理念的インセンティブ　10
ロウラー(Lawler, III, E.)　164, 271
ロス(Ross, S.)　87, 187, 189, 208, 271
ロランジ(Lorange, P.)　135, 270

ワ行

ワイツマン(Weitzman, M.)　187, 189, 271

■岩波オンデマンドブックス■

マネジメント・コントロールの理論

1986 年 3 月 14 日　第 1 刷発行
1997 年 6 月 5 日　第 3 刷発行
2014 年 10 月 10 日　オンデマンド版発行

著　者　伊丹敬之（いたみひろゆき）

発行者　岡本　厚

発行所　株式会社　岩波書店
　　　　〒101-8002 東京都千代田区一ツ橋 2-5-5
　　　　電話案内 03-5210-4000
　　　　http://www.iwanami.co.jp/

印刷／製本・法令印刷

© Hiroyuki Itami 2014
ISBN 978-4-00-730143-8　　Printed in Japan